GRAMMAIRE DE BASE DE L'ALLEMAND

F. SANS, Inspecteur Pédagogique Régional, Toulouse
R. ESPENON, Professeur certifié, collège Ingres, Montauban
M. HUGON, Professeur certifié, collège Salinis, Auch
P. LECOMTE, Professeur agrégé, lycée Ozenne, Toulouse

HACHETTE
Classiques

Couverture : Alain Vambacas
Dessins : Robert Espenon

ISBN 2.01.012632.7

AVANT-PROPOS

Notre GRAMMAIRE DE BASE s'adresse en priorité aux élèves du Collège, mais les lycéens pourront aussi l'utiliser avec profit, qu'il s'agisse des « Grands Commençants » de langue III ou des germanistes plus anciens soucieux de réviser les notions fondamentales.

Fidèles aux programmes officiels, nous présentons ici, sans entrer dans les détails superflus ou les subtilités de la langue, les éléments indispensables à une pratique correcte de l'allemand parlé et écrit, en nous efforçant de les rendre accessibles au plus grand nombre. Il nous a paru utile d'introduire dans l'ouvrage quelques dessins — qui devraient contribuer à une meilleure compréhension — ainsi que des rappels de grammaire française. Des proverbes et expressions usuelles, figurant dans des « bulles », viennent compléter les exemples, déjà nombreux. L'index alphabétique détaillé aidera les élèves dans leur recherche, et les exercices permettront un entraînement pratique et une évaluation des connaissances. Ces exercices se distinguent des « Tonbandübungen » que l'on trouve maintenant dans toutes les méthodes en usage dans nos classes ; ils ne sauraient les remplacer, mais permettent une approche différente, peut-être plus « traditionnelle » : c'est ainsi que nous n'avons pas hésité à recourir au thème, dont nous proposons, il est vrai, le corrigé en fin d'ouvrage. Un livret d'exercices complémentaires paraîtra prochainement.

Nous souhaitons que cette GRAMMAIRE DE BASE apporte une aide efficace aux élèves et à leurs professeurs, dont les critiques et les suggestions seront les bienvenues.

LES AUTEURS

TABLE DES MATIÈRES

1 LECTURE, ORTHOGRAPHE, PRONONCIATION

1	l'alphabet	9
2	les voyelles	9
3	les diphtongues	10
4	les consonnes	10
5	attaque de la voyelle initiale	12
6	orthographe et prononciation	12

2 ACCENTUATION ET INTONATION

7	définition	13
8-9	réalisation et place de l'accent	13
10-12	l'accent de mot, de groupe nominal, de groupe verbal	14
13-14	l'accent d'énoncé et d'insistance	15
15	l'intonation de la phrase allemande	16

3 LA PHRASE ALLEMANDE

16	définitions	17
17	le groupement des propositions	18
	LES DIFFÉRENTS TYPES DE PHRASE	
18	La phrase déclarative ou énonciative	20
19	la phrase interrogative	20
20	la phrase impérative	21
21	la phrase exclamative	21
	LA PROPOSITION SUBORDONNÉE OU DÉPENDANTE	
22	structure de la proposition subordonnée	22
23	nature des propositions subordonnées	22
24	la proposition subordonnée interrogative indirecte	23
25	la proposition subordonnée conjonctive	23
26	la proposition subordonnée relative	28
27	le groupe infinitif	31

4 LE GROUPE VERBAL

28 définition 35
29 les éléments constituant le groupe verbal 35
30 du groupe verbal à la phrase allemande 36
31 place du noyau verbal dans la phrase 37
32 le groupe verbal à noyau double ou triple 38
33 l'ordre des compléments du groupe verbal 39

5 LE VERBE FORMATION ET CONJUGAISON

34 les verbes primitifs 40
35-36 les verbes dérivés et composés 40
37-39 préfixes, particules et préverbes 42
40 les différentes catégories de verbes 48
1. les auxiliaires de temps « sein », « haben » et « werden » 48
2-3. les verbes faibles et forts 48
4. les verbes faibles irréguliers et le verbe « wissen » 48
5. les six verbes de modalité 48
6-7. les verbes réfléchis et impersonnels 48

LES FORMES VERBALES NON CONJUGUÉES
41 l'infinitif présent 49
42 l'infinitif passé 51
43 le participe présent 51
44 le participe passé 52
45 le participe II à forme d'infinitif 56

LES FORMES VERBALES CONJUGUÉES
46 définition 57
47 les verbes impersonnels 57
A. Le mode indicatif
48-54 formes du présent 58
55 emplois du présent 64
56-60 formes du prétérit 65
61 emploi du prétérit 66
62 le parfait : ses formes 67
63 choix de l'auxiliaire du parfait 67
64 place du participe II 68
65 emploi du parfait 68
66 le plus-que-parfait : ses formes 69
67 choix de l'auxiliaire et place du participe II dans le plus-que-parfait 69
68 emploi du plus-que-parfait 69
69 le futur : ses formes 70

70	place de l'infinitif dans une proposition au futur	70
71	emplois du futur	70
	B. le mode subjonctif	
72-77	les formes du subjonctif I	71
78-83	les formes du subjonctif II	73
84	les emplois du subjonctif I	75
85	les emplois du subjonctif II	76
86	le discours indirect ou rapporté	78
	C. le mode impératif	
87-92	les formes de l'impératif	82
93	emploi de l'impératif	84
	D. la voix passive	
94	définition	85
95-98	les formes du passif	86
99-100	emploi du passif	87
101	le passif des verbes régissant le datif	88
102	le passif à valeur d'impératif	88
103	verbes de modalité + infinitif passif	88
104	la voix passive exprime toujours une action	89
105	le complément d'agent	89
	LES VERBES FACTITIFS ET LES VERBES D'ÉTAT	
106	les verbes factitifs	90
107	les verbes d'état	91
	RECTION ET VALENCE	
108-111	rection des verbes	92
112-116	valence des verbes	96

6 LE GROUPE NOMINAL

117	définitions	100
118-119	genre et pluriel des noms	100
120	les noms de quantité	102
121	emploi des articles	102
122-123	les noms propres et les noms géographiques	103
124-125	marquage et fonctions du groupe nominal	104
126	l'apposition	106
127	la déclinaison du groupe nominal simple	106
128	les masculins dits « faibles » et leur déclinaison	107
129	la formation des noms (composition et dérivation)	107
130	rection des substantifs	110
	LE GROUPE NOMINAL PRÉPOSITIONNEL	
131	définition	111

132	les prépositions	111
133-134	la détermination de l'espace	112
135	la détermination du temps	114
136-141	autres compléments circonstanciels	115
142	le complément d'agent	117
	LES DÉTERMINATIFS DU GROUPE NOMINAL	
143-145	adjectifs possessifs, interrogatifs, démonstratifs	118
146-148	adjectifs de comparaison, indéfini, de quantité	120
149	la déclinaison des déterminatifs et la structure du G.N.	121
	L'ADJECTIF QUALIFICATIF	
150	définition	123
151-152	attribut et épithète	123
	LES DÉCLINAISONS DU GROUPE NOMINAL AVEC ADJECTIF ÉPITHÈTE	
153	groupe nominal sans déterminatif	124
154	groupe nominal avec déterminatif du groupe de « der, das, die »	125
155	groupe nominal avec déterminatif du groupe de « ein », « kein », « mein »	125
156	marques ou désinences ?	126
157	tableaux des marques et désinences	126
158	le marquage de certains G.N. au pluriel	127
159	particularités orthographiques de « hoch », « dunkel », « teuer »	127
160	les adjectifs de détermination et dérivés de noms de lieu	127
161	participe I et participe II employés comme adjectifs	128
162	l'adjectif substantivé	128
163	formation d'adjectifs dérivés ou composés	129
164	les compléments de l'adjectif	130
165	le groupe qualificatif	131
	LES DEGRÉS DE L'ADJECTIF	
166-168	positif, comparatif, superlatif	133
169	particularités de forme et d'emploi	135
170	le complément du comparatif	136
171	les conjonctions comparatives	136
172	le complément du superlatif	137
	LES ADJECTIFS NUMÉRAUX	
173-175	les adjectifs numéraux cardinaux	137
176	quelques opérations	139
177	expression de l'heure	140
178-180	les adjectifs numéraux ordinaux	141
	LE PRONOM	
181	définition	142
182-184	pronoms personnel, réfléchi, réciproque	143

185-187 pronoms possessif, démonstratif, interrogatif 146
188-189 pronoms relatif et indéfini 150

7 L'ADVERBE

190 définition 155
191 les adverbes interrogatifs les plus employés 155
192 les adverbes de manière 156
193 expression de l'intensité et de la quantité 156
194 les degrés de l'adverbe 157
195-197 les adverbes de temps et de lieu 158
198-199 les adverbes d'affirmation et de négation 161
200 comment nuancer l'expression 162
201 l'adverbe de remplacement 163

8 LA NÉGATION

202 introduction 164
203 négation partielle et négation globale 164
204 place de « nicht » 165
205 autres négateurs 166

9 NE TOMBONS PAS DANS LE PIÈGE

206 la structure régressive 167
207 différences dans l'emploi des temps et des modes 168
208 aller, venir de, être en train de 169
209 c'est ... qui, c'est ... que 169
210 chez 170
211 da 170
212 demander 170
213-215 dont, en, y, il y a 171
216 expression du lieu 172
217-220 mais, on, pour, quand 173
221-223 que, seulement, ne ... que, si 175
224 temps : les confusions à éviter 176

10 LISTE DES VERBES FORTS 177

EXERCICES et CORRIGÉS 185

CHAPITRE 1

LECTURE, ORTHOGRAPHE, PRONONCIATION

1 L'alphabet

L'alphabet allemand se compose de 26 lettres :

A	a		N	n	
B	b		O	o	
C	c	*(tsé)*	P	p	
D	d		Q	q	*(kou)*
E	e	*(é)*	R	r	
F	f		S	s	
G	g	*(gué)*	T	t	
H	h	*(ha)*	U	u	*(ou)*
I	i		V	v	*(faou)*
J	j	*(iott)*	W	w	*(vé)*
K	k		X	x	
L	l		Y	y	*(upsilon)*
M	m		Z	z	*(tsett)*

... plus une : ß *(ess-tsett)*

VOYELLES INFLÉCHIES	
a → ä	*(ê : être)*
o → ö	*(e : feu)*
u → ü	*(u : vu)*

GROUPES DE CONSONNES	
tz	*(té-tsett)*
ch	*(tsé-ha)*
ck	*(tsé ka)*
sch	*(ess-tsé-ha)*

2 Les voyelles

1. Voyelles pleines

BRÈVES			LONGUES		
ALLEMAND		SON FRANÇAIS LE PLUS PROCHE	ALLEMAND		SON FRANÇAIS LE PLUS PROCHE
a	K**a**tze	*p**a**tte*	**a**	f**a**hren	*p**â**te*
e	B**e**tt	*v**e**ste*	**e**	l**e**sen	*all**ée***
i	b**i**tte	*p**i**ste*	**ie**	B**ie**r	*v**ie***
o	S**o**nne	*fl**o**tte*	**o**	**o**der	***beau***
u	k**u**rz	*l**ou**pe*	**u**	Sch**u**le	***roue***

2. Voyelles infléchies

BRÈVES			LONGUES		
ALLEMAND		SON FRANÇAIS LE PLUS PROCHE	ALLEMAND		SON FRANÇAIS LE PLUS PROCHE
ä	f**ä**llt	*v**e**ste*	**ä**	M**ä**dchen	*f**ê**te*
ö	zw**ö**lf	*n**eu**f*	**ö**	sch**ö**n	*f**eu***
ü	St**ü**ck	*tr**u**c*	**ü**	T**ü**r	*m**u**r*

e bref et **ä** bref représentent le même son bref.

3. Voyelle atone

Atone signifie non accentué. En français, le *e* final de *trappe* n'est pas prononcé. Il est muet. En allemand, le **e** final de Mapp**e** est prononcé, mais non accentué. On doit l'entendre, mais faiblement comme le *e* de *calme* dans *calm**e**ment.*

3 Les diphtongues

Ce sont des sons doubles, le premier étant plus accentué.

ALLEMAND		SON FRANÇAIS LE PLUS PROCHE
ai, ei	M**ai** b**ei**	*t**ai**lle*
au	H**au**s	*c**aou**tchouc*
äu, eu	B**äu**me d**eu**tsch	*Tolst**oï***

▪ Le français ne distingue entre voyelle brève et voyelle longue que pour les sons *a (patte-pâte)* et *o (cotte-côte)*. L'allemand oppose des voyelles longues à toutes les voyelles brèves.

▪ Les voyelles longues durent deux fois plus longtemps que les voyelles brèves.

▪ L'opposition entre voyelle brève et voyelle longue s'accompagne d'un changement du son de chaque voyelle sauf pour le signe **ä**. Le français connaît ce changement de son pour le *o*. Le *o* de *flotte* n'est pas le même que celui de *flot*. En allemand, on a B**o**nn (o bref) qui s'oppose à B**oh**ne (o long), ou b**ie**ten (i long) et b**i**tten (i bref).

4 Les consonnes

1. Sons communs à l'allemand et au français

p t k

A l'initiale du mot, ils sont identiques au français, mais accompagnés d'un petit souffle marqué (^{h}) :

P^{h}eter **T**^{h}al **K**^{h}atze

b d g

Ces sons se prononcent comme en français sauf à la fin d'un mot, où ils se prononcent comme **p, t, k** :

Korb → Kor**p** Bad → ba**t** weg → we**k**

2. Sons différents du français

La lettre **v** se prononce **f :** **V**ater
La lettre **w** se prononce **v :** **W**agen
La lettre **j** se prononce **y :** **j**a
La syllabe **ge** prononcée comme dans *âge* n'existe pas en allemand, sauf dans les mots empruntés au français : die Garage *le garage*
Sinon, elle se prononce comme le français *gué* ou *gueux*.

3. Sons nouveaux

- Le signe **ch** se prononce de deux manières :

— après a, o, u, au, les Français le prononcent souvent comme le son [r] alors qu'il est différent : la bouche à demi-ouverte, on fait vibrer l'air en haut du palais.

flach Loch Buch auch

— après e, i, ä, ö, ü, ei, eu (ou une consonne), les Français ont tendance à le confondre avec le son [ʃ] de ***ch**emin*. Mais il est aussi différent. Pour le prononcer, essayer de prononcer à voix chuchotée le groupe **iji** :

ich Blech Bücher Bäche ein bißchen

Remarque :

L'alternance entre les deux prononciations de **ch** se retrouve souvent dans la formation du pluriel :

ein Ba**ch** - Bä**ch**e ein Lo**ch** - Lö**ch**er ein Bu**ch** - Bü**ch**er

- Le signe **ig** est un suffixe. Il se prononce comme « ich » en fin de mot : ruhi**g** ; mais il se prononce [g] devant une voyelle : ruhi**g**er.

- **sch** se prononce [ʃ] comme dans le français ***ch**ou, **ch**eval* :

Schule **sch**ön

Le son [ʃ] de **sch** est distinct du son [ç] de **ch** et sert à distinguer des mots de sens totalement différent :

die Kir**sch**e *la cerise* die Kir**ch**e *l'église*

- Le son [ŋ] s'écrit **ng**. Mais le **g** ne se prononce pas ; il est « nasalisé », même en fin de mot :

la**ng** fa**ng**en

- On retrouve aussi le son [ŋ] dans le groupe **nk**, mais le **k** se prononce :

Ba**nk** Dan**k**

- Le son [ts] s'écrit **z** : **Z**immer **Z**ange **Z**entrum

- Les groupes **st** et **sp** se prononcent [ʃt] ou [ʃp], en début de mot (ou de radical) :

ALLEMAND	FRANÇAIS	PRONONCIATION
Stadion **S**pirale	*stade* *spirale*	Sch...tadion Sch...pirale

- **Qu** correspond au son [kv]. Il est rare : **Qu**ark **Qu**elle

- **chs** se prononce [ks] : se**chs** wa**chs**en

5 Attaque de la voyelle initiale

L'allemand ne fait pas de liaison.
Il existe deux façons d'« attaquer » la voyelle initiale, c'est-à-dire de prononcer la voyelle qui est placée au début d'une syllabe :

- L'attaque dure :

ab **au**s **e**ben **Ei**er **Eu**le **i**mmer **o**der **u**nter

- L'attaque soufflée, lorsque la voyelle initiale est précédée de **h** : on souffle comme pour embuer une glace ; le **h** permet de distinguer des mots de sens différent :

aus	*hors de*	**H**aus	*maison*
eben	*justement*	**h**eben	*lever*

6 Orthographe et prononciation

- Le signe **h** placé après une voyelle (et non avant) ne se prononce pas. Il marque l'allongement de cette voyelle.

ahnen l**eh**nen **ih**n B**oh**ne **Uh**r

- Il y a d'autres signes graphiques qui indiquent qu'une voyelle est brève ou longue :

— le signe **e** placé après un **i** indique que celui-ci est long : **bie**ten *offrir*

— le redoublement de la consonne qui suit la voyelle indique que celle-ci est brève : bi**tt**en *prier (qqn de faire qqc)*

Distinguons : H**ütt**e (ü bref) de H**üt**e (ü long)

— **ß** est un signe graphique très ancien qui marque le son **[s]**. Il se place après une voyelle longue : F**üß**e, ou en fin de syllabe : Ku**ß**.

Règle : on écrit **« ss »** uniquement entre deux voyelles, si la première est brève.

ü bref	ü long
müssen küssen	Füße Grüße

CHAPITRE 2

ACCENTUATION ET INTONATION

7 Définition

L'accent est la mise en relief d'une syllabe particulière par rapport aux autres syllabes d'un mot, d'un groupe ou d'une phrase.

le signe ' symbolise l'accent de mot
le signe ° symbolise l'accent de phrase
le signe • symbolise l'accent d'insistance

'Vorsicht !	(Accent de mot)	*Attention !*
°Langsam fahren !	(Accent de G.V.)	*Roulez lentement.*
•Du lügst.	(Accent d'insistance)	*C'est toi qui mens.*

8 Réalisation de l'accent

Sur une syllabe accentuée, l'allemand a tendance à monter d'un ton par rapport aux autres syllabes.

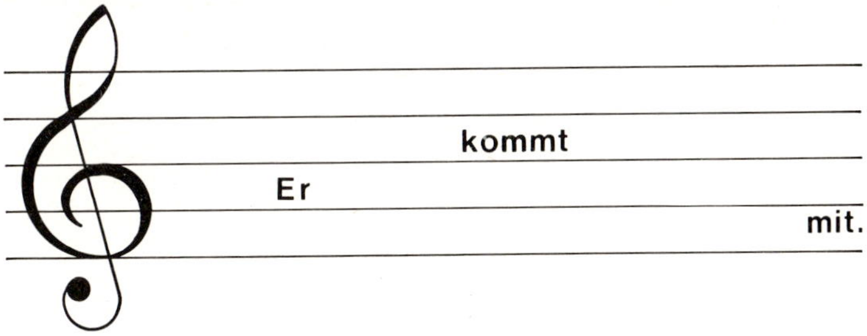

9 Place de l'accent

L'accent en allemand a une place déterminée (fixe) dans le mot (c'est l'accent de mot) et également dans le groupe fonctionnel (c'est l'accent de groupe). Mais dans un énoncé, n'importe quel élément peut être mis en relief. L'accent d'énoncé n'a pas de place fixe. il est mobile et traduit l'intention de celui qui parle (le locuteur).

10 L'accent de mot

■ Dans un mot, une syllabe et une seule est mise en relief par rapport aux autres. C'est la syllabe principale qui reçoit l'accent. Si l'accent porte sur une diphtongue, c'est la première voyelle qui est frappée par l'accent :

'Maurer : l'accent frappe le **a**.

■ Mots simples d'origine germanique : en général, ils ne comportent que deux syllabes. L'accent est sur la première syllabe.

'Arbeit 'Wagen 'lernen 'aber

■ Mots simples d'origine étrangère :
— si le mot se termine par une ou plusieurs consonnes ou par une voyelle longue, l'accent frappe la dernière syllabe :

Per'son Ho'tel Mu'sik
natio'nal Ca'fé Theo'rie

— si le mot se termine par un **e** atone, l'accent frappe l'avant-dernière syllabe :

Ma'schine Ga'rage Fa'milie

Attention !

Les mots en **-or** (non accentués sur **or**) subissent un déplacement de l'accent au pluriel :

'Doktor Dok'toren
'Motor Mo'toren

■ Mots composés : dans les mots composés, chaque mot conserve son accentuation propre, mais l'accent du premier mot (déterminant) devient l'accent principal :

'Abend (**Déterminant**) + 'Zeitung (**Déterminé**) → ''Abend'zeitung

■ Éléments non accentuables :
— Les préfixes[1] des verbes dérivés :
be-, **emp-**, **ent-**, **er-**, **ge-**, **miß-**, **ver-**, **zer-**.

— Les préverbes inséparables : **über-**, **unter-**, **um-**, **durch-**, etc.

— Le préfixe de substantif **Ge-** :

Ge'müse Ge'birge

— Tous les suffixes sauf **-ei** et **-ieren** :

'Krankheit Bäcke'rei
Be'wegung mais repa'rieren
Er'eignis spa'zieren

1. Pour la définition des préfixes, préverbes et particules, voir §§ 37, 38, 39.

11 L'accent de groupe nominal

L'accent de groupe nominal frappe le dernier élément du G.N. :

Das Haus meines Vaters

Ingrids Vater

Das Haus meines Vaters in Bonn

12 L'accent de groupe verbal

L'accent de G.V. frappe généralement le premier membre du G.V. :

°Bier trinken

°lange warten

in die °Stadt fahren

13 L'accent d'énoncé

L'accent d'énoncé met en relief l'information apportée par celui qui parle (le locuteur) :

Was hast du heute gemacht ? — *Qu'as-tu fait aujourd'hui ?*
— Ich bin heute in die °Stadt gefahren. — *— Aujourd'hui, je suis allé en ville.*

L'information porte sur le G.V. : in die °Stadt fahren.

Was hast du in der Stadt gekauft ? — *Qu'as-tu acheté en ville ?*
— Ich habe in der Stadt °Bücher gekauft. — *— En ville, j'ai acheté des livres.*

L'information nouvelle porte cette fois sur °Bücher kaufen.

14 L'accent d'insistance

L'accent peut cependant mettre en relief un autre élément de la phrase, dans le cas, par exemple, d'un démenti ou d'un rectificatif.

Bist du gestern in die Stadt gefahren ?
Es-tu allé en ville hier ?

— Nein, ich bin •heute in die Stadt gefahren.
— Nein, •heute bin ich in die Stadt gefahren.
— *Non, c'est aujourd'hui que je suis allé en ville.*

15 L'intonation de la phrase allemande

L'intonation, c'est la courbe mélodique de la phrase.
Nous nous limitons ici à montrer **deux types généraux** de courbes intonatives :

Er ist heute in die Stadt gefahren.

C'est la courbe mélodique de la phrase déclarative.

Ist er heute in die Stadt gefahren ?

C'est la courbe mélodique de la phrase interrogative.

CHAPITRE
3

LA PHRASE ALLEMANDE

16 Définitions

La déclaration

L'interrogation

L'ordre

L'exclamation

En allemand comme en français, la **phrase** peut comprendre une ou plusieurs **propositions.**

- Tantôt la phrase contient une seule proposition ; c'est la **phrase simple** :

  Wie ist das Wetter heute ?
  Quel temps fait-il aujourd'hui ?

  Heute haben wir schönes Wetter.
  Aujourd'hui, nous avons beau temps.

- Tantôt elle est formée par la réunion de deux ou plusieurs propositions ; c'est la **phrase complexe** :

Heute schneit es,	aber ich glaube,	daß wir morgen schönes Wetter haben werden.
P1	P2	P3
Aujourd'hui il neige,	*mais je crois*	*que demain nous aurons du beau temps.*

- La **proposition indépendante** se suffit à elle-même : elle ne dépend d'aucune autre et aucune autre ne dépend d'elle :

  Jetzt gehen wir in die Stadt.
  Maintenant, nous allons en ville.

17 Le groupement des propositions

Il s'effectue de quatre manières :

1. La coordination

Deux propositions de même nature, non dépendantes l'une de l'autre, peuvent être reliées par une **conjonction de coordination :**

Heute ist das Wetter schön, **aber** gestern hat es geregnet.
Aujourd'hui il fait beau, mais hier il a plu.

Morgen komme ich zu Besuch **und** bringe Ihnen das Buch über Beethoven zurück.
Je viendrai vous voir demain et vous rapporterai le livre sur Beethoven.

LES PRINCIPALES CONJONCTIONS DE COORDINATION			
und	*et*	aber	*mais*
denn	*car*	sondern	*mais au contraire*
oder	*ou*	entweder...oder	*ou...ou*

2. La subordination

- La proposition **principale** est celle dont dépendent d'autres propositions :

  Er freut sich, weil seine Mutter ein Tonbandgerät gekauft hat.
  Il est content parce que sa mère a acheté un magnétophone.

  Ich sehe, daß du eine neue Jacke trägst.
  Je vois que tu portes une veste neuve.

■ La proposition **subordonnée** (appelée aussi **dépendante**) est celle qui dépend d'une autre proposition qu'elle complète. Elle peut dépendre d'une proposition principale ou d'une autre proposition subordonnée, auxquelles elle est rattachée par une **conjonction de subordination** :

Sag mir bitte, **ob dein Vater mitkommen will** !
Dis-moi, je te prie, si ton père veut nous accompagner.

Vati hat mir gesagt, **daß er dieses Auto nicht gekauft hat, weil es wirklich zu teuer war**.
Papa m'a dit qu'il n'a pas acheté cette voiture parce qu'elle était vraiment trop chère.

Remarque :

En allemand, à l'inverse des conjonctions de subordination, les conjonctions de coordination n'ont pas d'influence sur la place du noyau verbal :

Wir konnten gestern nicht kommen, **denn** die Großmutter **war** krank. (Coord.)
Nous n'avons pas pu venir hier, car la grand-mère était malade.

Mais :

Wir konnten gestern nicht kommen, **weil** die Großmutter krank **war.** (Subord.)
Nous n'avons pas pu venir hier, parce que la grand-mère était malade.

3. La juxtaposition

Dans la coordination comme dans la subordination, on se dispense souvent d'exprimer la conjonction qui relierait les propositions. Elles sont alors groupées par simple juxtaposition :

Wir müssen uns beeilen ; es wird bald regnen.
Wir müssen uns beeilen, denn es wird bald regnen.
Wir müssen uns beeilen, weil es bald regnen wird.

Il faut nous hâter ; il va bientôt pleuvoir.
Il faut nous hâter car il va bientôt pleuvoir.
Il faut nous hâter parce qu'il va bientôt pleuvoir.

Ich glaube, er kann nicht kommen.
Ich glaube, daß er nicht kommen kann.

Je crois qu'il ne pourra pas venir.

4. La proposition incise

C'est une proposition brève insérée dans la phrase ou rejetée à la fin de la phrase, pour indiquer qu'on rapporte les paroles de quelqu'un ou pour exprimer une sorte de parenthèse :

Frankreich, sagte der Minister, ist unser bester Partner.
La France, dit le ministre, est notre meilleur partenaire.

LES DIFFÉRENTS TYPES DE PHRASE

18 La phrase déclarative (ou énonciative)

▪ C'est la phrase par laquelle on fait une déclaration, on décrit une situation, on énonce un fait, une idée, une pensée, on répond à une question. Elle peut être affirmative ou négative.

— Affirmative :

Mein Freund geht in die Schule.	*Mon ami va à l'école.*
Heute ist der Himmel grau.	*Aujourd'hui, le ciel est gris.*
Anna hat einen Bruder.	*Anna a un frère.*

— Négative :

Mein Freund geht nicht in die Schule.	*Mon ami ne va pas à l'école.*
Heute ist der Himmel nicht grau.	*Aujourd'hui, le ciel n'est pas gris.*
Anna hat keinen Bruder.	*Anna n'a pas de frère.*

▪ Structure de la phrase déclarative :
Dans la phrase déclarative, le verbe conjugué (noyau verbal) occupe toujours la **deuxième place** :

(1)	N.V. (2)	
Wir	wollen	nicht mit dem Bus fahren. *Nous ne voulons pas prendre le bus.*
Jetzt	gehen	wir in die Stadt. *Maintenant, nous allons en ville.*
Eine Schallplatte	hat	er gekauft. *C'est un disque qu'il a acheté.*
Nach dem Essen	lege	ich mich ins Bett. *Après le repas, je m'en vais au lit.*
Weil er keine Zeit hat,	kommt	er nicht mit. *Comme il n'a pas le temps, il ne vient pas avec nous.*

19 La phrase interrogative

▪ C'est la phrase par laquelle on pose une question directe, avec ou sans mot interrogatif :

Bist du wieder gesund ?	*Es-tu guéri ?*
Wann kommen Sie zu mir ?	*Quand venez-vous me voir ?*

■ Structure de la phrase interrogative :
— S'il n'y a pas de mot interrogatif, le noyau verbal occupe la **première place** (on attend alors une réponse à la question par ja, nein ou doch) :

Hörst du die schöne Musik ? (1)	*Entends-tu cette belle musique ?*

— S'il y a un mot interrogatif, le noyau verbal occupe la **deuxième place** :

Was möchtest du denn trinken ? (1) (2)	*Qu'est-ce que tu veux boire ?*

On peut citer le nom de la personne à laquelle s'adresse la question. Dans ce cas, on place généralement ce nom en tête, suivi d'une **virgule** :

Franz, hörst du die schöne Musik ?	*Franz, entends-tu cette belle musique ?*

20 La phrase impérative

■ C'est la phrase par laquelle on adresse à quelqu'un un ordre ou une prière :

Beeil dich doch !	*Dépêche-toi donc !*
Kinder, deckt den Tisch !	*Les enfants, mettez le couvert !*

■ Structure de la phrase impérative :
Dans la phrase impérative, le noyau verbal occupe la **première place** :

Hol mir bitte meinen Mantel ! (1)	*Va me chercher mon manteau, je te prie !*

On peut citer le nom de la personne à qui s'adresse l'ordre ou la prière. Dans ce cas, on place généralement un nom en tête suivi d'une **virgule** :

Peter, hol mir bitte meinen Mantel !	*Peter, va me chercher mon manteau, je te prie !*

21 La phrase exclamative

■ C'est la phrase par laquelle on s'exclame, mettant en relief telle ou telle caractéristique d'une personne ou d'une chose, tel ou tel fait :

Wie warm ist doch dieser Pullover !	*Que ce pull-over est chaud !*
Wie haben wir gelacht !	*Comme nous avons ri !*

■ Structure de la phrase exclamative :
Dans la phrase exclamative, comme dans l'interrogative introduite par un mot interrogatif (cf. § 19), le noyau verbal occupe la **deuxième place** :

Wie schön sind diese Berge ! (1) (2)	*Comme ces montagnes sont belles !*

Le noyau verbal détermine par sa place le type de phrase.

LA PROPOSITION SUBORDONNÉE OU DÉPENDANTE

22 Structure de la proposition subordonnée

▪ Un groupe verbal peut avoir pour complément un membre de phrase comprenant lui-même un groupe verbal (= proposition subordonnée) :

Ich höre, daß du ein schönes Lied **singst.**
J'entends que tu chantes une jolie chanson.

Wir wissen nicht, ob wir morgen **kommen können.**
Nous ne savons pas si nous pourrons venir demain.

Er freut sich, weil er gute Noten **bekommen hat.**
Il se réjouit, parce qu'il a obtenu de bonnes notes.

> **Dans la proposition subordonnée, le noyau verbal se trouve à la dernière place.**

L'ordre des termes dans la subordonnée est **régressif** (développé vers la gauche) à partir de la fin de la subordonnée (cf. § 206).

Ich	finde,	daß	Jeans	°praktisch	**sind**.
			(3)	(2)	(1)
Je trouve		*que*	*les jeans*	*sont pratiques.*	

Wegen des schlechten Wetters weiß ich nicht, ob ich morgen zu dir **kommen kann**.
(5) (4) (3) (2) (1)
A cause du mauvais temps, je ne sais pas si je pourrai venir te voir demain.

▪ La proposition principale et la proposition subordonnée sont, en allemand, obligatoirement **séparées par une virgule**.

23 Nature des propositions subordonnées

Les propositions subordonnées peuvent être :
— des interrogatives indirectes, introduites par un terme interrogatif ;
— des conjonctives, introduites par une conjonction de subordination, qui sont sujet, C.O.D. (complétives) ou circonstancielles ;
— des relatives, introduites par un terme relatif ;
— des infinitives.

24 La proposition subordonnée interrogative indirecte

Elle est introduite par un terme interrogatif, qui peut être :
— un pronom ou un adjectif (**wer, was, welcher, was für ein** ?)
— un adverbe ou un pronom adverbial (**wann, wo, wie, womit** ?, etc.)
— la conjonction **ob**, liée aux verbes exprimant une interrogation globale (**fragen, nicht wissen**, etc.).

INTERROGATION DIRECTE	INTERROGATION INDIRECTE
Was **hat** er dir **gesagt** ? *Qu'est-ce qu'il t'a dit ?*	Ich möchte wissen, was er dir **gesagt hat**. *Je voudrais bien savoir ce qu'il t'a dit.*
Wie **kommt** man bitte zum Bahnhof ? *Comment va-t-on à la gare ?*	Können Sie mir bitte sagen, wie man zum Bahnhof **kommt** ? *Pourriez-vous me dire, je vous prie, comment on va à la gare ?*
Wozu **dient** dieses Werkzeug ? *A quoi sert cet outil ?*	Kannst du mir erklären, wozu dieses Werkzeug **dient** ? *Peux-tu m'expliquer à quoi sert cet outil ?*
Wohnt er in unserer Stadt ? *Est-ce qu'il habite dans notre ville ?*	Ich weiß nicht, ob er in unserer Stadt **wohnt**. *Je ne sais pas s'il habite dans notre ville.*

25 La proposition subordonnée conjonctive

LES CONJONCTIONS DE SUBORDINATION LES PLUS COURANTES			
daß	*que*	wenn	*si, à condition que*
da	*puisque, comme*	wenn	*quand, à chaque fois que*
weil	*parce que*	als	*lorsque, la fois où*
wie	*comme, comment*	ob	*si* (dubitatif et interrogatif)

Remarque :

Les propositions subordonnées — très fréquentes — introduites par **daß** et **ob** sont le plus souvent complément d'objet direct du verbe de la proposition principale :

Was sagst du ? — Ich sage, **daß Peter heute sehr nett ist**.
Que dis-tu ? — Je dis que Peter est très gentil aujourd'hui.

Was fragt er ? — Er fragt, **ob wir gestern bei Webers waren**.
Que demande-t-il ? — Il demande si nous étions hier chez les Weber.

1. La proposition subordonnée complétive

- La proposition subordonnée complétive est introduite par **daß** *que* :

Er sagt mir am Telefon, **daß** er morgen nicht kommen kann.
Il me dit au téléphone qu'il ne pourra pas venir demain.

Remarque :

Après hören *entendre* et sehen *voir*, on peut employer **wie** aussi bien que daß :

Ich hörte, **wie** die Leute schrien. *J'entendais les gens crier.*

■ Après un verbe déclaratif exprimant l'opinion ou le sentiment, la proposition complétive est souvent juxtaposée à la principale :

{Ich hoffe, du wirst bald zurückkommen.
{Ich hoffe, daß du bald zurückkommen wirst. *J'espère que tu reviendras bientôt.*

■ Quand la proposition subordonnée complétive dépend d'un adjectif ou d'un verbe régissant un complément avec préposition, elle est **annoncée** dans la principale par le **démonstratif composé** (cf. le phénomène d'annonce, § 186) ou par le pronom **es** :

Ich mache Sie **darauf** aufmerksam, **daß es verboten ist.**

└── Annonce ──┘

{*Je vous fais remarquer que c'est interdit.*
{*J'attire votre attention sur le fait que c'est interdit.*

Man fand **es** notwendig, **daß die Vorstellung punkt 20 anfing.**

└── Annonce ──┘

On estima nécessaire de faire commencer la représentation à 20 heures précises.

2. Les propositions subordonnées circonstancielles

A. LES CONJONCTIONS MARQUANT L'IDÉE DE TEMPS

■ Les plus courantes sont : **wenn** *quand, lorsque* et **als** *quand, lorsque, au moment où*.

— Devant un **verbe à sens futur**, on emploie toujours **wenn** :

Wenn ich 60 Jahre alt bin, werde ich in Pension gehen.
Quand j'aurai 60 ans, je prendrai ma retraite.

— **Aux autres temps,** on emploie **als** pour une action ou un état qui ne sont pas répétés, et **wenn** dans les autres cas :

Als ich ein Kind war, spielte ich gern mit meinen Kameraden.
Quand j'étais enfant, j'aimais jouer avec mes camarades.

Als ich das erfuhr, wollte ich es nicht glauben.
{*Quand j'ai appris cela, je ne voulais pas le croire.*
{*Quand j'ai appris cela, je n'ai pas voulu le croire.*

Wenn ich von der Schule zurückkam, wartete meine Mutter auf mich.
Quand je revenais de l'école, ma mère m'attendait. (Ici, l'imparfait français marque la répétition.)

Wenn die Sonne untergeht, bricht die Nacht langsam ein.
Lorsque le soleil se couche, la nuit tombe lentement.

> Aux temps autres que le futur, on emploie **wenn** lorsque le *quand* français peut être remplacé par *chaque fois que* (jedesmal, wenn...). Dans les autres cas, on emploie **als**.

■ Simultanéité, postériorité, antériorité

SIMULTANÉITÉ	Situation : Heute nachmittag besucht Frau Braun ihren Bruder ; die Kinder begleiten sie nicht, sie bleiben zu Hause.	*Cet après-midi, Madame Braun va voir son frère ; ses enfants ne l'accompagnent pas, ils restent à la maison.*
	↓	
	Während Frau Braun ihren Bruder **besucht**, bleiben die Kinder zu Hause.	*Pendant que Madame Braun va voir son frère, ses enfants restent à la maison.*
	Während die Kinder zu Hause **bleiben**, besucht Frau Braun ihren Bruder.	*Pendant que les enfant restent à la maison, Madame Braun va voir son frère.*
	Während peut introduire **l'une ou l'autre** des propositions.	
POSTÉRIORITÉ	Situation : Er macht das Tor auf, dann fährt er sein Auto in die Garage.	*Il ouvre la porte, puis il rentre sa voiture au garage.*
	↓	
	Nachdem er das Tor **aufgemacht hat**, fährt er sein Auto in die Garage.	*Après avoir ouvert la porte, il rentre sa voiture au garage.*
	Situation : Sie schaltete das Fernsehen ein, dann setzte sie sich hin.	*Elle alluma la télévision, puis elle s'assit.*
	↓	
	Nachdem sie das Fernsehen **eingeschaltet hatte**, setzte sie sich hin.	*Après avoir allumé la télévision, elle s'assit.*
	Le verbe de la subordonnée introduite par **nachdem** doit toujours marquer l'antériorité par rapport au verbe de la principale : **Principale au présent** ⟶ **Subordonnée au parfait.** **Principale au passé** ⟶ **Subordonnée au plus-que-parfait.**	
ANTÉRIORITÉ	Situation : Ich will ins Konzert gehen, aber zuerst muß ich mich rasieren.	*Je veux aller au concert, mais d'abord, il faut que je me rase.*
	↓	
	Bevor (Ehe) ich ins Konzert **gehe**, muß ich mich rasieren.	*Avant d'aller au concert, il faut que je me rase.*

Remarques :

■ Après **nachdem, bevor** ou **ehe**, comme après **während** ou toute autre conjonction de subordination, on place généralement le sujet. Le noyau verbal, placé — comme dans toute proposition subordonnée — à la fin, est toujours **une forme conjuguée**, alors que la forme correspondante en français est le plus souvent un groupe infinitif. Le mode utilisé est l'**indicatif**.

Nachdem er sich geduscht **hatte**, ging er ins Bett. *Après s'être douché, il se mit au lit.*

Bevor er ins Bett **ging**, duschte er sich. *Avant d'aller au lit, il prit une douche.*

■ Während peut également exprimer une idée d'**opposition** *(tandis que, alors que)* :

Während der eine lachte, fing der andere an zu weinen.
Tandis que l'un riait, l'autre se mit à pleurer.

■ Autres conjonctions de temps :

solange	*tant que*
bis	*jusqu'à ce que*
seit(dem)	*depuis que*
sooft	*aussi souvent que*
sobald	*dès que*

B. LES CONJONCTIONS MARQUANT L'IDÉE DE CAUSE

■ **weil** *parce que, comme*
■ **da** *puisque, comme, vu que, étant donné que*

Wir konnten vorgestern nicht kommen, **weil** mein Schwager bei uns war.
Nous n'avons pas pu venir avant-hier parce que mon beau-frère était chez nous.

La subordonnée introduite par **da** précède généralement la principale.

Da mein Schwager bei uns war, konnten wir vorgestern nicht kommen.
Comme mon beau-frère était chez nous, nous n'avons pas pu venir avant-hier.

C. LES CONJONCTIONS MARQUANT L'IDÉE DE BUT

■ **daß** peut marquer l'idée de but, mais la conjonction la plus employée est **damit** *pour que, afin que* :

Ich habe dir dieses Wörterbuch gekauft, **damit** du besser arbeiten kannst.
Je t'ai acheté ce dictionnaire pour que tu puisses mieux travailler.

L'emploi de **damit** est **obligatoire** lorsque les deux sujets sont différents (ici : ich/du). Lorsque le sujet est le même, on peut aussi employer **damit** :

Herr Weber nimmt das Flugzeug, **damit** er schneller in Berlin ankommt.
Monsieur Weber prend l'avion pour arriver plus vite à Berlin.

Mais on emploiera plutôt **um ... zu + infinitif** (cf. § 27.4) :

Herr Weber nimmt das Flugzeug, **um** schneller in Berlin an**zu**kommen.

D. L'EXPRESSION DE LA CONDITION

■ **wenn** *si* est la conjonction la plus courante. Elle s'emploie avec l'**indicatif** si la condition est donnée comme réalisable :

Wenn es morgen **regnet**, werden wir zu Hause bleiben.
S'il pleut demain, nous resterons à la maison.

- Si la condition n'est pas réalisée, le verbe se met au **subjonctif II** :

  Wenn ich reich **wäre**, würde ich mir einen Sportwagen kaufen.
  Si j'étais riche, je m'achèterais une voiture de sport.

- On peut ne pas employer wenn dans une phrase conditionnelle. Le verbe conjugué est alors à la première place et la proposition principale qui suit peut être introduite par so, da ou dann.

  Wäre ich reich, **so** würde ich mir einen Sportwagen kaufen.

E. L'EXPRESSION DE LA CONSÉQUENCE

- **daß** peut marquer l'idée de conséquence. Il est **annoncé** dans la proposition principale par : so, so sehr *si, aussi,* soviel *tant,* etc.

  Das Lied war **so** schön, **daß** alle Zuhörer begeistert waren.
  Le chant était si beau que tous les auditeurs furent enthousiasmés.

F. LES CONJONCTIONS MARQUANT L'IDÉE DE CONCESSION OU D'OPPOSITION

- **obwohl,** obgleich, obschon (ces deux dernières sont vieillies) *bien que, quoique*

  Ich erkannte ihn sofort, **obwohl** ich ihn nur einmal gesehen hatte.
  Je l'ai reconnu tout de suite, bien que je ne l'aie vu qu'une fois.

Remarque :

Le verbe de la subordonnée de concession est à l'indicatif.

G. LES CONJONCTIONS MARQUANT L'IDÉE DE COMPARAISON

- **wie, als ...** *comme, que*

  Er ist nicht so dumm, **wie** ich glaubte.
  Il n'est pas aussi sot que je le croyais.

  Es war einfacher, **als** ich gedacht hatte.
  C'était plus simple que je ne l'avais pensé.

- **je ... desto, je ... um so** (cf. § 171)

PROPOSITION SUBORDONNÉE	PROPOSITION PRINCIPALE
je + comparatif *(plus)*	, desto + comparatif *(plus)* ...
je mehr *(plus)*	, desto mehr *(plus)* ...
je weniger *(moins)*	, desto weniger *(moins)* ...

Je mehr er besitzt, **desto mehr** will er haben. *Plus il en a, plus il en veut.*

- **als ob** ; **als wenn** ; **als** + **subjonctif** *comme si* (cf. § 85)

{ Er tat, **als ob** er mich nicht gesehen **hätte**.
{ Er tat, **als hätte** er mich nicht gesehen.
Il fit semblant de ne pas m'avoir vu.

H. LES CONJONCTIONS MARQUANT L'IDÉE DE MANIÈRE

- **wie** *comme*

Ich tue es, **wie** es mir gefällt.
Je fais cela comme il me plaît.

- **indem** *tandis que* se traduit souvent par ***en*** + participe (gérondif) :

Er grüßte uns, **indem** er mit der Hand winkte.
Il nous salua en agitant la main.

Indem peut exprimer en même temps une nuance de **moyen** :

Indem ich Autos wasche, verdiene ich etwas Geld.
Je gagne quelque argent en lavant des voitures.

26 La proposition subordonnée relative

1. Terme relatif et antécédent

La proposition subordonnée relative est introduite par un terme relatif : pronom simple (der, wer, was, wo) ou composé (wozu, worauf, etc.).
Les pronoms relatifs les plus employés sont **der, das, die** et, dans la langue littéraire, **welcher, welches, welche** (cf. § 187-188).
Le pronom relatif s'accorde en **genre** (masculin, neutre, féminin) et en **nombre** (singulier, pluriel) avec le nom propre ou le groupe nominal de base, appelé **antécédent**. Mais il a une **fonction propre** à l'intérieur de la proposition subordonnée relative :

Der Junge, **den** du dort siehst, wartet auf mich.
(Antécédent) (Pr. rel.)
→ Accord : masculin singulier
→ Fonction : COD (accusatif)

Le garçon que tu vois là-bas m'attend.

Kennst du **das Mädchen,** **dem** der Lehrer das Buch gegeben hat ?
(Antécédent) (Pr. rel.)
→ Accord : neutre singulier
→ Fonction : complément d'attribution (datif)

Connais-tu la jeune fille à qui le professeur a donné le livre ?

Es gibt **Leute** , **die** nie verstehen wollen.
(Antécédent) (Pr. rel.)
→ Accord : pluriel
→ Fonction : sujet (nominatif)

Il y a des gens qui ne veulent jamais comprendre.

Inge, **deren** alte Mutter krank ist, macht sich Sorgen.
(Antécédent) (Pr. rel.)
└→ Accord : féminin singulier
→ Fonction : complément de nom (génitif)

Inge, dont la vieille mère est malade, se fait du souci.

Die Freunde, mit denen wir nach Wien fahren wollen, haben angerufen.
(Antécédent) (Pr. rel.)
└→ Accord : masculin pluriel
→ Fonction : complément prépositionnel (ici mit + datif)

Les amis avec lesquels nous allons partir pour Vienne ont téléphoné.

2. Construction de la proposition subordonnée relative

■ S'agissant d'une subordonnée, nous retrouvons normalement la structure du groupe verbal, c'est-à-dire le noyau verbal en **dernière place** :

Mein Freund, der in Hamburg **wohnt**, ...
Mon ami qui habite Hambourg ...

Mein Freund, den ich **eingeladen habe**, ...
Mon ami, que j'ai invité, ...

Mein Freund, dem ich eine Schallplatte **schenken wollte**, ...
Mon ami, auquel je voulais offrir un disque, ...

■ C'est dans le groupe verbal de la proposition subordonnée relative que se trouve la syllabe accentuée.

■ Dans le groupe nominal complexe (cf. § 149), la relative est séparée de l'antécédent par une **virgule obligatoire**.
Très souvent, et en particulier lorsque le groupe nominal complexe est en début de phrase, la relative se trouve **entre deux virgules**. Dans ce cas, le noyau verbal de la relative et le noyau verbal de la principale sont côte à côte, séparés par la deuxième virgule :

Der Bus, auf den die Dame wartet, fährt zum Hafen.
(N.V. de la principale)
Le bus que la dame attend va au port.

Die Freunde, mit denen wir an die See fahren, wohnen in Stuttgart.
(N.V. de la principale)
Les amis avec lesquels nous allons à la mer habitent Stuttgart.

3. Le sujet de la proposition subordonnée relative

Deux possibilités se présentent :

■ Le pronom relatif est lui-même sujet. Il est alors en tête :

Der Schüler, **der** am besten arbeitet, ...
L'élève qui travaille le mieux...

▪ Le pronom relatif n'est pas le sujet. Le sujet sera le deuxième élément dans la proposition subordonnée relative :

Der Schüler,	den (1)	**der Lehrer** (2)	gerufen hat, ...
L'élève	*que*	*le professeur*	*a appelé ...*

Der Schüler,	mit dem (1)	**der Lehrer** (2)	spricht, ...
L'élève	*avec lequel*	*le professeur*	*parle ...*

4. Le génitif du pronom relatif : un cas à part

▪ Au génitif, le pronom relatif der, das, die, die (formes : dessen, dessen, deren, deren), de même que le pronom interrogatif wessen ? (génitif de wer) *de qui ?* est suivi immédiatement, **y compris après une préposition**, du nom dont il dépend, même si ce dernier n'est pas sujet de la relative :

Der Mann, **dessen Frau** uns gegrüßt hat, ist unser Nachbar.
(Sujet)
L'homme dont la femme nous a salués est notre voisin.

Der Mann, **dessen Frau** wir gestern gegrüßt haben, ist unser Nachbar.
(C.O.D.)
L'homme dont nous avons salué la femme hier est notre voisin.

Der Mann, **mit dessen Frau** wir sprachen, ist unser Nachbar.
(Complément prépositionnel)
L'homme avec la femme duquel nous parlions est notre voisin.

▪ Nous constatons, dans l'exemple suivant :

Ich stelle dir Kurt vor, **dessen Vater** dir helfen kann.
Je te présente Kurt, dont le père peut t'aider.

que dessen se construit comme un génitif saxon (cf. § 122), c'est-à-dire comme un **déterminant**, et que dessen Vater constitue un véritable groupe nominal, comparable dans sa structure à :

Kurts Vater, Pauls Vater, sein Vater, unser Vater ...

▪ On peut intégrer au groupe un adjectif épithète :

Kurt, **dessen altes Haus** renoviert wird, ...
Kurt, dont la vieille maison est en rénovation ...

Le nom ne prend pas d'article ; l'adjectif épithète porte la marque du cas.

▪ **Traduction de "dont"** : (cf. § 213).

27 Le groupe infinitif

1. L'infinitif complément

▪ Un certain nombre de verbes ont pour complément un verbe à l'infinitif :

Ich verspreche dir **zu kommen**.	*Je te promets de venir.*
Hör doch auf **zu weinen** !	*Arrête donc de pleurer !*

▪ L'infinitif peut être aussi complément d'un autre terme que le verbe :

Hast du Lust **mitzufahren** ?	*As-tu envie de venir (en voiture) avec nous ?*
Ich habe keine Lust **mitzukommen**.	*Je n'ai pas envie de venir.*
Ich habe keine Lust **abgeholt zu werden**.	*Je n'ai pas envie qu'on vienne me chercher.*
Ich habe viel **zu tun**.	*J'ai beaucoup à faire.*
Er war so glücklich **zu kommen** !	*Il était si heureux de venir !*

▪ L'infinitif complément est en général précédé de la préposition **zu** et occupe la dernière place. Dans les verbes à particule, la préposition zu s'intercale entre la particule et le verbe. L'ensemble **particule / zu / infinitif** constitue alors un seul mot :

aufstehen *se lever*	Ich bitte dich auf**zu**stehen. *Je te prie de te lever.*
weiterfahren *continuer à rouler*	Er wünscht nicht weiter**zu**fahren. *Il ne souhaite pas continuer à rouler.*
aufpassen *faire attention*	Er rät uns auf**zu**passen. *Il nous conseille de faire attention.*
ankommen *arriver*	Wir freuen uns an**zu**kommen. *Nous sommes contents d'arriver.*
aussteigen *descendre*	Es ist Zeit aus**zu**steigen. *Il est temps de descendre (de voiture).*

2. Le groupe infinitif C.O.D.

Ich verspreche dir, morgen **zu kommen**.
Je te promets de venir demain.

Ich verspreche dir, morgen mit Peter **zu kommen**.
Je te promets de venir demain avec Peter.

▪ Si nous comparons ces phrases avec les exemples précédents, nous constatons que **zu kommen** a lui-même des compléments.
Dans ce cas-là, nous ne parlerons plus d'infinitif complément, mais de proposition infinitive (ou groupe infinitif).

▪ Dans la proposition infinitive, le verbe est à **l'infinitif**, précédé de la préposition **zu**. Il occupe la **dernière place**.

■ La proposition infinitive est séparée de la principale par une **virgule**.

— Noyau verbal simple :

Sie hat vergessen, den Wagen **zu waschen**.
Elle a oublié de laver la voiture.

Wir hatten vor, unser Zimmer **aufzuräumen**.
Nous avions l'intention de ranger notre chambre.

— Noyau verbal double :
zu s'intercale entre l'infinitif et le verbe de modalité :

Er hofft, in ein paar Tagen **aufstehen zu können**.
Il espère pouvoir se lever dans quelques jours.

ou entre le participe II (participe passé) et l'auxiliaire (sein, haben, werden) :

Du behauptest, mit ihm **gesprochen zu haben** !
Tu prétends avoir parlé avec lui !

Ich fürchte, von dem Lehrer **bestraft zu werden**.
Je crains d'être puni par le professeur.

■ Voici quelques verbes souvent accompagnés d'une proposition infinitive ou d'un infinitif complément :

anfangen / beginnen	*commencer*	erlauben	*permettre*	vergessen	*oublier*
		fürchten	*craindre*	versprechen	*promettre*
aufhören	*cesser*	hoffen	*espérer*	vorhaben	*avoir l'intention de*
behaupten	*affirmer*	raten	*conseiller*	vorschlagen	*proposer*
befehlen	*ordonner*	scheinen	*sembler* / *paraître*	wünschen	*souhaiter*
bitten	*prier de*	sich freuen	*se réjouir*		
denken	*penser*	verbieten	*interdire*		

Remarques :

■ Après les verbes **sein, haben, scheinen**, on ne met **pas de virgule** :

Du scheinst heute sehr schlecht gelaunt zu sein.
Tu sembles de fort mauvaise humeur aujourd'hui.

Auf diesem Bild ist ein modernes Haus zu sehen.
Sur cette image on peut voir une maison moderne.

Du hast zu gehorchen !
Tu as à obéir !

■ Le verbe **sagen** n'est jamais suivi d'un infinitif complément ou d'une proposition infinitive. On utilise le verbe **sollen**, soit dans une proposition indépendante juxtaposée, soit dans une proposition subordonnée complétive introduite par daß :

Sag ihm doch, er soll sofort kommen !
Sag ihm doch, daß er sofort kommen soll !
Dis-lui de venir tout de suite !

3. Le groupe infinitif sujet

Lorsque l'infinitif est sujet et a lui-même un complément, il est en général précédé de **zu** :

Eine Wohnung **zu** finden ist keine leichte Sache.
Trouver un logement n'est pas chose facile.

{ Eine Stelle **zu** bekommen ist heutzutage sehr schwer geworden.
{ Es ist heutzutage sehr schwer geworden, eine Stelle **zu** bekommen.
Il est devenu aujourd'hui très difficile de trouver un emploi.

Retenons les expressions suivantes :

es ist angenehm, ...zu...	*il est agréable de...*
es ist gefährlich (verboten), ...zu...	*il est dangereux (défendu) de...*
es ist leicht (schwer), ...zu...	*il est facile (difficile) de...*
es gefällt mir, ...zu...	*il me plaît de...*

Remarque :

Le verbe **gelingen** *réussir* a une forme impersonnelle :

Es ist mir nicht **gelungen**, ihn zu überholen.
Je n'ai pas réussi à le dépasser.

4. Le groupe infinitif prépositionnel

Il est introduit par les prépositions **um, anstatt** et **ohne**.

▪ Une proposition infinitive peut exprimer le **but**. Elle est alors introduite par **um** et répond à la question Wozu ? *Pourquoi, dans quel but ?* (cf. §. 219).

Ich brauche 10 DM, **um** meine Fahrkarte **zu lösen**.
Il me faut 10 mark pour prendre mon billet.

Sie fährt zum Bahnhof, **um** ihre Freunde **abzuholen**.
Elle va à la gare chercher ses amis.

Cet emploi n'est possible que si le sujet de la proposition principale et le sujet (non exprimé) du verbe à l'infinitif sont la même personne :

Ich brauche 10 DM ; ich löse die Fahrkarte.

Sie fährt zum Bahnhof ; sie holt ihre Freunde ab.

Dans le cas contraire, on emploie la proposition subordonnée de but avec damit (cf. §. 25.C).

▪ Une proposition infinitive peut exprimer la **manière** : elle est alors introduite par (an)statt ou par ohne :

Arbeite doch, **(an)statt** stundenlang **fernzusehen** !
Travaille donc, au lieu de regarder la télévision pendant des heures !

Der Nachbar setzte sich, **ohne** ein Wort **zu sagen**.
Le voisin s'assit sans dire un mot.

Attention !

Dans une proposition introduite par ohne, on ne peut pas utiliser une négation :

Der Nachbar setzte sich, ohne **etwas** zu sagen.
Le voisin s'assit sans rien dire.

5. L'infinitif sans zu

Mein Bruder **kann** nicht mehr **laufen**.	*Mon frère ne peut plus courir.*
Willst du endlich **mitkommen** ?	*Veux-tu venir, oui ou non ?*
Du **mußt** fleißig **arbeiten** !	*Tu dois travailler avec application.*

■ Les **verbes de modalité** sont le plus souvent accompagnés d'un verbe à l'infinitif, l'ensemble constituant un **noyau verbal double** :

laufen können, mitkommen wollen, arbeiten müssen

■ D'autres verbes peuvent, à cet égard, leur être comparés. Retenons les plus usuels :

Bleiben Sie doch **sitzen** !	*Restez donc assis !*
Gehen die Kinder **schlafen** ?	*Est-ce que les enfants vont au lit ?*
Er **hört** die Vögel **singen**.	*Il entend les oiseaux chanter.*
Laß mich doch **spielen** !	*Laisse-moi donc jouer !*
Wann **lehrst** du uns **schwimmen** ?	*Quand nous apprends-tu à nager ?*
Sie **lernt** jetzt Ski **laufen**.	*Elle apprend maintenant à faire du ski.*
Er **macht** von sich **reden**.	*Il fait parler de lui.*
Sehen Sie die Leute **laufen** ?	*Voyez-vous les gens courir ?*

Remarque :

L'infinitif seul, dépendant du verbe helfen *aider*, n'est pas précédé de zu :

Ich **helfe dir aufräumen**.
Je vais t'aider à mettre de l'ordre.

Le groupe infinitif, surtout quand le verbe helfen est à un temps composé du passé, est précédé de zu :

Er **hat** mir **geholfen**, das Zimmer in Ordnung **zu bringen**.
Il m'a aidé à mettre la chambre en ordre.

CHAPITRE 4

LE GROUPE VERBAL

28 Définition[1]

Le groupe verbal (G.V.) est une unité de sens formée par un verbe et un ou plusieurs compléments et qui apporte l'information principale. Dans ce groupe, le verbe forme le noyau et le ou les compléments déterminent et précèdent ce noyau.

in die °Stadt	fahren
(Complément de direction)	(Noyau)

in der °Stadt	arbeiten
(Complément de localisation)	(Noyau)

Ces groupes verbaux constituent la partie de la phrase qui fournit la réponse aux questions suivantes :

1. °Was will Peter machen ? (Er will) **in die °Stadt fahren**
(Information principale = G.V.)

2. °Wo möchte Hans arbeiten ? (Er möchte) **in der °Stadt arbeiten**
(Information principale = G.V.)

Ces groupes verbaux à l'infinitif apportent l'information recherchée quand on pose ces questions.

29 Les éléments constituant le groupe verbal

- Le groupe verbal peut être réduit au seul noyau verbal :
  Er °tanzt. ► **G.V. :** °tanzen

Généralement, il est formé d'un ou plusieurs éléments plus le noyau verbal :

- Adjectif ou groupe nominal attribut + noyau verbal :
  Sie ist °faul. ► **G.V. :** °faul sein
  Er ist °Lehrer. ► **G.V. :** °Lehrer sein

- Adverbe + noyau verbal :
  Es dauert °lange. ► **G.V. :** °lange dauern
  Cela dure longtemps.

1. Par convention, les groupes verbaux cités isolément sont donnés à l'infinitif.

- Particule + noyau verbal :

Hör doch °auf ! *Vas-tu bientôt cesser !*	► **G.V.** : °aufhören

Attention !

La particule est rattachée au noyau verbal à l'infinitif.

- C.O.D. indéfini + noyau verbal :

Sie bekommt °Taschengeld. *Elle reçoit de l'argent de poche.*	► **G.V.** : °Taschengeld bekommen
Er braucht eine °Brille. *Il a besoin de lunettes.*	► **G.V.** : eine °Brille brauchen

- Complément prépositionnel + noyau verbal :

Ich fahre mit dem °Bus. *Je circule en bus.*	► **G.V.** : mit dem °Bus fahren
Bleibst du im °Garten ? *Restes-tu dans le jardin ?*	► **G.V.** : im °Garten bleiben

- « Constituant idiomatique » + noyau verbal :

Uwe spielt °Klavier. *Uwe joue du piano.*	► **G.V.** : °Klavier spielen

Remarque :

A la lecture de tous les G.V. ci-dessus, nous constatons que la place du noyau verbal à l'infinitif est la **dernière**, contrairement au français :

Limonade **trinken** (Compléments / Noyau)	***boire*** *de la limonade* (Noyau / Compléments)

30 Du groupe verbal à la phrase allemande

Le groupe verbal peut, dans certains cas, constituer un énoncé à lui seul. C'est le cas pour exprimer certains ordres :

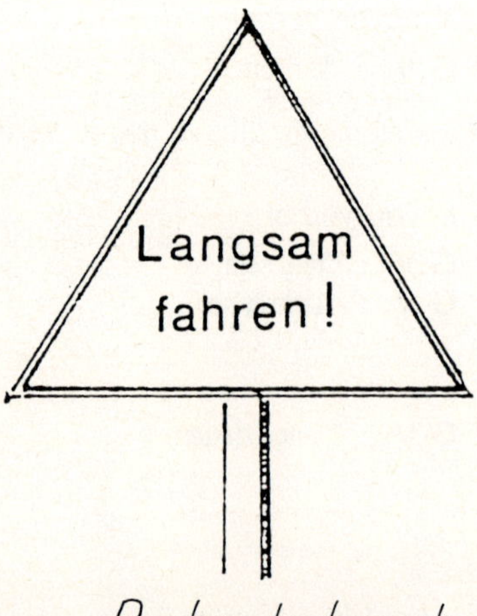

Rouler lentement

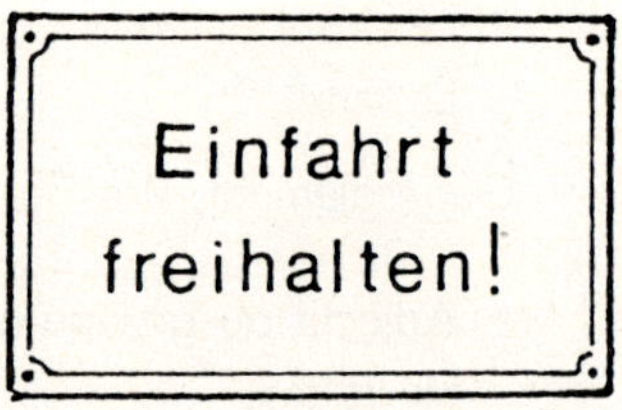

Laisser l'entrée libre

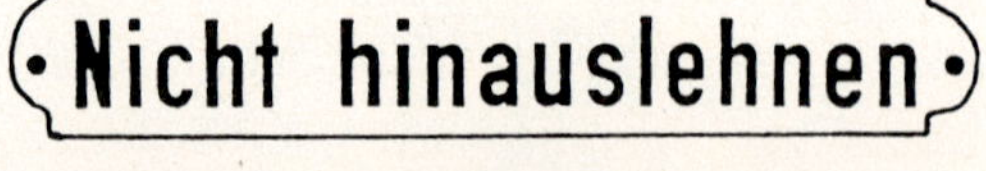

Ne pas se pencher au dehors

Dans ce cas, le noyau du groupe verbal est à l'infinitif et occupe la dernière place.

Mais le plus souvent, la phrase simple comprend un sujet et un groupe verbal dont le noyau est à une forme personnelle (accord noyau + sujet) :

Klaus	+	im °Garten spielen
(Sujet)		(G.V.)

Proposition déclarative : Klaus spielt im °Garten.
Dans cet exemple, le G.V. **im Garten spielen** constitue l'information transmise à propos du sujet Klaus.

Mais il peut arriver que le sujet soit lui-même intégré au groupe verbal :

Du weißt doch, daß heute um vier Uhr °Besuch kommt !
Tu sais bien que nous avons de la visite ce soir à quatre heures !

31 Place du noyau verbal dans la phrase

DERNIÈRE POSITION

°Langsam **fahren** !
Rouler lentement.
► Impérative (de portée générale)

...weil die Kinder heute einen °Ausflug **machen**.
...parce que les enfants font une sortie aujourd'hui.
► Proposition subordonnée

Wenn ich zu °Hause geblieben **wäre** ...
Si j'étais resté à la maison ...
► Proposition subordonnée avec wenn

PREMIÈRE POSITION

Fahr nicht so °schnell !
Ne va pas si vite !
► Impérative (ordre donné à une personne déterminée)

Bleibst du im °Garten ?
Restes-tu dans le jardin ?
► Interrogative globale

Wäre ich zu °Hause geblieben, ...
Si j'étais resté à la maison, ...
► Proposition subordonnée sans wenn

DEUXIÈME POSITION

Jetzt **gehen** wir nach °Hause.
Maintenant, nous rentrons.
► Proposition déclarative

°Warum **fährst** du nach Deutschland ?
Pourquoi vas-tu en Allemagne ?
► Interrogative partielle

Wie °schön **ist** es hier !
Comme c'est beau, ici !
► Proposition exclamative

32 Le groupe verbal à noyau double ou triple

Aux temps composés de l'allemand ou en présence d'un verbe de modalité ou assimilé (type lassen), le noyau verbal est double ou triple.

1. Noyau double

▪ type : gekommen sein
au parfait et au plus-que-parfait actifs :

... weil sie °nicht **gekommen ist / war**.
... parce qu'elle n'est / était pas venue.

▪ type finden werden
au futur actif :

Ob er einen °Parkplatz **finden wird** ?
Trouvera-t-il une place où se garer ?

▪ type gespielt werden
aux présent / prétérit passifs :

... während dort ein °interessanter Film **gespielt wird**.
... alors que l'on passe un film intéressant là-bas.

▪ type warten sollen
au présent d'un verbe de modalité ou assimilé :

... daß wir noch zehn °Minuten **warten sollen**.
... que nous devons encore attendre dix minutes.

2. Noyau triple

▪ type gebracht worden sein
au parfait et au plus-que-parfait passifs :

Nachdem Oma in die °Klinik **gebracht worden ist / war**.
Après que grand-mère eut été transportée à l'hôpital.

▪ type haben warten sollen
— au parfait d'un verbe de modalité ou assimilé :

... daß wir noch zehn °Minuten **haben warten sollen**.
... que nous avons dû attendre encore dix minutes.

— au futur d'un verbe de modalité ou assimilé :

... weil er das Haus °nicht **wird finden können**.
... parce qu'il ne pourra pas trouver la maison.

Dans ce dernier type de noyau verbal triple, l'auxiliaire (ici : haben, werden) précède les formes impersonnelles du verbe dans la subordonnée. Ce sont elles qui occupent la position finale (cf. § 45).

33 L'ordre des compléments du groupe verbal

heute im Garten °Tischtennis spielen

Ce groupe verbal se décompose en un noyau verbal et trois compléments.
Les compléments du groupe verbal, qui constituent une information nouvelle, se placent à gauche du noyau verbal (cf. §§ 28, 29).

1.				spielen
2.			Tischtennis	spielen
3.		im Garten	Tischtennis	spielen
4.	heute	im Garten	Tischtennis	spielen

et ainsi de suite.

Chaque membre du groupe verbal complète l'unité de sens constituée à sa droite.
On précise logiquement d'abord à quoi on joue : unité 2

Tischtennis spielen *jouer au ping-pong*

Ensuite, on précise le lieu de l'action : unité 3

im Garten Tischtennis spielen *jouer au ping-pong dans le jardin*

Ensuite, on précise le moment où se fait l'action : unité 4

heute im Garten Tischtennis spielen *jouer au ping-pong aujourd'hui dans le jardin*

Dans la phrase allemande déclarative, le noyau verbal est à la deuxième place. Mais les compléments restent dans le même ordre que dans le groupe verbal à l'infinitif :

Wir spielen heute im Garten Tischtennis.

L'information minimale est fournie, dans l'exemple ci-dessous, par un groupe verbal réduit à sa base :

Es °regnet. ► **G.V. :** °regnen

ou par un groupe verbal avec un seul complément :

Es regnet °stark. ► **G.V. :** °stark regnen

Quand il y a plusieurs compléments, le groupe verbal s'étend vers la gauche en partant de la fin :

Wir wollen heute im Garten °Tischtennis spielen.
Nous voulons jouer au ping-pong dans le jardin aujourd'hui.

Ich habe ihn vor·drei °Jahren in Deutschland kennengelernt.
Je l'ai rencontré (J'ai fait sa connaissance) en Allemagne il y a trois ans.

En règle générale, le complément de temps précède le complément de lieu.

CHAPITRE 5

LE VERBE FORMATION ET CONJUGAISON

LA FORMATION DES VERBES

On peut distinguer les verbes primitifs, les verbes dérivés et les verbes composés.

34 Les verbes primitifs

Il sont constitués par un **radical** suivi de la **marque de l'infinitif** : **-n** ou **-en**.

Exemple :

bau	-en	(bauen *construire*)
(Radical)	(Marque de l'infinitif)	

feier	-n	(feiern *fêter*)
(Radical)	(Marque de l'infinitif)	

Deux verbes très usuels, sei**n** *être* et tu**n** *faire*, ont la marque **-n**.

35 Les verbes dérivés

Ils peuvent être formés à partir d'autres verbes :

stehen *être debout* → stellen *placer, poser debout*

Mais le plus souvent ils sont formés, à l'aide de suffixes, à partir de radicaux d'autres verbes, de noms, d'adjectifs ou d'adverbes. Ces verbes dérivés prennent parfois une inflexion.

▪ **Dérivation directe** (+ **-n** ou **-en**) :

der Fisch *le poisson* → fisch**en** *pêcher*
das Ruder *la rame* → ruder**n** *ramer*
genug *suffisamment* → genüg**en** *suffire*

▪ **Suffixes :**

-el-n	das Rad *la bicyclette*	→ rad**eln** *faire du vélo* (All. du Sud)
	lach- radical de lachen	→ läch**eln** *sourire*
-ig-en	rein *pur, propre*	→ rein**igen** *nettoyer*
-ier-en	der Protest *la protestation*	→ protest**ieren** *protester*
-isier-en	stabil *stable*	→ stabil**isieren** *stabiliser*

Ces verbes en **-ieren (-isieren)** sont relativement nombreux dans la langue allemande d'aujourd'hui. La plupart sont d'origine étrangère : **profitieren, transportieren, kritisieren** (qui se passent de traduction) ; mais le verbe **buchstabieren** *épeler* est de radical germanique.
Plus rare est le suffixe **-eien** : ne retenons que **prophezeien** *prophétiser*.
Les verbes en **-ieren** et **-eien** sont généralement faibles. Ils sont accentués sur cette « terminaison » **-'ieren** ou **-'eien** : cela explique l'absence de l'augment **ge-** au participe II (cf. § 44).

telefo'nieren → øtelefo'niert haben
rea'gieren → ørea'giert haben
prophe'zeien → øprophe'zeit haben

36 Les verbes composés

Ils sont constitués d'un verbe simple, précédé :

1. d'un **préfixe** inséparable et inaccentué :

besuchen

Er be'sucht mich jeden Tag. — *Il vient me voir tous les jours.*
Wann hast du ihn be'sucht ? — *Quand es-tu allé le voir ?*

2. d'une **particule** séparable et accentuée :

eine Jacke **an** haben — *porter une veste.*

Er	hat		eine Jacke	**an**.	Présent
	Hat	er	eine Jacke	**an** ?	Présent
Er	hatte		eine Jacke	**an**.	Prétérit
	Hatte	er	eine Jacke	**an** ?	Prétérit

Seul, **haben** s'est déplacé ; le reste du G.V. n'a pas bougé.
Dans la proposition subordonnée, le noyau verbal retrouve sa place — la dernière — et se soude donc à sa particule :

Wir sehen, daß er eine Jacke anhat. — *Nous voyons qu'il porte une veste.*
Glaubst du, daß er eine Jacke anhatte ? — *Crois-tu qu'il portait une veste ?*

- A l'infinitif et au participe I (cf. §§ 41 et 43), particule et verbe sont toujours soudés :

aufmachen *ouvrir* eintreten *entrer* anstrengend *fatigant* hervorragend *excellent*

- Au participe II, la particule est soudée à l'augment **-ge** (cf. § 44) :

aufgemacht *ouvert* eingetreten *entré* mitgebracht *apporté,* etc.

3. d'un **préverbe** qui se comporte soit comme un préfixe (inséparable et inaccentué), soit comme une particule (séparable et accentuée) :

unter'nehmen

Wir **unter'nehmen** eine lange Reise — *Nous entreprenons un long voyage.*
Ich habe nichts **unter'nommen.** — *Je n'ai rien entrepris.*

'untergehen
Bald **geht** die Sonne **'unter.** — *Bientôt le soleil se couchera.*
Die Sonne ist schon **'untergegangen.** — *Le soleil s'est déjà couché.*

Attention !
Préfixes, particules et préverbes modifient le sens du verbe simple.

VERBES SIMPLES		VERBES COMPOSÉS	
stehen	*être debout*	ver'stehen	*comprendre*
kommen	*venir*	be'kommen	*recevoir*
machen	*faire*	'aufmachen	*ouvrir*
holen	*aller chercher*	über'holen	*dépasser*
laufen	*courir*	'überlaufen	*déborder*

kommen
Er **ist** gestern nachmittag **gekommen.** — *Il est venu hier après-midi.*

bekommen
Er **hat** meine Ansichtskarte **bekommen.** — *Il a reçu ma carte postale.*

SENS ET RÔLE DES PRINCIPAUX PRÉFIXES, PARTICULES ET PRÉVERBES

37 Les préfixes

Ils sont **inséparables** et **inaccentués.**

be-

- transforme un verbe de base intransitif (ne pouvant avoir de C.O.D. à l'accusatif) en verbe transitif (ayant un C.O.D. à l'accusatif) :

Er **tritt in** das Zimmer.
Er **betritt das** Zimmer. — *Il entre dans la pièce.*

Er **steigt in** den Zug.
Er **besteigt den** Zug. — *Il monte dans le train.*

- renforce le sens du verbe de base :

Sie **grüßt** ihren Freund. — *Elle salue son ami.*
Ich freue mich, Sie hier zu **begrüßen.** — *Je suis heureux de vous accueillir ici.*

emp- n'a pas de rôle particulier. Retenons simplement ces trois verbes très courants :

empfangen *recevoir (qqn)* empfehlen *recommander* empfinden *éprouver*

ent-

- exprime la séparation ou la privation :

Er ist mir entkommen. — *Il m'a échappé.*
Das kann ich nicht entbehren. — *Je ne peux pas m'en passer.*

- exprime le début, le commencement :

Der Rhein entspringt in der Schweiz. — *Le Rhin prend sa source en Suisse.*
Es entstehen jeden Tag neue Probleme. — *Chaque jour surgissent de nouveaux problèmes.*

er-

- peut (comme be-) rendre transitif un verbe qui ne l'est pas :

Wir **warten auf** unsere Freunde.
Wir **erwarten unsere** Freunde. — *Nous attendons nos amis.*

- exprime le passage d'un état à un autre :

Ich bin um sieben Uhr erwacht. — *Je me suis éveillé à sept heures.*

ge-

Retenons ces trois verbes très courants, ayant tous trois un complément au datif : gefallen *plaire,* gehorchen *obéir,* gehören *appartenir*

Das hat mir sehr gut gefallen. — *Ça m'a beaucoup plu.*

miß-

confère au verbe de base un sens négatif ou péjoratif :

Wir haben uns mißverstanden. — *Il y a eu un malentendu entre nous.*

ver-

- exprime une transformation, un renforcement :

Du hast dich nicht verändert ! — *Tu n'a pas changé !*

- confère un sens négatif ou péjoratif :

Wer hat es dir verboten ? — *Qui te l'a interdit ?*
Er hat mich verraten. — *Il m'a trahi.*

- exprime la perte ou l'erreur :

Sie haben ihr ganzes Geld verspielt. — *Ils ont perdu tout leur argent au jeu.*
Wir hatten uns im Wald verlaufen. — *Nous nous étions égarés dans la forêt.*

zer- exprime souvent la dispersion ou même la destruction :

Die Stadt wurde durch Bomben zerstört. — *La ville a été détruite par les bombes.*

38 Les particules

Elles sont **séparables** et **accentuées**.

ˈ**ab** peut exprimer :

- un mouvement vers le bas (ab est alors souvent renforcé par hin ou her) :

Das Flugzeug ist abgestürzt.	*L'avion s'est écrasé.*

- le départ, la séparation :

Wann fährt unser Bus ab ?	*Quand part notre autobus ?*
Sie hat den Hörer abgenommen.	*Elle a décroché le téléphone.*

ˈ**an** peut exprimer :

- l'approche, le contact :

Zieh bitte deinen Mantel an !	*Mets ton manteau, je te prie !*
Wann bist du angekommen ?	*Quand es-tu arrivé(e) ?*

- le début, l'amorce :

Bald fängt der Sommer an.	*L'été commence bientôt.*
Er zündet sich eine Zigarette an.	*Il allume une cigarette.*

ˈ**auf** peut exprimer :

- l'ouverture :

Mach doch die Tür auf !	*Ouvre la porte !*

- un mouvement vers le haut :

Steh jetzt auf !	*Lève-toi, maintenant !*

- l'action de poser, mettre sur quelque chose (cf. la préposition auf) :

Sie legt den Hörer wieder auf.	*Elle raccroche.*
Er hat seinen Hut aufgesetzt.	*Il a mis son chapeau.*

- le début d'une action :

Er lacht auf.	*Il éclate de rire.*

ˈ**aus** peut exprimer :

- la sortie, soit d'un lieu, soit d'un état (cf. la préposition aus) :

Wir gehen selten aus.	*Nous sortons rarement.*
Hast du ausgeschlafen ?	*As-tu dormi ton content ?*

- un achèvement :

Er hat sein Bier ausgetrunken.	*Il a fini sa bière.*

'ein peut exprimer :

- l'entrée dans un lieu (ein est alors souvent renforcé par hin ou her) :

Treten Sie doch ein !	*Entrez donc !*
Er steckt Geld ein.	*Il empoche de l'argent.*

- l'entrée dans un état :

Er war am Steuer eingeschlafen.	*Il s'était endormi au volant.*

ent'gegen peut exprimer l'idée d'aller « au devant de » :

Sie lief mir entgegen.	*Elle vint à ma rencontre en courant.*

'fort peut exprimer :

- le départ :

Mein Nachbar ist fortgegangen.	*Mon voisin est parti.*

- la continuation :

Das hat er nicht fortgesetzt.	*Il n'a pas continué.*

'hin / 'her et leurs composés : (cf. § 197).

'los exprime le départ ou la séparation :

Er ist losgelaufen.	*Il est parti à toutes jambes.*
Laß doch meine Hand los !	*Lâche ma main !*

'mit exprime, comme la préposition, l'accompagnement :

Ich gehe in die Stadt. Kommen Sie mit ?	*Je vais en ville. M'accompagnez-vous ?*

'nach peut exprimer :

- l'action de « suivre » (parfois « poursuivre ») :

Wir kommen mit dem Opel nach.	*Nous vous (te) suivons avec l'Opel.*

- la vérification :

Sie schaute nach, ob niemand etwas vergessen hatte.	*Elle regarda si personne n'avait rien oublié.*

- le retard :

Deine Uhr geht nach.	*Ta montre retarde.*

ˈvor peut exprimer :

- l'action de précéder, d'anticiper :

Wir fahren schon vor !	*Nous passons devant.*
Meine Uhr geht vor.	*Ma montre avance.*

- l'action de présenter :

Ich stelle Ihnen meinen Bruder vor.	*Je vous présente mon frère.*

vorˈbei / vorˈüber expriment :

- le passage dans le temps :

Alles geht vorüber.	*Tout passe.*

- le passage dans l'espace :

Er ist **am** Rathaus vorbeigegangen.	*Il est passé devant l'hôtel de ville.*

Remarque :
Le complément est **au datif après an** (localisation).

ˈweg exprime le départ ou la séparation :

Sie zahlt und geht weg.	*Elle paie et s'en va.*
Ich habe das Fleisch wegwerfen müssen.	*J'ai dû jeter la viande.*

ˈwieder exprime la répétition et correspond souvent au préfixe français *re-* :

Wann sehen wir uns wieder ?	*Quand nous reverrons-nous ?*

Attention !
Wieder est un préfixe inséparable dans le verbe wiederˈholen :

Wiederholen Sie, bitte !	*Veuillez répéter, s'il vous plaît !*
Sie hat es nicht wiederholt.	*Elle ne l'a pas répété.*

ˈzu peut exprimer :

- la fermeture :

Macht bitte die Fenster zu !	*Fermez les fenêtres s'il vous plaît !*

- l'approche, le mouvement vers qqn ou qqch :

Er kam auf mich zu.	*Il vint vers moi. (Il s'approcha de moi.)*

- une action à l'adresse, à l'intention de qqn :

Sie lächelte mir zu.	*Elle m'a souri.*

- un accroissement :

Du hast aber zugenommen !	*Comme tu as grossi !*

zuˈrück exprime le retour ou le mouvement en arrière :

Wann kommen Sie zurück ?	*Quand revenez-vous ?*
Der Wagen fuhr zurück.	*La voiture recula.*

39 Les préverbes

Ils sont tantôt **inaccentués** et **inséparables,** tantôt **accentués** et **séparables.**

durch

■ le plus souvent inséparable (verbes transitifs) :

Wir haben die Gegend **durchwandert**. *Nous avons parcouru la région.*

■ séparable : verbes ˈdurchfallen *échouer* et ˈdurchlesen *lire jusqu'au bout* :

Er ist bei der Prüfung **durchgefallen**. *Il a été « collé » à son examen.*
Er hat das Buch **durchgelesen**. *Il a lu le livre d'un bout à l'autre.*

über

■ le plus souvent inséparable. Retenons :
— verbes transitifs :

Die Schüler **übersetzen** einen Text. *Les élèves traduisent un texte.*
Wir haben ihn nicht **überholt**. *Nous ne l'avons pas dépassé.*
Ich hätte dich beinahe **überfahren** ! *J'ai failli t'écraser !*
Er **überlegte**, was er tun sollte. *Il réfléchit à ce qu'il devait faire.*

— un verbe intransitif :

Wo haben Sie **übernachtet** ? *Où avez-vous passé la nuit ?*

■ séparable et accentué dans ˈüberlaufen *déborder* :

Die Milch ist **übergelaufen**. *Le lait a débordé.*

um

■ inséparable dans les verbes trans., au sens d'« entourer » ou « contourner » :

Hohe Bäume **umgeben** unser Haus. *De grands arbres entourent notre maison.*

■ séparable et accentué ; retenons :

Er ist im Krieg **umgekommen**. *Il est mort à la guerre.*
Wir **steigen** dreimal **um**. *Nous changeons trois fois.* (Transport)
Nächste Woche **ziehe** ich **um**. *Je déménage la semaine prochaine.*
Sie **sah** (schaute, blickte) sich **um**. *Elle regarda autour d'elle.*

unter

■ inséparable dans la plupart des verbes transitifs, il correspond souvent au préfixe français « entre- » ou « inter- » :

Unterbrich mich nicht ! *Ne m'interromps pas !*
Er **unternimmt** eine lange Reise. *Il entreprend un long voyage.*
Ich habe mich mit ihm **unterhalten**. *Je me suis entretenu avec lui.*
Der Arzt hat sie **untersucht**. *Le médecin l'a examinée.*
Hast du den Brief **unterschrieben** ? *As-tu signé la lettre ?*

■ séparable et accentué dans :
— un verbe transitif : ˈunterbringen *loger*.

Wir werden in der Jugendherberge **untergebracht**. *Nous sommes logés à l'Auberge de Jeunesse.*

— un verbe intransitif : ˈuntergehen *se coucher*.

Die Sonne **geht** im Westen **unter**. *Le soleil se couche à l'ouest.*

CLASSIFICATION DES VERBES

40 Les différentes catégories de verbes

1. Les auxiliaires de temps sein, haben et werden

Ils peuvent être employés seuls et avoir leur sens propre (sein *être*, haben *avoir*, werden *devenir*) mais ils servent aussi à former, en association avec des formes impersonnelles (infinitif, participe II), des temps composés.

2. Les verbes « faibles »

Ce sont les verbes réguliers, dont le radical ne change jamais, comme :

machen	*faire*	antworten	*répondre*	
spielen	*jouer*	arbeiten	*travailler*	
kaufen	*acheter*	öffnen	*ouvrir*	etc.

3. Les verbes « forts »

Ce sont les verbes irréguliers, dont le radical varie dans la conjugaison, comme :

schlafen	*dormir*	gehen	*aller*	
sehen	*voir*	kommen	*venir*	
geben	*donner*	bleiben	*rester*	etc.

4. Les verbes « faibles irréguliers » (appelés aussi « verbes mixtes »)

Ils ont des caractéristiques de verbes faibles (terminaisons) et de verbes forts (radical variable), comme :

denken	*penser*	brennen	*brûler*	
bringen	*apporter*	senden	*envoyer*	etc.

Mais le verbe wissen *savoir* a une conjugaison comparable à celle des verbes de modalité évoqués ci-dessous.

5. Les six verbes de « modalité » (appelés aussi « auxiliaires de mode »)

können	et	dürfen	*pouvoir*
wollen	et	mögen	*vouloir*
sollen	et	müssen	*devoir*

Ils sont le plus souvent employés en association avec l'infinitif d'autres verbes.

6. Les verbes réfléchis

Ils se conjuguent avec un pronom réfléchi complément (cf. § 183), comme :

sich freuen	*se réjouir, être content*	sich setzen	*s'asseoir*	etc.

7. Les verbes impersonnels

Ils ne peuvent avoir pour sujet que le pronom **es** de la 3e personne du singulier. Quelques exemples :

regnen	*pleuvoir*	**es** regnet	*il pleut*	
schneien	*neiger*	**es** schneit	*il neige*	etc.

LES FORMES VERBALES NON CONJUGUÉES

41 L'infinitif présent

Il est appelé aussi « infinitif I » (c'est le verbe tel qu'on le trouve dans les dictionnaires et les lexiques).

1. Forme

Radical + -n ou **-en**

Il se termine toujours par **-n**, le plus souvent par **-en** (cf. § 34).

RADICAL - TERMINAISON	INFINITIF	
sei - n	sein	*être*
tu - n	tun	*faire*
klingel - n	klingeln	*sonner*
erinner - n	erinnern	*rappeler*
hab - en	haben	*avoir*
werd - en	werden	*devenir*
mach - en	machen	*faire*
ruf - en	rufen	*appeler*
trag - en	tragen	*porter*
seh - en	sehen	*voir* etc.

Remarque :

Les verbes à particule s'écrivent en un seul mot à l'infinitif.

ankommen *arriver* aufmachen *ouvrir* etc.

2. Emploi

▪ Employé seul ou en fin de groupe verbal, l'infinitif exprime un ordre ou une prière. Il équivaut alors à un impératif d'ordre général :

Aufpassen ! — *Faites attention !*
Bitte Türen schließen ! — *Fermez les portières s.v.p. !*

▪ Il est souvent utilisé en association avec un verbe de modalité, ainsi qu'avec hören, sehen, lassen, gehen, lernen, bleiben, etc.

Kannst du radfahren ? — *Sais-tu faire du vélo ?*
Ich höre die Vögel singen. — *J'entends chanter les oiseaux.*
Wir sehen sie aussteigen. — *Nous les voyons descendre de voiture.*
Er läßt ihn kommen. — *Il le fait venir.*
Gehen Sie schwimmen ? — *Allez-vous nager ?*
Mein Freund lernt tanzen. — *Mon ami apprend à danser.*

En association avec le verbe **bleiben**, l'allemand emploie l'infinitif — assimilable à une particule —, alors que le français utilise le participe passé :

Bleiben Sie doch sitzen ! *Restez donc assis !*

- Associé à l'auxiliaire de temps **werden**, il sert à former le futur (cf. §§ 69 à 71) :

Vielleicht wirst du Zeit finden.	(Indicatif)	*Peut-être trouveras-tu le temps.*
Ich würde mich sehr freuen.	(Subjonctif)	*Je serais très content.*

- Certains infinitifs sont utilisés comme particules :

spazierengehen *aller se promener* kennenlernen *faire la connaissance de*

Sie gehen im Wald spazieren. *Ils vont se promener dans la forêt.*
Wo hast du ihn kennengelernt ? *Où as-tu fait sa connaissance ?*

- Précédé de **zu** et dans le groupe infinitif : (cf. § 27).

- L'infinitif « substantivé »

C'est un infinitif employé comme « substantif », c'est-à-dire comme nom ou groupe nominal.

Das Betreten der Baustelle ist verboten. { *Défense d'entrer sur le chantier.* / *L'accès du chantier est interdit.* }

Das lange Warten hat mich müde gemacht. *La longue attente m'a fatigué(e).*

INFINITIFS			GROUPES NOMINAUX	
leben	*vivre*	→	das Leben	*la vie*
essen	*manger*	→	das Essen	*le repas*
wandern	*marcher*	→	das Wandern	*la marche*

Tous les infinitifs substantivés s'écrivent avec une majuscule. Ils sont du genre neutre et ne s'utilisent qu'au singulier. A part cela, leur emploi est celui de n'importe quel groupe nominal. En particulier, ils peuvent être introduits par des prépositions.

Beim Kochen hat sie sich verbrannt. *Elle s'est brûlée en cuisinant.*
Zum Schreiben brauche ich einen Füller. *J'ai besoin d'un stylo pour écrire.*
Vom Rauchen ist er krank geworden. *Fumer l'a rendu malade.*

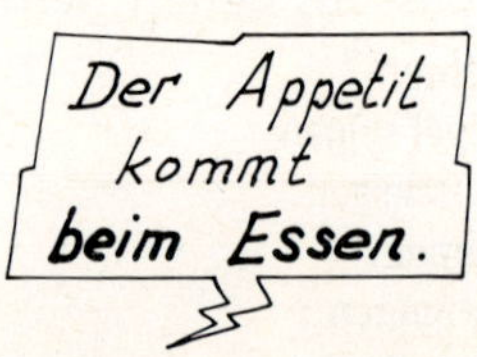

« L'appétit vient en mangeant. »

42 L'infinitif passé

Il est appelé aussi « infinitif II ».

1. Forme

Participe II + haben ou **sein***

INFINITIF PRÉSENT			INFINITIF PASSÉ	
spielen	*jouer*	→	gespielt haben	*avoir joué*
arbeiten	*travailler*	→	gearbeitet haben	*avoir travaillé*
sein	*être*	→	gewesen sein	*avoir été*
werden	*devenir*	→	geworden sein	*être devenu*
vergessen	*oublier*	→	vergessen haben	*avoir oublié* etc.

2. Emploi

- Il sert à former le futur II, forme rare :
  Er **wird** es wohl **vergessen haben**. *Il l'aura sans doute oublié.*

- On le trouve employé avec **zu**, dans un groupe infinitif :
  Sie behauptet, den ganzen Tag **gearbeitet zu haben**.
  Elle prétend avoir travaillé toute la journée.

43 Le participe présent

Il est appelé aussi « participe I ».

1. Forme

Infinitif + -d

INFINITIF			PARTICIPE I
lachen	*rire*	→	lachend
lernen	*apprendre*	→	lernend
fliegen	*voler*	→	fliegend
lächeln	*sourire*	→	lächelnd
wandern	*marcher*	→	wandernd etc.
Attention !			
sein	*être*	→	seiend (formes rares)
tun	*faire*	→	tuend (formes rares)

* Pour le choix de l'auxiliaire, cf. § 63.

2. Emploi

■ Le plus souvent, il est employé comme adjectif épithète (cf. §§ 153 à 158) :

ein **lächelndes** Mädchen — *une fille souriante*
die **fehlenden** Schüler — *les élèves manquants*

> Un participe I épithète se traduit la plupart du temps en français :
> — par une proposition subordonnée relative,
> — ou par l'expression « en train de » + infinitif :
>
> schreiende Kinder — *des enfants qui crient*
> ein laufender Junge — *un garçon en train de courir*

Le participe I épithète peut, dans la langue écrite, être précédé d'un ou plusieurs compléments, l'ensemble constituant un groupe participial épithète (cf. § 165) :

die **aufgehende** Sonne — *le soleil levant*
(Part. I épithète)

die **um 6 Uhr aufgehende** Sonne — *le soleil qui se lève à 6 h*
(Groupe participial épithète)

■ Plus rarement, il est employé comme adjectif attribut :

Diese Wanderung war sehr **anstrengend.** — *Cette randonnée était très fatigante.*

■ Son emploi adverbial (= gérondif) est plus fréquent :

Das Mädchen antwortete **zögernd**. — *La jeune fille répondit en hésitant.*

Dans cet emploi, il occupe souvent la première place, éventuellement précédé d'un autre adverbe :

Lachend ging er auf mich zu. — *Il s'avança vers moi en riant.*
Laut weinend verließ sie das Zimmer. — *Elle quitta la pièce en pleurant bruyamment.*

■ Le participe I « substantivé » :
Employé comme groupe nominal, il s'écrit avec une majuscule, comme tout nom, mais sa déclinaison est celle de l'adjectif épithète (cf. §§ 153 à 158) :

ein **R**eisend**er**	*un voyageur*	der **R**eisend**e**	*le voyageur*
Klagend**e**	*des plaignants*	die **A**bwesend**en**	*les absents*

44 Le participe passé

Il est appelé aussi « participe II ».

1. Forme

Il est caractérisé le plus souvent par l'« augment » **ge-**, qui n'est jamais accentué.

- Les verbes faibles :

ge + radical + t

machen → **ge**mach**t** spielen → **ge**spiel**t**

Attention !

Pour les verbes dont le radical se termine par -d, -t, -chn, -gn, -tm, etc. nous aurons :

ge + radical + et

sinon le mot serait imprononçable :

reden	*parler*	→ gered**et**	arbeiten	*travailler*	→ gearbeit**et**
zeichnen	*dessiner*	→ gezeichn**et**	regnen	*pleuvoir*	→ geregn**et**
atmen	*respirer*	→ geatm**et**	öffnen	*ouvrir*	→ geöffn**et**

- Les verbes forts :

ge + radical + en

fahren	*circuler*	→ **ge**fahr**en**	sehen	*voir*	→ **ge**seh**en**
kommen	*venir*	→ **ge**komm**en**	rufen	*appeler*	→ **ge**ruf**en**

Attention !

Le plus souvent, la voyelle du radical change au participe II des verbes forts, sauf le **a** qui reste toujours **a**.

a → a :	schlafen	*dormir*	→ geschlafen
au → au :	laufen	*courir*	→ gelaufen

Mais :

e → e :	lesen	*lire*	→ gelesen
e → o :	helfen	*aider*	→ geholfen
e → a :	gehen	*aller*	→ gegangen
ei → ei :	heißen	*s'appeler*	→ geheißen
ei → ie :	bleiben	*rester*	→ geblieben
ei → i :	gleiten	*glisser*	→ geglitten
i → u :	singen	*chanter*	→ gesungen
i → o :	schwimmen	*nager*	→ geschwommen
i → e :	sitzen	*être assis*	→ gesessen
ie → o :	fliegen	*voler*	→ geflogen
ie → e :	liegen	*être couché*	→ gelegen

Ces changements de voyelles radicales, qui caractérisent les verbes forts, sont appelés « alternances vocaliques ». En fin d'ouvrage se trouve une liste des verbes forts les plus usuels groupés par alternances vocaliques.

■ Les verbes « faibles-forts » : quelques verbes peuvent être faibles ou forts selon leur sens. Nous citerons seulement :

erschrecken	↗ *faire peur*	→	Participe II : erschreckt
	↘ *avoir peur*	→	Participe II : erschrocken
schaffen	↗ *travailler, réussir*	→	Participe II : geschafft
	↘ *créer*	→	Participe II : geschaffen

Certains verbes faibles ont un participe II de verbe fort. Retenons :

mahlen *moudre* → gemahl**en** et salzen *saler* → gesalz**en**

■ Les verbes faibles irréguliers, appelés aussi « verbes mixtes » :

ge + radical modifié + t

denken	*penser*	→ gedacht	senden	*envoyer*	→ gesandt*
rennen	*courir*	→ gerannt	wenden	*tourner*	→ gewandt*

et le verbe : wissen *savoir* → gewußt

■ Les verbes de modalité : ils ont un participe II de verbe faible sans inflexion :

können	→ gekonnt	wollen	→ gewollt	sollen	→ gesollt
dürfen	→ gedurft	mögen	→ gemocht	müssen	→ gemußt

(Voir aussi le **participe II à forme d'infinitif** § 45.)

■ Les verbes à particule : qu'ils soient faibles, forts ou « mixtes », ces verbes **intercalent** l'augment **-ge-** entre la particule et le radical, l'ensemble s'écrivant en un seul mot :

aufmachen	*ouvrir*	→ auf**ge**macht
mitbringen	*apporter*	→ mit**ge**bracht
eintreten	*entrer*	→ ein**ge**treten
kennenlernen	*faire connaissance*	→ kennen**ge**lernt

Attention !

Absence de l'augment **-ge-** :

les verbes à radical polysyllabique (comprenant deux syllabes ou plus) ne prennent pas l'augment -ge- au participe II, sauf si l'accent de mot est sur la première syllabe.

be ˈstellen *commander* → be ˈstellt
(1) (2)

ver ˈstehen *comprendre* → ver ˈstanden
(1) (2)

über ˈsetzen *traduire* → über ˈsetzt
(1)(2) (3)

telefo ˈnieren *téléphoner* → telefo ˈniert
(1)(2)(3) (4)

* L'allemand moderne a tendance à utiliser plutôt les formes faibles gesendet et gewendet.

C'est le cas des verbes à préfixe (cf. § 37), à préverbe inséparable (cf. § 39) et des verbes en -ˈieren, ainsi que de interˈviewen et propheˈzeien.

Les verbes à radical polysyllabique accentués sur la première syllabe et prenant donc l'augment **-ge-** sont peu nombreux. Retenons :

ˈantworten	*répondre*	→ geˈantwortet	ˈarbeiten	*travailler*	→ geˈarbeitet
ˈfrühstücken	*déjeuner*	→ geˈfrühstückt	ˈohrfeigen	*gifler*	→ geˈohrfeigt
sichˈlangweilen	*s'ennuyer*	→ sich geˈlangweilt			

2. Emploi

▪ Associé aux auxiliaires sein et haben, le participe II sert à former **les temps composés du passé** (cf. §§ 62 à 68) et **l'infinitif passé** (cf. § 42).

▪ Associé à l'auxiliaire werden, il sert à former la **voix passive** (cf. §§ 94 à 105).

▪ Il peut être employé comme **adjectif attribut** :

Mein Bett ist **gemacht.** — *Mon lit est fait.*

▪ Il peut être employé comme **adjectif épithète** :

mit **dem gesparten Geld** — *avec l'argent économisé*

Le participe II épithète peut être **précédé d'un ou plusieurs compléments**, l'ensemble constituant un **groupe participial épithète**, que l'on n'emploie guère qu'en allemand écrit (cf. § 165).

Participe II épithète :

die **verkauften** Blumen — *les fleurs vendues*

Groupes participiaux :

die **auf dem Markt verkauften** Blumen — *les fleurs vendues au marché*

die **heute auf dem Markt verkauften** Blumen — *les fleurs vendues aujourd'hui au marché*

▪ Il peut être employé adverbialement :

Alle hörten **gerührt** zu. — *Tous écoutaient, émus.*

Dans cet emploi, il occupe souvent la **première place** :

Überrascht drehte er sich um. — *Surpris, il se retourna.*

S'il est précédé de compléments, une **virgule** doit le séparer du noyau verbal.

Unter dem Bett versteckt**,** konnte ich alles hören.
Caché sous le lit, je pouvais tout entendre.

Kaum zu Hause angekommen**,** schaltet er das Fernsehen ein.
A peine arrivé chez lui, il allume la télévision.

■ Le participe II « substantivé »
Employé comme **groupe nominal**, le participe II s'écrit avec une **majuscule**, mais sa déclinaison est celle de l'**adjectif épithète** (cf. §§ 153 à 158) :

ein **G**efangen**er**	*un prisonnier*	der **G**efangen**e**	*le prisonnier*
Bekannt**e**	*des connaissances*	die **A**ngestellt**en**	*les employés*

■ Le participe II peut avoir valeur d'impératif :

Aufgepaßt ! *Faites attention !*

■ En association avec le verbe **kommen** *venir*, le participe II d'un verbe de mouvement exprime la manière dont s'effectue l'action, mais cet emploi est rare :

Kommt ein Vogel geflogen... *Un oiseau arrive à tire-d'aile...* (chanson populaire)

« Aussitôt dit, aussitôt fait. »

45 Le participe II à forme d'infinitif

Aux temps composés du passé, certains verbes ont **deux formes** de participe II : ce sont les six verbes de modalité, ainsi que lassen, sehen et hören.

■ Quand leur C.O.D. est un groupe nominal ou un pronom, ils ont un participe II « normal ».

Er hat keine Zigarette gewollt.	*Il n'a pas voulu de cigarette.*
Hättest du es gedurft ?	*En aurais-tu eu le droit ?*
Sie hat ihren Sohn allein gelassen.	*Elle a laissé son fils seul.*
Wir hatten ihn nicht gesehen.	*Nous ne l'avions pas vu.*
Ich habe das Lied schon gehört.	*J'ai déjà entendu la chanson.*

■ Quand ils sont employés **en association avec un verbe à l'infinitif** — ce qui est presque toujours le cas pour les verbes de modalité — **leur participe II est identique à leur infinitif**.

Ich habe nicht **kommen können**.	*Je n'ai pas pu venir.*
Du hättest **warten müssen** !	*Tu aurais dû attendre !*
Sie hat sich die Haare **schneiden lassen**.	*Elle s'est fait couper les cheveux.*
Haben Sie ihn **schwimmen sehen** ?	*L'avez-vous vu nager ?*
Er hat mich schon **singen hören**.	*Il m'a déjà entendu chanter.*

Attention !

Cette forme, appelée parfois — en raison de son apparence — « double infinitif », est toujours en dernière position, même dans la proposition subordonnée.

.........., weil er nicht **hat kommen können**. *...parce qu'il n'a pas pu venir.*

LES FORMES VERBALES CONJUGUÉES

46 Définition

Ce sont les formes verbales où apparaissent les **marques de la personne** (première, deuxième, troisième personne, forme de politesse) et **du nombre** (singulier, pluriel).
Par exemple, pour la plupart des verbes, la terminaison **-t** est la marque de la troisième personne du singulier du présent de l'indicatif :

Er geh**t** in die Schule.	*Il va à l'école.*
Sie verlier**t** keine Zeit.	*Elle ne perd pas de temps.*

Mais, à cette même personne, les verbes de modalité et **wissen** ne sont pas marqués :

Er will**∅** in die Stadt.	*Il veut aller en ville.*
Sie weiß**∅** es nicht.	*Elle ne le sait pas.*

47 Les verbes impersonnels

Certains verbes ne sont employés qu'à la troisième personne du singulier, leur sujet étant toujours le pronom **es** : ce sont les « verbes impersonnels ».

regnen	*pleuvoir*	→ **Es** regne**t.**	donnern	*tonner*	→ **Es** donner**t.**
schneien	*neiger*	→ **Es** schnei**t.**	hageln	*grêler*	→ **Es** hagel**t.**

Dans ces tournures impersonnelles, le pronom **es**, sujet du verbe, est toujours exprimé, quelle que soit la nature de la proposition et donc la place du noyau verbal :

{ **Es** schneit seit drei Tagen. { Seit drei Tagen schneit **es.**	*Il neige depuis trois jours.*
Seit wann schneit **es** ?	*Depuis quand neige-t-il ?*
Weil **es** immer noch schneit, ...	*Parce qu'il neige encore, ...*

Remarque :

Quelques verbes peuvent prendre une tournure « impersonnelle », alors qu'ils ont par ailleurs une conjugaison complète :

klopfen	*frapper*	→ Es klopft.	*On frappe.*
klingeln	*sonner*	→ Es klingelt.	*On sonne.*
schlagen	*sonner*	→ Es schlägt 6.	*Six heures sonnent.*
gehen	*aller*	→ Es geht mir gut.	*Je vais bien.*

Attention !

Le verbe **geben** *donner* peut prendre une tournure impersonnelle (suivie de l'accusatif) avec un sens totalement différent : *Il y a...* (cf. § 215).

Heute **gibt es** keinen Salat.	*Il n'y a pas de salade aujourd'hui.*

Ne confondons pas les verbes impersonnels (cf. ci-dessus) avec des tournures dans lesquelles le pronom es n'est pas sujet mais a pour seule fonction d'**occuper la première position** dans la proposition indépendante ou principale déclarative.

Es waren viele Leute da. Da waren viele Leute.	*Il y avait là beaucoup de monde.*
Es weht ein kalter Wind. Ein kalter Wind weht.	*Il souffle un vent froid.*
Es fehlen viele Schüler. Viele Schüler fehlen.	*Il manque beaucoup d'élèves.*

Dans la deuxième formulation, le pronom es n'a plus sa raison d'être.

A. LE MODE INDICATIF

C'est le mode par lequel on exprime un état, une situation, une action considérés comme réels. Il existe à l'indicatif deux temps simples (présent et prétérit) et trois temps composés (parfait, plus-que-parfait et futur).

48 Le présent des auxiliaires de temps

	sein		haben		werden
ich	**bin**	ich	habe	ich	werde
du	**bist**	**du**	**hast**	**du**	**wirst**
er, es, sie	**ist**	**er, es, sie**	**hat**	**er, es, sie**	**wird**
wir	**sind**	wir	haben	wir	werden
ihr	**seid**	ihr	habt	ihr	werdet
sie	**sind**	sie	haben	sie	werden
Politesse : Sie	**sind**	Sie	haben	Sie	werden

Attention !

Le verbe sein est le plus fréquent mais aussi **le plus irrégulier de tous les verbes.** Il est nécessaire de maîtriser parfaitement sa conjugaison.

Rappel : Pour tous les verbes, **la forme de politesse** — celle que l'on utilise quand on s'adresse à une ou plusieurs personnes que l'on vouvoie — **est la troisième personne du pluriel,** le pronom sujet Sie s'écrivant alors toujours avec une majuscule.

49 Le présent des verbes faibles

On ajoute au radical les terminaisons **-e, -st, -t, -en, -t, -en.**

	machen *faire*		**spielen** *jouer*		**lernen** *étudier*
ich	mach- **e**	ich	spiel- **e**	ich	lern- **e**
du	mach- **st**	du	spiel- **st**	du	lern- **st**
er, es, sie	mach- **t**	er, es, sie	spiel- **t**	er, es, sie	lern- **t**
wir	mach- **en**	wir	spiel- **en**	wir	lern- **en**
ihr	mach- **t**	ihr	spiel- **t**	ihr	lern- **t**
sie	mach- **en**	sie	spiel- **en**	sie	lern- **en**
Politesse : Sie	mach- **en**	Sie	spiel- **en**	Sie	lern- **en**

Remarque :

La première et la troisième personne du pluriel sont identiques. Cela est vrai pour tous les verbes. Ces deux formes sont identiques à l'infinitif : cela est vrai pour tous les verbes, sauf **sein** (cf. § 48).

Attention !

■ Pour des raisons de prononciation, certains verbes intercalent un -e- entre le radical et la terminaison aux 2ᵉ et 3ᵉ personnes du singulier et à la 2ᵉ du pluriel. Ce sont les verbes dont le radical se termine par **d, t, chn, gn, tm,** etc.

reden *parler* → du red**e**st, er red**e**t, ihr red**e**t.
arbeiten *travailler* → du arbeit**e**st, er arbeit**e**t, ihr arbeit**e**t.
zeichnen *dessiner* → du zeichn**e**st, er zeichn**e**t, ihr zeichn**e**t.
begegnen *rencontrer* → du begegn**e**st, er begegn**e**t, ihr begegn**e**t.
atmen *respirer* → du atm**e**st, er atm**e**t, ihr atm**e**t.
öffnen *ouvrir* → du öffn**e**st, er öffn**e**t, ihr öffn**e**t.

■ Après un radical terminé par **s, z, ss, ß**, la terminaison de la 2ᵉ personne du singulier n'est pas **-st** mais **-t** :

bremsen *freiner* → du brems**t** | putzen *nettoyer* → du putz**t**
küssen *embrasser* → du küß**t** | grüßen *saluer* → du grüß**t**

Les 2ᵉ et 3ᵉ personnes du singulier de ces verbes sont donc identiques :

übersetzen *traduire* → ich übersetze
du übersetz**t**
er, es, sie übersetz**t**

■ Les verbes en **-eln** et **-ern** présentent une particularité à la première personne du singulier :

sammeln *collectionner* → ich samm**le**
plaudern *bavarder* → ich plaud**(e)re**

Dans les verbes en **-eln**, le **e** placé devant le **l** disparaît.
Dans les verbes en **-ern**, le **e** peut subsister ou disparaître.
Les autres personnes se conjugent normalement :

ich	samml- **e**	ich	plaud(e)r- **e**
du	sammel- **st**	du	plauder- **st**
er, es, sie	sammel- **t**	er, es, sie	plauder- **t**
wir	sammel- **n**	wir	plauder- **n**
ihr	sammel- **t**	ihr	plauder- **t**
sie	sammel- **n**	sie	plauder- **n**

50 Le présent des verbes forts

1. Les verbes forts en **-a-** ou en **-e-**, c'est-à-dire ceux dont la voyelle radicale est un **-a-** ou un **-e-**, subissent un **changement de cette voyelle** aux 2e et 3e personnes du singulier :

a → ä   au → äu   e → i (bref) ou ie (long)*

* Exceptions : gehen *aller*, heben *soulever*, et stehen *être debout*.

tragen *porter*	**laufen** *courir*	**geben** *donner*	**sehen** *voir*
ich trag- **e**	ich lauf- **e**	ich geb- **e**	ich seh- **e**
du träg- **st**	du läuf- **st**	du gib- **st**	du sieh- **st**
er, es, sie träg- **t**	er, es, sie läuf- **t**	er, es, sie gib- **t**	er, es, sie sieh- **t**
wir trag- **en**	wir lauf- **en**	wir geb- **en**	wir seh- **en**
ihr trag- **t**	ihr lauf- **t**	ihr geb- **t**	ihr seh- **t**
sie trag- **en**	sie lauf- **en**	sie geb- **en**	sie seh- **en**
Politesse : Sie trag- **en**	Sie lauf- **en**	Sie geb- **en**	Sie seh- **en**

Attention !

nehmen → du **nimmst,** er **nimmt**   treten → du **trittst,** er **tritt**

2. Les autres verbes forts se conjuguent au présent comme des verbes faibles :

singen *chanter*	**bleiben** *rester*	**kommen** *venir*	**rufen** *appeler*
ich sing- **e**	ich bleib- **e**	ich komm- **e**	ich ruf- **e**
du sing- **st**	du bleib- **st**	du komm- **st**	du ruf- **st**
er, es, sie sing- **t**	er, es, sie bleib- **t**	er, es, sie komm- **t**	er, es, sie ruf- **t**
...	...	...	...

Une particularité : le verbe tun *faire*.

ich tu- **e**	wir tu- **n**
du tu- **st**	ihr tu- **t**
er, es, sie tu- **t**	sie, Sie tu- **n**

Attention !

- Pour des raisons de prononciation, certains verbes intercalent un -e- entre le radical et la terminaison aux 2e et 3e personnes du singulier et à la 2e personne du pluriel :

finden *trouver* → du find**e**st, er find**e**t, ihr find**e**t.
bitten *demander* → du bitt**e**st, er bitt**e**t, ihr bitt**e**t.

Exceptions : les verbes qui changent de voyelle aux 2e et 3e personnes, comme
(ein)laden *charger (inviter)* → du lädst, er lädt, ihr ladet (ein).
(an)halten *tenir (s'arrêter)* → du hältst, er hält, ihr haltet (an), etc.

- Après un radical terminé par s, z, ss, ß, la terminaison de la 2e personne du singulier est **-t** et non **-st** :

lesen *lire* → du liest   sitzen *être assis* → du sitzt
lassen *laisser* → du läßt   heißen *s'appeler* → du heißt

Les 2e et 3e personnes du singulier de ces verbes sont donc identiques :
blasen *souffler* → ich blase, du bläst, er bläst.

51 Le présent des verbes faibles irréguliers et du verbe « wissen »

C'est un présent de verbe faible, mais **wissen** se conjugue comme un verbe de modalité.

bringen *apporter*	**denken** *penser*	**rennen** *courir*	**wissen** *savoir*
ich bring - **e**	ich denk - **e**	ich renn - **e**	ich weiß - **∅**
du bring - **st**	du denk - **st**	du renn - **st**	du weiß - **t**
er, es, sie bring - **t**	er, es, sie denk - **t**	er, es, sie renn - **t**	er, es, sie weiß - **∅**
wir bring - **en**	wir denk - **en**	wir renn - **en**	wir wiss - **en**
ihr bring - **t**	ihr denk - **t**	ihr renn - **t**	ihr wiß - **t**
sie bring - **en**	sie denk - **en**	sie renn - **en**	sie wiss - **en**
Politesse Sie bring - **en**	Sie denk - **en**	Sie renn - **en**	Sie wiss - **en**

Remarque :

senden *envoyer* → du sendest, er sendet, ihr sendet.
wenden *tourner* → du wendest, er wendet, ihr wendet.

52 Le présent des verbes de modalité

- Les verbes **können** et **dürfen**

können		**dürfen**	
ich	kann - **∅**	ich	darf - **∅**
du	kann - **st**	du	darf - **st**
er	kann - **∅**	er	darf - **∅**
wir	könn - **en**	wir	dürf - **en**
ihr	könn - **t**	ihr	dürf - **t**
sie	könn - **en**	sie	dürf - **en**

können *pouvoir (savoir faire [qqch.], être capable, avoir la capacité, la possibilité de)*

Kannst du das verstehen ?	*Peux-tu comprendre ça ?*	(Capacité)
Sie kann schwimmen.	*Elle sait nager.*	(Capacité)
Wir können nicht kommen.	*Nous ne pouvons pas venir.*	(Impossibilité)

dürfen *pouvoir (avoir le droit, l'autorisation, la permission de)*

Darf ich ? — *Vous permettez ?*

Attention !

Dans une proposition ou une phrase **négative,** dürfen exprimera une **interdiction** *(ne pas devoir) :*

Hier darf man nicht rauchen. — *Il est interdit de fumer ici.*
Du darfst keine Blumen pflücken. — *Tu ne dois pas cueillir de fleurs.*

■ Les verbes **wollen** et **mögen**

wollen		**mögen**	
ich	will - **∅**	ich	mag - **∅**
du	will - **st**	du	mag - **st**
er	will - **∅**	er	mag - **∅**
wir	woll - **en**	wir	mög - **en**
ihr	woll - **t**	ihr	mög - **t**
sie	woll - **en**	sie	mög - **en**

wollen

■ *vouloir, avoir l'intention de*

Wir wollen diesen Film sehen.
Nous voulons voir ce film.

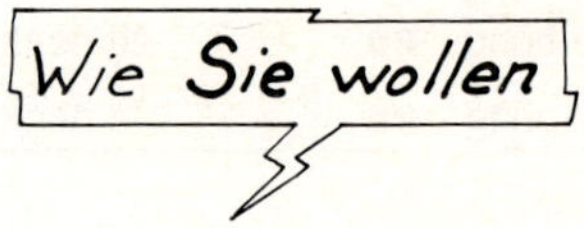

« Comme vous voulez. »

■ *aller, se disposer à*

Beeil dich, wir wollen gehen ! *Dépêche-toi, nous allons partir !*

mögen

■ *avoir envie de, désirer, vouloir bien*

Ich mag heute abend nicht ausgehen. *Je n'ai pas envie de sortir ce soir.*

■ *aimer*

Magst du Fleisch ? *Aimes-tu la viande ?*
Den mag ich nicht. *Celui-là, je ne l'aime pas.*

Remarque :

Le sens primitif de « pouvoir » se retrouve dans certaines expressions comme :
(Das) mag (wohl) sein. *Ça se peut.*
et l'adjectif möglich *possible.*

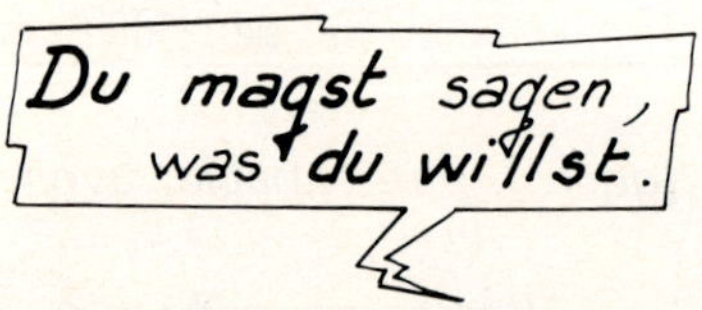

« Tu as beau dire... »

Ce verbe est fréquemment employé sous la forme :

ich	möchte	wir	möchten
du	möchtest	ihr	möchtet
er	möchte	sie	möchten

Ich möchte ein Kilo Äpfel. *Je voudrais un kilo de pommes.*
Wir möchten ihn sprechen. *Nous aimerions lui parler.*
Was möchten Sie trinken ? *Qu'aimeriez-vous boire ?*

Cette forme est un présent du subjonctif II (cf. § 80).

- Les verbes **sollen** et **müssen**.

sollen			**müssen**		
ich	soll	- **∅**	ich	muß	- **∅**
du	soll	- **st**	du	mußt	- **t**
er	soll	- **∅**	er	muß	- **∅**
wir	soll	- **en**	wir	müss	- **en**
ihr	soll	- **t**	ihr	müß	- **t**
sie	soll	- **en**	sie	müss	- **en**

Les deux verbes signifient *devoir*, mais **sollen** implique une demande ou un ordre émanant d'une autre personne, une obligation morale.

(volonté d'autrui)

Er soll den Tisch decken. *Il doit mettre la table.* (Quelqu'un le lui a demandé.)

(volonté d'autrui)

Du sollst nicht töten. *Tu ne tueras point.*

L'implication d'une autre personne se retrouve dans un sens particulier mais assez fréquent de sollen : *il paraît, on dit que... ; à ce qu'on raconte...*

(affirmation d'autrui)

Sie soll die beste sein. *Il paraît qu'elle est la meilleure.* (On le dit.)

Par contre **müssen** exprime une nécessité, une obligation ou une fatalité :

Ich muß einen neuen Wagen kaufen. *Il faut que j'achète une nouvelle voiture.* (Nécessité)

Kinder müssen in die Schule gehen. *Les enfants doivent aller à l'école.* (Obligation)

Alle Menschen müssen sterben. *Tous les hommes doivent mourir.* (Fatalité)

53 Le présent des verbes réfléchis

Faibles ou forts, ils se conjuguent avec un pronom réfléchi complément à l'accusatif ou au datif.

sich freuen *se réjouir* (Acc.)				**sich die Hände waschen** (Dat.) *se laver les mains*				
	ich	freu- **e**	**mich**	ich	wasch- **e**	**mir**	die Hände
	du	freu- **st**	**dich**	du	wäsch- **st**	**dir**	die Hände
	er, es, sie	freu- **t**	**sich**	er, es, sie	wäsch- **t**	**sich**	die Hände
	wir	freu- **en**	**uns**	wir	wasch- **en**	**uns**	die Hände
	ihr	freu- **t**	**euch**	ihr	wasch- **t**	**euch**	die Hände
	sie	freu- **en**	**sich**	sie	wasch- **en**	**sich**	die Hände
Politesse :	Sie	freu- **en**	**sich**	Sie	wasch- **en**	**sich**	die Hände

Les deux verbes ci-dessus n'ont pas un emploi exclusivement pronominal :

Das freut mich sehr.	*Ça me fait très plaisir.*
Vati wäscht sein Auto.	*Papa lave sa voiture.*

Attention !

■ Certains verbes se conjuguent avec un pronom réfléchi alors que l'équivalent français n'est pas pronominal :

sich schämen *avoir honte*
sich fürchten *avoir peur*
sich erkälten *prendre froid*
sich lohnen *valoir la peine*

A l'inverse, un verbe pronominal français n'a pas toujours un équivalent réfléchi en allemand :

s'appeler = heißen
se promener = spazierengehen
se lever = aufstehen (personnes) aufgehen (astres)
s'éveiller = aufwachen

■ Quelques verbes peuvent avoir un emploi exceptionnellement réfléchi ; ils sont alors associés à un adjectif qui marque le résultat de l'action exprimée par le verbe :

lachen *rire* }
tot *mort* } → sich tot lachen *mourir de rire*

54 Le présent des verbes impersonnels

regnen *pleuvoir*	**schneien** *neiger*	**donnern** *tonner*	**hageln** *grêler*
es regn-et	es schnei-t	es donner-t	es hagel-t

55 Emplois du présent

■ Le présent exprime un état, une situation ou une action en cours au moment où l'on s'exprime :

Mein Vater ist im Büro.	*Mon père est au bureau.*
Heute regnet es in Strömen.	*Aujourd'hui, il pleut à verse.*
Sie lernt gerade ihre Lektionen.	*Elle est en train d'apprendre ses leçons.*

■ Il exprime un état, une situation ou une action habituelle qui continue :

Er besucht uns jede Woche.	*Il nous rend visite chaque semaine.*

■ Il peut s'employer dans la narration ou pour rapporter un fait historique ; il équivaut alors à un prétérit (cf. § 61) :

Plötzlich höre ich Lärm im Nebenzimmer ; als ich aufstehen will, läutet das Telefon. Da hört der Lärm auf...	*Soudain, j'entends du bruit dans la pièce voisine ; comme je m'apprête à me lever, le téléphone sonne. Alors le bruit cesse...*
Im März 1987 wird Helmut Kohl zum zweiten Mal Bundeskanzler.	*C'est en mars 1987 que Helmut Kohl redevient chancelier fédéral.*

- Il s'emploie très souvent à la place du futur :

Nächstes Jahr verbringen wir die Ferien im Ausland. — *L'année prochaine, nous passerons les vacances à l'étranger.*

- Il peut s'employer à la place de l'impératif :

Jetzt bleibst du hier ! — *Maintenant, (tu) reste(s) ici !*

56 Le prétérit des auxiliaires de temps

sein → war		**haben → hatte**		**werden → wurde**	
ich	war- **∅**	ich	hatte- **∅**	ich	wurde- **∅**
du	war- **st**	du	hatte- **st**	du	wurde- **st**
er, es, sie	war- **∅**	es, es, sie	hatte- **∅**	er, es, sie	wurde- **∅**
wir	war- **en**	wir	hatte- **n**	wir	wurde- **n**
ihr	war- **t**	ihr	hatte- **t**	ihr	wurde- **t**
sie	war- **en**	sie	hatte- **n**	sie	wurde- **n**
Politesse : Sie	war- **en**	Sie	hatte- **n**	Sie	wurde- **n**

Remarque :

La première et la troisième personne du singulier sont identiques et sans terminaison. Cela est valable pour tous les verbes au prétérit.

57 Le prétérit des verbes faibles

On le forme en ajoutant **-te** au radical de l'infinitif.

machen *faire*		**spielen** *jouer*		**lernen** *apprendre*	
ich	mach- te -**∅**	ich	spiel- te -**∅**	ich	lern- te -**∅**
du	mach- te -**st**	du	spiel- te -**st**	du	lern- te -**st**
er, es, sie	mach- te -**∅**	er, es, sie	spiel- te -**∅**	er, es, sie	lern- te -**∅**
wir	mach- te -**n**	wir	spiel- te -**n**	wir	lern- te -**n**
ihr	mach- te -**t**	ihr	spiel- te -**t**	ihr	lern- te -**t**
sie	mach- te -**n**	sie	spiel- te -**n**	sie	lern- te -**n**
Politesse : Sie	mach- te -**n**	Sie	spiel- te -**n**	Sie	lern- te -**n**

Attention !

Pour des raisons de prononciation, certains verbes intercalent un **-e-** entre le radical et **-te** : ce sont les verbes dont le radical se termine par -d, -t, -chn, -gn, -tm, etc.

reden → er red-e-te	arbeiten → er arbeit-e-te	zeichnen → er zeichn-e-te
begegnen → er begegn-e-te	atmen → er atm-e-te	öffnen → er öffn-e-te

58 Le prétérit des verbes forts

Il est caractérisé par le **changement de la voyelle radicale,** et parfois de **tout le radical.**

fahren *rouler*	**laufen** *courir*	**sehen** *voir*	**gehen** *aller*
ich f **u** hr-Ø	ich l **ie** f-Ø	ich s **a** h-Ø	ich g **ing** -Ø
du f **u** hr-st	du l **ie** f-st	du s **a** h-st	du g **ing** -st
er, es, sie f **u** hr-Ø	er, es, sie l **ie** f-Ø	er, es, sie s **a** h-Ø	er, es, sie g **ing** -Ø
wir f **u** hr-en	wir l **ie** f-en	wir s **a** h-en	wir g **ing** -Ø
ihr f **u** hr-t	ihr l **ie** f-t	ihr s **a** h-t	ihr g **ing** -t
sie f **u** hr-en	sie l **ie** f-en	sie s **a** h-en	sie g **ing** -en
Pol. : Sie f **u** hr-en	Sie l **ie** f-en	Sie s **a** h-en	Sie g **ing** -en

Il est donc nécessaire d'apprendre par cœur les alternances vocaliques (liste des verbes forts en fin d'ouvrage).

59 Le prétérit des verbes faibles irréguliers

Il est caractérisé par la marque **-te** des verbes faibles et le **changement de radical** des verbes forts.

- bringen *apporter* → er br**achte**
- brennen *brûler* → er br**annte**
- denken *penser* → er d**achte**
- rennen *courir* → er r**annte**
- senden *envoyer* → er s**a**nd**te** ou send**e**t**e**
- wenden *tourner* → er w**a**nd**te** ou wend**ete**
- et wissen *savoir* → er w**uß**te

60 Le prétérit des verbes de modalité

C'est un prétérit faible, **sans inflexion :**

können	→ er konnte	wollen	→ er wollte	sollen	→ er sollte
dürfen	→ er durfte	mögen	→ er mochte	müssen	→ er mußte

61 Emploi du prétérit

Le prétérit correspond à la fois à l'imparfait et au passé simple français. C'est le temps le plus employé dans la narration.

Als ich jung war, …	*Quand j'étais jeune, …*
Da machte sie die Tür auf.	*Alors, elle ouvrit la porte.*

Un prétérit peut être aussi traduit par un passé composé, dans la mesure où en français ce temps l'emporte de plus en plus souvent sur le passé simple.

62 Le parfait : ses formes

Présent de sein ou **haben + participe II***

INFINITIF	PRÉSENT	PARFAIT
sein *être*	ich bin *je suis*	ich bin … gewesen *j'ai été*
haben *avoir*	ich habe *j'ai*	ich habe … gehabt *j'ai eu*
werden *devenir*	ich werde *je deviens*	ich bin … geworden *je suis devenu*
machen *faire*	ich mache *je fais*	ich habe … gemacht *j'ai fait*
gehen *aller*	ich gehe *je vais*	ich bin … gegangen *je suis allé*
aufpassen *faire attention*	ich passe … auf *je fais attention*	ich habe … aufgepaßt *j'ai fait attention*
eintreten *entrer*	ich trete … ein *j'entre*	ich bin … eingetreten *je suis entré*
bekommen *recevoir*	ich bekomme *je reçois*	ich habe … bekommen *j'ai reçu*
können *pouvoir*	ich kann *je peux*	ich habe … gekonnt (können) *j'ai pu*
denken *penser*	ich denke *je pense*	ich habe … gedacht *j'ai pensé*
wissen *savoir*	ich weiß *je sais*	ich habe … gewußt *j'ai su*
schneien *neiger*	es schneit *il neige*	es hat … geschneit *il a neigé*
		etc.

63 Choix de l'auxiliaire du parfait

1. Se conjuguent avec **sein** :

- Les verbes sein *être* et bleiben *rester* :

Sie **ist** in Berlin **gewesen.** — *Elle a été à Berlin.*
Hans **ist** zu Hause **geblieben.** — *Hans est resté chez lui.*

- Les verbes begegnen *rencontrer,* passieren et geschehen *se produire, arriver* :

Ich **bin** einem Freund **begegnet.** — *J'ai rencontré un ami.*

{ Was **ist** denn **passiert** ?
{ Was **ist** denn **geschehen** ? — *Qu'est-il arrivé ?*

- Les verbes intransitifs exprimant un mouvement :

Sie **ist** nach Hause **gegangen.** — *Elle est rentrée chez elle.*
Du **bist** aber schnell **gelaufen** ! — *Comme tu as couru vite !*
Wir **sind** in die Schweiz **geflogen.** — *Nous sommes allés en Suisse en avion.*

- Les verbes intransitifs exprimant le passage d'un état à un autre :

Sie **ist** schlanker **geworden.** — *Elle a minci. (Elle est devenue plus mince.)*
Heute **bin** ich um sieben **aufgewacht.** — *Aujourd'hui, je me suis éveillé à sept heures.*
Er **ist** am Steuer **eingeschlafen.** — *Il s'est endormi au volant.*

---

* Voir la liste des verbes forts et faibles irréguliers en fin d'ouvrage.

2. Se conjuguent avec **haben** tous les autres verbes, c'est-à-dire :

- Les verbes transitifs (et donc les verbes réfléchis) :

Hast du das Konzert **gehört** ? *As-tu entendu le concert ?*
Er **hat sich** neben mich **gesetzt.** *Il s'est assis à côté de moi.*

> Un même verbe peut avoir un sens transitif et un sens intransitif : il se conjuguera donc soit avec **sein** soit avec **haben**.
>
> fahren (Intr.) *rouler, aller, circuler*
> **Bist** du zum Bahnhof gefahren ? *Es-tu allé à la gare ?*
>
> fahren (tr.) *mener, conduire*
> Wer **hat** dich zum Bahnhof gefahren ? *Qui t'a conduit à la gare ?*

- Les verbes intransitifs exprimant un état (sauf **sein** et **bleiben**) :

Haben Sie gut **geschlafen** ? *Avez-vous bien dormi ?*
Wie lange **hast** du **gewartet** ? *Combien de temps as-tu attendu ?*

- Les verbes impersonnels :

Es **hat** den ganzen Tag **geregnet.** *Il a plu toute la journée.*

Attention !
Es **ist** mir nicht **gelungen,**... zu + **inf.** *Je n'ai pas réussi à ...*

64 Place du participe II

1. Dans la proposition indépendante ou principale, il est en dernière position :

Sie ist heute nicht **gekommen.** *Elle n'est pas venue, aujourd'hui.*
Warum hat er nicht **geantwortet** ? *Pourquoi n'a-t-il pas répondu ?*
Mir hat sie **gesagt,** daß sie nicht kann. *A moi, elle m'a dit qu'elle ne pouvait pas.*

2. Dans la proposition subordonnée, il précède immédiatement l'auxiliaire :

Ich möchte wissen, ob er dort **geblieben** ist. *J'aimerais savoir s'il y est resté.*

Der Mann, den ich dir **vorgestellt** habe, ... *L'homme que je t'ai présenté ...*

Attention !
Le participe II à forme d'infinitif est toujours en dernière position, même dans une proposition subordonnée (cf. § 45) :
Ich glaube, daß sie nie hat arbeiten **wollen.** *Je crois qu'elle n'a jamais voulu travailler.*

65 Emploi du parfait

Le parfait, qui correspond le plus souvent au passé composé français, exprime une action achevée, terminée, un état ou une situation qui ne se poursuit plus.

Ich bin vierzehn Tage dort geblieben. *J'y suis resté quinze jours.*
Wir haben ein neues Haus gebaut. *Nous avons fait construire une nouvelle maison.*

Associé aux adverbes **eben, gerade, vorhin** *juste, à l'instant*, il exprime le passé immédiat *venir de* (cf. § 208) :

Der Nachbar ist eben weggegangen.	*Le voisin vient de partir.*
Ich habe es gerade gesagt.	*Je viens de le dire.*

66 Le plus-que-parfait : ses formes

Prétérit de sein ou **haben + participe II***

INFINITIF	PRÉSENT	PLUS-QUE-PARFAIT
sein *être*	ich bin *je suis*	ich war ... gewesen *j'avais été*
haben *avoir*	ich habe *j'ai*	ich hatte ... gehabt *j'avais eu*
werden *devenir*	ich werde *je deviens*	ich war ... geworden *j'étais devenu*
machen *faire*	ich mache *je fais*	ich hatte ... gemacht *j'avais fait*
gehen *aller*	ich gehe *je vais*	ich war ... gegangen *j'étais allé*
aufpassen *faire attention*	ich passe ... auf *je fais attention*	ich hatte ... aufgepaßt *j'avais fait attention*
eintreten *entrer*	ich trete ... ein *j'entre*	ich war ... eingetreten *j'étais entré*
bekommen *recevoir*	ich bekomme *je reçois*	ich hatte ... bekommen *j'avais reçu*
können *pouvoir*	ich kann *je peux*	ich hatte ... gekonnt (können) *j'avais pu*
denken *penser*	ich denke *je pense*	ich hatte ... gedacht *j'avais pensé*
wissen *savoir*	ich weiß *je sais*	ich hatte ... gewußt *j'avais su*
schneien *neiger*	es schneit *il neige*	es hatte geschneit *il avait neigé*
		etc.

67 Choix de l'auxiliaire et place du participe II dans le plus-que-parfait

Se reporter aux paragraphes 63 et 64.

68 Emploi du plus-que-parfait

Le plus-que-parfait exprime une antériorité par rapport au prétérit et au parfait ; il correspond généralement à notre plus-que-parfait ou notre passé antérieur.

Ich **mußte** zurück, weil ich meinen Schirm **vergessen hatte.**	*Il a fallu que je fasse demi-tour parce que j'avais oublié mon parapluie.*
Als er **verschwunden war, weinten** alle.	*Lorsqu'il eut disparu, tous pleurèrent.*
Nachdem sie **eingekauft hatte, ging** sie heim.	*Après avoir fait ses achats, elle rentra.*

* Voir la liste des verbes forts et faibles irréguliers en fin d'ouvrage.

69 Le futur : ses formes

Présent de werden + infinitif I

INFINITIF	PRÉSENT	FUTUR
sein *être*	ich bin *je suis*	ich werde ... sein *je serai*
haben *avoir*	ich habe *j'ai*	ich werde ... haben *j'aurai*
werden *devenir*	ich werde *je deviens*	ich werde ... werden *je deviendrai*
machen *faire*	ich mache *je fais*	ich werde ... machen *je ferai*
gehen *aller*	ich gehe *je vais*	ich werde ... gehen *j'irai*
aufpassen *faire attention*	ich passe ... auf *je fais attention*	ich werde ... aufpassen *je ferai attention*
eintreten *entrer*	ich trete ... ein *j'entre*	ich werde ... eintreten *j'entrerai*
bekommen *recevoir*	ich bekomme *je reçois*	ich werde ... bekommen *je recevrai*
können *pouvoir*	ich kann *je peux*	ich werde ... können *je pourrai*
denken *penser*	ich denke *je pense*	ich werde ... denken *je penserai*
wissen *savoir*	ich weiß *je sais*	ich werde ... wissen *je saurai*
schneien *neiger*	es schneit *il neige*	es wird ... schneien *il neigera*
		etc.

70 Place de l'infinitif dans une proposition au futur

Dans la proposition principale ou indépendante, l'infinitif est en dernière position :

Er wird wahrscheinlich da **sein.** — *Il sera là, vraisemblablement.*
Werden Sie im Hotel **übernachten** ? — *Passerez-vous la nuit à l'hôtel ?*
Wenn du willst, werde ich ihn **anrufen.** — *Si tu veux, je lui téléphonerai.*

Dans la proposition subordonnée, il précède immédiatement l'auxiliaire werden :

Ich frage mich, ob er das **verstehen wird.** — *Je me demande s'il comprendra ça.*
Die Frau, der du dort **begegnen wirst,** ... — *La femme que tu rencontreras là-bas ...*

71 Emplois du futur

▪ Le futur exprime un état ou une action située dans l'avenir — le plus souvent non immédiat :

Eines Tages wirst du alles verstehen. — *Un jour tu comprendras tout.*
Wird das ewig dauern ? — *Est-ce que ça durera éternellement ?*

Il est très souvent remplacé par le présent (cf. § 55), en particulier lorsqu'un adverbe ou un groupe nominal complément de temps situe l'état ou l'action dans le futur :

Nächste Woche fahren wir ans Meer. — *La semaine prochaine, nous irons à la mer.*

▪ Il exprime très souvent une supposition ; il est alors fréquemment associé à wohl *sans doute* :

Es wird wohl keine Probleme geben. — *Je suppose qu'il n'y aura pas de problème.*

B. LE MODE SUBJONCTIF

L'allemand dispose de **deux modes** subjonctif :
— le subjonctif I, formé sur le radical de l'infinitif.
— le subjonctif II, formé sur le prétérit de l'indicatif.
Chaque subjonctif a **trois temps,** le présent, le passé et le futur.

72 Les terminaisons du subjonctif

Les deux modes subjonctif présentent à **tous les temps** (présent, passé, futur) les mêmes terminaisons, caractérisées par la **présence d'un -e-** à toutes les personnes :

-e	**-en**
-est	**-et**
-e	**-en**

Ces terminaisons se retrouvent à **tous les verbes, sauf sein** au subjonctif I présent.

73 Le subjonctif I présent des auxiliaires de temps

sein		haben		werden	
ich	sei-**Ø**	ich	hab-**e**	ich	werd-**e**
du	sei-**st**	du	hab-**est**	du	werd-**est**
er	sei-**Ø**	er	hab-**e**	er	werd-**e**
wir	sei-**en**	wir	hab-**en**	wir	werd-**en**
ihr	sei-**et**	ihr	hab-**et**	ihr	werd-**et**
sie	sei-**en**	sie	hab-**en**	sie	werd-**en**
Pol. : Sie	sei-**en**	Sie	hab-**en**	Sie	werd-**en**

74 Le subjonctif I présent des verbes faibles et des verbes forts

spielen		kommen		fahren		geben		sehen	
ich	spiel-**e**	ich	komm-**e**	ich	fahr-**e**	ich	geb-**e**	ich	seh-**e**
du	spiel-**est**	du	komm-**est**	du	fahr-**est**	du	geb-**est**	du	seh-**est**
er	spiel-**e**	er	komm-**e**	er	fahr-**e**	er	geb-**e**	er	seh-**e**
wir	spiel-**en**	wir	komm-**en**	wir	fahr-**en**	wir	geb-**en**	wir	seh-**en**
ihr	spiel-**et**	ihr	komm-**et**	ihr	fahr-**et**	ihr	geb-**et**	ihr	seh-**et**
sie	spiel-**en**	sie	komm-**en**	sie	fahr-**en**	sie	geb-**en**	sie	seh-**en**
Pol. : Sie	spiel-**en**	Sie	komm-**en**	Sie	fahr-**en**	Sie	geb-**en**	Sie	seh-**en**

75 Le subjonctif I présent des verbes de modalité et du verbe "wissen"

können	dürfen	wollen	mögen
ich könn-**e**	ich dürf-**e**	ich woll-**e**	ich mög-**e**
du könn-**est**	du dürf-**est**	du woll-**est**	du mög-**est**
er könn-**e**	er dürf-**e**	er woll-**e**	er mög-**e**
wir könn-**en**	wir dürf-**en**	wir woll-**en**	wir mög-**en**
ihr könn-**et**	ihr dürf-**et**	ihr woll-**et**	ihr mög-**et**
sie könn-**en**	sie dürf-**en**	sie woll-**en**	sie mög-**en**

sollen	müssen	wissen
ich soll-**e**	ich müss-**e**	ich wiss-**e**
du soll-**est**	du müss-**est**	du wiss-**est**
er soll-**e**	er müss-**e**	er wiss-**e**
wir soll-**en**	wir müss-**en**	wir wiss-**en**
ihr soll-**et**	ihr müss-**et**	ihr wiss-**et**
sie soll-**en**	sie müss-**en**	sie wiss-**en**

76 Le subjonctif I passé

Subjonctif I présent de **sein** ou **haben** + **participe II***

sein :	er sei ... gewesen	eintreten :	er sei ... eingetreten
haben :	er habe... gehabt	bekommen :	er habe... bekommen
werden :	er sei ... geworden	können :	er habe... gekonnt (können)
machen :	er habe... gemacht	denken :	er habe... gedacht
gehen :	er sei ... gegangen	wissen :	er habe... gewußt
aufpassen :	er habe... aufgepaßt	schneien :	es habe... geschneit

etc.

77 Le subjonctif I futur

Subjonctif I présent de **werden** + **infinitif**

sein :	er werde ... sein	eintreten :	er werde ... eintreten
haben :	er werde ... haben	bekommen :	er werde ... bekommen
werden :	er werde ... werden	können :	er werde ... können
machen :	er werde ... machen	denken :	er werde ... denken
gehen :	er werde ... gehen	wissen :	er werde ... wissen
aufpassen :	er werde ... aufpassen	schneien :	es werde ... schneien

etc.

* Voir la liste des verbes forts et faibles irréguliers en fin d'ouvrage.

78 Le subjonctif II présent des auxiliaires de temps

	sein (Prét. war)		**haben** (Prét. hatte)		**werden** (Prét. wurde)
ich	wär-**e**	ich	hätt-**e**	ich	würd-**e**
du	wär-**est**	du	hätt-**est**	du	würd-**est**
er	wär-**e**	er	hätt-**e**	er	würd-**e**
wir	wär-**en**	wir	hätt-**en**	wir	würd-**en**
ihr	wär-**et**	ihr	hätt-**et**	ihr	würd-**et**
sie	wär-**en**	sie	hätt-**en**	sie	würd-**en**
Pol. : Sie	wär-**en**	Sie	hätt-**en**	Sie	würd-**en**

79 Le subjonctif II présent des verbes faibles et des verbes forts

	spielen (Prét. spielte)		**kommen** (Prét. kam)		**schlafen** (Prét. schlief)
ich	spielt-**e**	ich	käm-**e**	ich	schlief-**e**
du	spielt-**est**	du	käm-**est**	du	schlief-**est**
er	spielt-**e**	er	käm-**e**	er	schlief-**e**
wir	spielt-**en**	wir	käm-**en**	wir	schlief-**en**
ihr	spielt-**et**	ihr	käm-**et**	ihr	schlief-**et**
sie	spielt-**en**	sie	käm-**en**	sie	schlief-**en**
Pol. : Sie	spielt-**en**	Sie	käm-**en**	Sie	schlief-**en**

Remarques

■ Le subjonctif II présent des verbes faibles est rigoureusement identique au prétérit de l'indicatif de ces mêmes verbes.

■ Le subjonctif II présent des verbes forts se forme en ajoutant au prétérit de l'indicatif les terminaisons du subjonctif (cf. § 72) et une inflexion sur a, o, u.

INFINITIF	PRÉTÉRIT	SUBJONCTIF II PRÉSENT
fahren	fuhr	führe
sehen	sah	sähe
trinken	trank	tränke
verlieren	verlor	verlöre

mais

bleiben	blieb	bliebe
gehen	ging	ginge
laufen	lief	liefe

80 Le subjonctif II présent des verbes de modalité

INFINITIF	PRÉTÉRIT	SUBJONCTIF II PRÉSENT
können	konnte	könnte
dürfen	durfte	dürfte
wollen	wollte	wollte
mögen	mochte	möchte
sollen	sollte	sollte
müssen	mußte	müßte

Remarque

On ajoute une **inflexion** au prétérit de l'indicatif, **sauf pour** wollen et sollen.

81 Le subjonctif II présent des verbes faibles irréguliers

	INFINITIF	INDICATIF PRÉTÉRIT	SUBJONCTIF II PRÉSENT
	brennen	er brannte	er br**e**nnte
	kennen	er kannte	er k**e**nnte
	nennen	er nannte	er n**e**nnte
	rennen	er rannte	er r**e**nnte
	senden	er sendete	er sendete
	wenden	er wendete	er wendete
	bringen	er brachte	er brächte
	denken	er dachte	er dächte
et	wissen	er wußte	er wüßte

82 Le subjonctif II passé

Subjonctif II présent de **sein** ou **haben** + **participe II**

sein : er wäre ... gewesen
haben : er hätte ... gehabt
werden : er wäre ... geworden
machen : er hätte ... gemacht
gehen : er wäre ... gegangen
aufpassen : er hätte ... aufgepaßt

eintreten : er wäre ... eingetreten
bekommen : er hätte ... bekommen
können : er hätte ... gekonnt (können)
denken : er hätte ... gedacht
wissen : er hätte ... gewußt
schneien : es hätte ... geschneit etc.

83 Le subjonctif II futur

Subjonctif II présent de **werden + infinitif**

sein :	er würde ... sein	eintreten :	er würde ... eintreten
haben :	er würde ... haben	bekommen :	er würde ... bekommen
werden :	er würde ... werden	können :	er würde ... können
machen :	er würde ... machen	denken :	er würde ... denken
gehen :	er würde ... gehen	wissen :	er würde ... wissen
aufpassen :	er würde ... aufpassen	schneien :	es würde ... schneien

etc.

84 Les emplois du subjonctif I

Le subjonctif I est peu employé en dehors du discours indirect (cf. § 86). On le rencontre cependant à la troisième personne du singulier :

1. Pour exprimer l'ordre :

Sie komme herein ! — *Qu'elle entre !*
Man mache Platz ! — *Que l'on fasse place !*

« Que le diable t'emporte ! »

Ces tournures vieillies ne s'emploient plus dans la langue courante d'aujourd'hui. Le subjonctif I est remplacé par **sollen** ou par l'infinitif :

Sie soll hereinkommen !
Platz machen !

2. Pour exprimer le souhait réalisable :

Es lebe Wilhelm Tell ! — *Vive Guillaume Tell !*
Möge sie glücklich sein ! — *Puisse-t-elle être heureuse !*

3. Dans quelques locutions :

..., es **sei** denn, daß ... — *à moins que ...*
Wie dem auch **sei,** ... — *Quoi qu'il en soit, ...*
Gott sei Dank ! — *Dieu merci !*

4. Dans le discours indirect.

85 Les emplois du subjonctif II

1. Dans l'expression du **souhait non réalisé** et du **regret** :

- Souhait : Subjonctif II présent.

Wenn ich nur wüßte ! Wüßte ich nur !	*Si seulement je savais !*

- Regret : Subjonctif II passé.

Wenn ich das nur gewußt hätte ! Hätte ich das nur gewußt !	*Si seulement j'avais su !*

Remarque

nur ou **doch** viennent renforcer l'idée de souhait ou de regret.

2. Dans l'expression du **conditionnel** :
Le mode conditionnel n'existe pas en allemand.
Il est remplacé par le subjonctif II.

- Conditionnel présent.

— Subjonctif II présent pour les verbes **sein, haben, werden**, les verbes de modalité et le verbe **wissen** :

Es wäre leichter.	*Ce serait plus facile.*
Du hättest Zeit.	*Tu aurais le temps.*
Er sollte kommen.	*Il devrait venir.*
Wüßten Sie es ?	*Le sauriez-vous ?*

— Subjonctif II futur, le plus souvent, pour les autres verbes :

Ich würde nichts sagen.	*Je ne dirais rien.*
Würden Sie das tun ?	*Le feriez-vous ?*

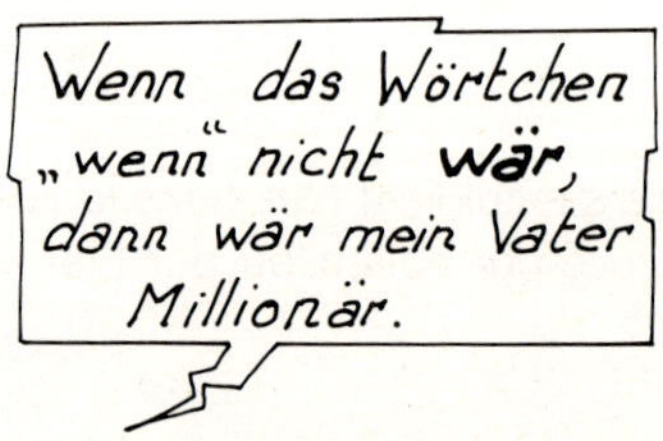

« Avec des "si" on mettrait Paris en bouteille. »

- Conditionnel passé : pour tous les verbes, on emploie le subjonctif II passé.

Es wäre schöner gewesen.	*Ç'aurait été plus beau.*
Ich hätte nicht daran gedacht.	*Je n'y aurais pas pensé.*
Wir hätten besser geschlafen.	*Nous aurions mieux dormi.*

Attention au participe II à forme d'infinitif (cf. § 45) :

Hättest du es nicht früher sagen **können** ?	*Tu n'aurais pas pu le dire plus tôt ?*
Ich **hätte** ihn kommen **lassen.**	*Je l'aurais fait venir.*

Dans la phrase conditionnelle, on emploie le subjonctif II **dans les deux propositions**.

Wenn ich Geld **hätte, würde** ich viel **reisen.**	*Si j'avais de l'argent, je voyagerais beaucoup.*
Wenn es nicht so heiß **wäre, könnte** ich besser **schlafen.**	*S'il ne faisait pas si chaud, je pourrais mieux dormir.*
Ich **wäre** froh, wenn du mich **begleiten würdest.**	*Je serais content si tu m'accompagnais.*
Wenn ich das **gewußt hätte, wäre** ich nicht **gekommen.**	*Si j'avais su, je ne serais pas venu.*

Attention !

Lorsqu'elle est en première position, la subordonnée conditionnelle n'est pas nécessairement introduite par wenn : on place alors en tête de phrase le verbe conjugué, suivi de son sujet. La deuxième proposition est, le plus souvent, introduite par so ou dann.

Wäre es nicht so heiß, (so) könnte ich besser schlafen.	*S'il ne faisait pas si chaud, je pourrais mieux dormir.*
Hätte ich gewußt, daß du kommen würdest, (dann) wäre ich hier geblieben.	*Si j'avais su que tu viendrais, je serais resté ici.*

Ces tournures sans wenn donnent plus de vivacité à la phrase.

3. Après als ob :
La conjonction als ob *comme si* introduit une proposition subordonnée dont le verbe est le plus souvent au subjonctif II :

Er tut, **als ob** er mich nicht **sähe.**	*Il fait comme s'il ne me voyait pas. (Il fait semblant de ne pas me voir.)*
Er tat, **als ob** er mich nicht **gesehen hätte.**	*Il fit comme s'il ne m'avait pas vu. (Il fit semblant de ne pas me voir.)*

Il est possible de supprimer ob ; dans ce cas, als est immédiatement suivi du verbe :

Er tut, **als sähe** er mich nicht.
Er tat, **als hätte** er mich nicht **gesehen.**

4. Avec beinahe + subjonctif II passé *(faillir)* :

Der Dummkopf **hätte** mich **beinahe überfahren** !	*Cet imbécile a failli m'écraser !*

5. Dans le discours indirect : (cf. § 86).

86 Le discours indirect ou rapporté

1. Définitions

Dans la scène ci-dessus, le jeune homme rapporte **directement** les paroles de la jeune fille. C'est le **discours direct.** La phrase est à l'indicatif.

Le discours indirect consiste à rapporter indirectement des paroles, des actions ou même des pensées :

Dans la scène ci-dessus, le jeune homme rapporte **indirectement** les paroles de la jeune fille. C'est le **discours indirect.** La phrase rapportée est au subjonctif I.

Comparons les deux discours :

Dans le discours indirect : - la première personne (ich) devient troisième,
- le mode indicatif devient subjonctif I,
- il n'y a plus de guillemets.

« Je ne peux pas venir demain. » / Elle dit à son amie : « Je ne peux pas venir demain. »
« Je ne peux pas venir demain. » / Elle dit à son amie qu'elle ne peut pas venir demain.

Le plus souvent, les paroles sont rapportées au discours indirect sous forme d'une proposition juxtaposée au subjonctif I :

Cette tournure est la règle générale, à l'écrit comme à l'oral, après les verbes déclaratifs tels **sagen**, **behaupten**, **denken**, **glauben**, **meinen**, **schreiben**, etc.
Il est naturellement possible de rapporter au discours indirect ses propres paroles :

2. Le mode dans le discours indirect

L'emploi du subjonctif I dans le discours indirect sert à indiquer que l'on rapporte les propos sans prendre position :

Sie sagt ihrer Freundin, sie **könne** morgen nicht kommen. → Subjonctif.
(Elle le lui dit ; mais nous ignorons si cela est vrai.)

Sie sagt ihrer Freundin, daß sie morgen nicht kommen **kann.** → Indicatif.
(C'est vrai. Il n'y a pas de raison d'en douter.)

« Je ne peux pas venir demain. » / Elle dit à son amie qu'elle ne peut pas venir demain.
« Je lui ai dit que je ne pouvais pas venir demain. »

L'emploi du subjonctif I ou de l'indicatif dans le discours indirect dépend donc de l'**intention de celui qui parle** de prendre ou non position par rapport aux propos qu'il rapporte.
Cependant, le subjonctif I et l'indicatif se confondent à certaines personnes. Prenons pour exemple le verbe gehen :

SUBJONCTIF I		INDICATIF
	ich geh-e	
du geh-est		du geh-st
er geh-e		er geh-t
	wir geh-en	
ihr geh-et		ihr geh-t
	sie geh-en	

Les formes du subjonctif I, identiques à l'indicatif, sont remplacées par celles du subjonctif II. Il en résulte une nouvelle conjugaison propre au discours indirect, le présent du discours indirect :

ich ginge	**wir gingen**
du gehest	ihr gehet
er gehe	**sie gingen**

{ Paul hat gesagt, wir **gingen** in die Stadt.
{ Paul hat gesagt, daß wir in die Stadt **gingen**.
Paul a dit que nous allions en ville.

Paul hat erzählt, ich **hätte** den Termin vergessen.
Paul a raconté que j'avais oublié le rendez-vous.

3. **Le temps dans le discours indirect**

Le temps employé dans la proposition subordonnée ou juxtaposée au discours indirect est le même que celui du discours direct. Le temps de la proposition principale n'a aucune incidence.

Discours direct	**Discours indirect**
INDICATIF PRÉSENT	SUBJONCTIF PRÉSENT
Karl hat gesagt : ,,Paul **ist** krank."	Karl hat gesagt, Paul **sei** krank.
INDICATIF PRÉTÉRIT ; PARFAIT ; P.Q.P.	SUBJONCTIF PASSÉ
Karl hat gesagt : ,,Paul **war** krank." Karl hat gesagt : ,,Paul **ist** krank **gewesen.** Karl hat gesagt : ,,Paul **war** krank **gewesen**".	Karl hat gesagt, Paul **sei** krank **gewesen**
INDICATIF FUTUR	SUBJONCTIF FUTUR
Karl hat gesagt : ,,Paul **wird** nicht **kommen."**	Karl hat gesagt, Paul **werde** nicht **kommen**.

Attention !

Méfions-nous de la traduction, car le français, contrairement à l'allemand, applique la concordance des temps entre principale et subordonnée :

*Karl **a dit** que Paul **était** malade, qu'il **avait été** malade, qu'il ne **viendrait** pas.*

4. L'ordre et la prière dans le discours indirect

(Transcription de l'impératif)

▪ L'ordre est exprimé à l'aide du verbe de modalité sollen, conjugué au présent du discours indirect.

Discours direct	Discours indirect
Mutti sagte : ,,Erika, **deck doch** den Tisch !"	Mutti sagte, Erika **solle** den Tisch **decken**.

▪ La prière est exprimée à l'aide du verbe de modalité mögen, conjugué au présent du discours indirect.

Discours direct	Discours indirect
Vati bat mich : ,,**Hilf mir bitte** !"	Vati bat mich, ich **möge** ihm **helfen.**

5. Exemple d'un même texte au discours direct et au discours indirect

Discours direct	Discours indirect
Der Polizist fragte die junge Französin : ,,Wer **sind** Sie ? Woher **kommen** Sie ? Wann und wo **sind** Sie **geboren** ? Wo **gehen** Sie **hin** ? **Haben** Sie **vor,** lange in Stuttgart zu bleiben ? Bei wem **werden** Sie während Ihres Aufenthalts **wohnen ?"**	Der Polizist fragte die junge Französin, wer sie **sei**, woher sie **komme,** wann und wo sie **geboren sei**, wo sie **hingehe,** ob sie **vorhabe,** lange in Stuttgart zu bleiben, und bei wem sie während ihres Aufenthalts **wohnen werde**.
Die junge Französin antwortete : ,,Ich **bin** eine französische Gymnasiastin aus Toulouse, ich **bin** nach Stuttgart **gekommen**, um Schwäbisch zu lernen ; ich **war** schon einmal in Waiblingen, wo ich viele gute Freunde **habe.** Aber ich **hatte beschlossen,** diesmal eine Wohnung in der Landeshauptstadt zu mieten. Anschließend **werde** ich fünf Wochen dort **verbringen**".	Sie antwortete, sie **sei** eine französische Gymnasiastin aus Toulouse, sie **sei** nach Stuttgart **gekommen,** um Schwäbisch zu lernen, sie **sei** schon einmal in Waiblingen **gewesen,** wo sie viele gute Freunde **habe,** aber sie **habe beschlossen,** diesmal eine Wohnung in der Landeshauptstadt zu mieten. Anschließend **werde** sie fünf Wochen dort **verbringen.**
Dann fügte der Polizist hinzu : ,,Ich **will** mehr über Sie wissen. **Kommen** Sie doch morgen früh ins Polizeipräsidium und **bringen** Sie bitte alle Ihre Papiere **mit** !"	Dann fügte der Polizist hinzu, er **wolle** mehr über sie wissen. Sie **solle** morgen früh ins Polizeipräsidium **kommen** und **möge** alle ihre Papiere **mitbringen.**

C. LE MODE IMPÉRATIF

C'est le mode utilisé dans les phrases impératives — dites aussi « injonctives » (cf. § 20). Il comporte **quatre** personnes : la 2e du singulier, les 1re et 2e du pluriel, la forme de politesse.
Il a pour base **le radical de l'infinitif**.

87 L'impératif des auxiliaires de temps

sein	**haben**	**werden** (Emploi rare)
Sei ... ! *Sois ... !*	Hab(e) ... ! *Aie ... !*	Werde ... ! *Deviens ... !*
Seien wir ... ! *Soyons ... !*	Haben wir ... ! *Ayons ... !*	Werden wir ... ! *Devenons ... !*
Seid ... ! *Soyez ... !*	Habt ... ! *Ayez ... !*	Werdet ... ! *Devenez ... !*
Seien Sie ... ! *Soyez ... !*	Haben Sie ... ! *Ayez ... !*	Werden Sie ... ! *Devenez ... !*

Attention !

Nous constatons, à la 1re personne du pluriel et à la forme de politesse, la présence de pronoms personnels sujets (wir, Sie) placés immédiatement après le noyau verbal à l'impératif. Cela est valable pour tous les verbes.

88 L'impératif des verbes faibles

machen *faire*	**spielen** *jouer*	**lernen** *apprendre*
Mach(e) ... !	Spiel(e) ... !	Lern(e) ... !
Machen wir ... !	Spielen wir ... !	Lernen wir ... !
Macht ... !	Spielt ... !	Lernt ... !
Machen Sie ... !	Spielen Sie ... !	Lernen Sie ... !

Le e de la 2e personne du singulier n'est guère employé dans la langue de tous les jours. Par contre, il est obligatoire pour :

— les verbes prenant un -e- intercalaire au présent de l'indicatif :

Red**e** ... ! Arbeit**e** ... ! Zeichn**e** ... ! Begegn**e** ... ! Atm**e** ... ! Öffn**e** ... ! etc.

Ce -e- se retrouve devant le -t de la 2e personne du pluriel :

Red**et** ... ! Arbeit**et** ... ! Zeichn**et** ... ! Begegn**et** ... ! Atm**et** ... ! Öffn**et** ... ! etc.

— les verbes en -eln et -ern :

sammeln *ramasser, collectionner* ⟶ Samml**e** ... !
plaudern *bavarder* ⟶ Plaud(e)r**e** ... !

Comme à la 1re personne du présent de l'indicatif (cf. § 49), le e disparaît devant -l, et peut demeurer ou non devant -r :

schütteln *secouer* ⟶ Schüttl**e** ... !
lächeln *sourire* ⟶ Lächl**e** ... !
feiern *fêter* ⟶ Fei(e)r**e** ... !
wandern *marcher* ⟶ Wand(e)r**e** ... !

— les verbes en -igen :

entschuldigen *excuser* ⟶ Entschuldig**e** ... !

89 L'impératif des verbes forts

Il est identique à celui des verbes faibles (cf. § 88), **sauf pour les verbes forts en -e-** (alternance e - i/ie au présent de l'indicatif, cf. § 50) qui retrouvent ce i (ie) **à la 2e personne du singulier** :

geben *donner*	**helfen** *aider*	**sehen** *voir*	**lesen** *lire*
Gib ... !	Hilf ... !	Sieh ... !	Lies ... !
Geben wir ... ! Gebt ... ! Geben Sie ... !	Helfen wir ... ! Helft ... ! Helfen Sie ... !	Sehen wir ... ! Seht ... ! Sehen Sie ... !	Lesen wir ... ! Lest ... ! Lesen Sie ... !

Attention !

- Notons pour tous ces verbes l'absence de terminaison -e à la 2e personne du singulier.
Exception : l'expression Siehe unten. *Voir ci-dessous.*
- Particularités orthographiques :

nehmen *prendre* → Nimm ... !
treten *marcher* → Tritt ... !

- Le -e de la 2e personne du singulier n'est obligatoire que pour les verbes prenant un -e- intercalaire au présent de l'indicatif (cf. § 50) :

laden *charger* → Lad**e** ... !
finden *trouver* → Find**e** ... !

Ce -e- se retrouve devant le -t de la 2e personne du pluriel :

Lad**et** ... ! Find**et** ... ! Tret**et** ... !

90 L'impératif des verbes faibles irréguliers

Ces verbes se conjuguent comme les verbes faibles (cf. § 88).
Le -e de la 2e personne du singulier n'est obligatoire que pour senden et wenden :

Sende ! *Envoie !*
Wende ! *Tourne !*

Il se retrouve comme -e- intercalaire à la 2e pers. du plur. : Sendet ! Wendet !
Pour les verbes « faibles-forts », attention à la différence, liée au sens (cf. § 44). Ainsi erschrecken :

Erschr**e**ck **ihn** nicht ! (Faible) *Ne lui fais pas peur !*
Erschr**i**ck doch nicht ! (Fort) *N'aie pas peur !*

91 L'impératif des verbes à particule

Qu'ils soient faibles ou forts, ces verbes sont séparés de leur particule, qui se retrouve donc en dernière position dans la phrase impérative.

die Tür **aufmachen** *ouvrir la porte*	in die Küche **eintreten** *entrer dans la cuisine*
Mach die Tür **auf** ! **Machen wir** die Tür **auf** ! **Macht** die Tür **auf** ! **Machen Sie** die Tür **auf** !	**Tritt** in die Küche **ein** ! **Treten wir** in die Küche **ein** ! **Tretet** in die Küche **ein** ! **Treten Sie** in die Küche **ein** !

92 L'impératif des verbes réfléchis

sich setzen *s'asseoir*	**sich** die Hände waschen *se laver les mains*
Setz **dich** ! Setzen wir **uns** ! Setzt **euch** ! Setzen Sie **sich** !	Wasch **dir** die Hände ! Waschen wir **uns** die Hände ! Wascht **euch** die Hände ! Waschen Sie **sich** die Hände !

93 Emploi de l'impératif

L'impératif exprime un ordre (ou, à l'inverse, une défense), une prière, un conseil ou une invitation.

Setzt euch !	*Asseyez-vous !*	Komm mal her !	*Viens un peu ici !*
Rauchen Sie nicht !	*Ne fumez pas !*	Wartet nur !	*Attendez voir !*
Schlag dein Buch auf !	*Ouvre ton livre !*	Treten Sie doch ein !	*Entrez donc !*

Dans une phrase impérative, nous noterons la présence fréquente de petits « adverbes » (**mal**, **nur**, **doch**, **halt**) qui n'ont pour rôle que de nuancer l'injonction, alors que **bitte** exprime la prière :

Nehmen Sie bitte Platz ! *Veuillez vous asseoir, je vous prie !*

Nous avons indiqué plus haut que l'infinitif I (cf. § 41), le participe II (cf. § 44) et le présent de l'indicatif (cf. § 55) peuvent remplacer l'impératif. Celui-ci peut également s'exprimer à travers les verbes de modalité **sollen** et **müssen** (cf. § 52) :

Du sollst still sein ! *Tais-toi ! (je le veux)*
Jetzt mußt du aber still ein ! *Maintenant, tais-tois ! (il le faut)*

La forme **Laß uns** (du verbe **lassen**), associée à un infinitif, peut remplacer un impératif « simple » à la 1re personne du pluriel, dans un discours soutenu :

Laß uns tanzen ! *Dansons !*

D. LA VOIX PASSIVE

94 Définition

La scène suivante

peut être décrite de deux manières différentes :

a) dans une phrase **à la voix active** :
Die Lehrerin fragt die Schüler. *Le professeur interroge les élèves.*

b) dans une phrase **à la voix passive** :
Die Schüler werden von der Lehrerin gefragt. *Les élèves sont interrogés par le professeur.*

1. Passage de la voix active à la voix passive

- Actif : Die Lehrerin (Sujet) fragt die Schüler (C.O.D.). ...fragt...
- Passif : Die Schüler (Sujet) werden von der Lehrerin (Compl. d'agent) gefragt.

Forme verbale : ... werden ... gefragt.

Le C.O.D. die Schüler de la phrase a) est devenu sujet du verbe passif : werden ... gefragt.
Le sujet die Lehrerin de la phrase b) est devenu complément d'agent : von der Lehrerin.

2. Formation de la voix passive (nous nous limiterons volontairement au mode indicatif.)

auxiliaire werden + participe II

95 Présent et prétérit du passif

Je suis interrogé par le professeur.

ich	werde	von	der	Lehrerin	gefragt.
du	wirst	von	der	Lehrerin	gefragt.
er	wird	von	der	Lehrerin	gefragt.
wir	werden	von	der	Lehrerin	gefragt.
ihr	werdet	von	der	Lehrerin	gefragt.
sie	werden	von	der	Lehrerin	gefragt.

Je fus / j'ai été / j'étais interrogé par le professeur.

ich	wurde	von	der	Lehrerin	gefragt.
du	wurdest	von	der	Lehrerin	gefragt.
er	wurde	von	der	Lehrerin	gefragt.
wir	wurden	von	der	Lehrerin	gefragt.
ihr	wurdet	von	der	Lehrerin	gefragt.
sie	wurden	von	der	Lehrerin	gefragt.

96 Parfait et plus-que-parfait du passif

J'ai été interrogé par le professeur.

ich	bin	von	der	Lehrerin	gefragt	worden.
du	bist	von	der	Lehrerin	gefragt	worden
er	ist	von	der	Lehrerin	gefragt	worden.
wir	sind	von	der	Lehrerin	gefragt	worden.
ihr	seid	von	der	Lehrerin	gefragt	worden.
sie	sind	von	der	Lehrerin	gefragt	worden.

J'avais interrogé par le professeur.

ich	war	von	der	Lehrerin	gefragt	worden.
du	warst	von	der	Lehrerin	gefragt	worden.
er	war	von	der	Lehrerin	gefragt	worden.
wir	waren	von	der	Lehrerin	gefragt	worden.
ihr	wart	von	der	Lehrerin	gefragt	worden.
sie	waren	von	der	Lehrerin	gefragt	worden.

Le participe II de werden — auxiliaire de la voix passive — est **worden**, et non geworden ; il est placé immédiatement après le participe II du verbe que l'on met à la voix passive :

dans une proposition indépendante :

Das Paket ist schon lange geschickt **worden.**
Il y a longtemps que le paquet a été envoyé.

dans une proposition subordonnée :

Ich wußte nicht, ob die Polizei alarmiert **worden** war.
Je ne savais pas si la police avait été prévenue.

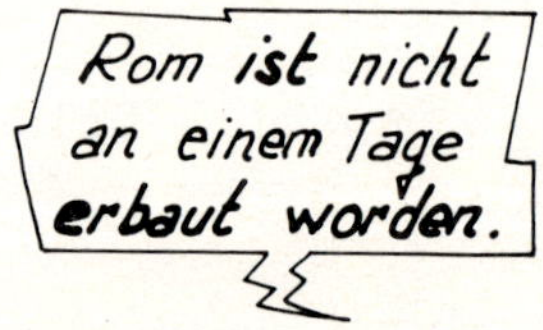

« Rome ne s'est pas construite en un jour. »

97 Futur du passif

Je serai interrogé par le professeur

ich	werde	von	der	Lehrerin	gefragt	werden.
du	wirst	von	der	Lehrerin	gefragt	werden.
er	wird	von	der	Lehrerin	gefragt	werden.
wir	werden	von	der	Lehrerin	gefragt	werden.
ihr	werdet	von	der	Lehrerin	gefragt	werden.
sie	werden	von	der	Lehrerin	gefragt	werden.

La forme
gefragt werden
est

l'infinitif passif.

98 Exemples de la formation de l'infinitif passif

INFINITIF I		PARTICIPE II	INFINITIF PASSIF		
machen	*faire*	gemacht	gemacht	werden	*être fait*
trinken	*boire*	getrunken	getrunken	werden	*être bu*
bringen	*apporter*	gebracht	gebracht	werden	*être apporté*
anzünden	*allumer*	angezündet	angezündet	werden	*être allumé*
erwarten	*attendre*	erwartet	erwartet	werden	*être attendu*
reparieren	*réparer*	repariert	repariert	werden	*être réparé*
überholen	*dépasser*	überholt	überholt	werden	*être dépassé*

99 Emploi identique à celui du français (verbes transitifs)

VOIX ACTIVE	VOIX PASSIVE
Man schließt die Türen um sieben. *On ferme les portes à sept heures.*	**Die Türen werden** um sieben **geschlossen.** *Les portes sont fermées à sept heures.*

100 Emploi différent de celui du français

L'allemand emploie plus fréquemment la voix passive que le français, dans la mesure où l'on peut mettre au **passif** des verbes **intransitifs** : c'est le **passif sans sujet**, appelé aussi « passif impersonnel. »

Jetzt **wird** ins Bett **gegangen** ! *Au lit, maintenant !*

La langue française emploie très souvent le pronom indéfini « on » et la voix active :

Morgen wird nicht gearbeitet. *Demain, on ne travaille pas.*
In Deutschland wird selten gestreikt. *En Allemagne, on fait rarement la grève.*

Attention !

Dans de tels énoncés (propositions indépendantes ou principales déclaratives), la première place n'est pas toujours occupée par un complément. Le noyau verbal devant obligatoirement y occuper la deuxième place, on placera **en première position** un « bouche-trou », le pronom **es**, appelé alors « es explétif » (cf. § 182).

Gestern	wurde	viel gearbeitet.	*Hier, on a beaucoup travaillé.*
Es	wurde	gestern viel gearbeitet.	
(1)	(2)		

« Es explétif » ne pouvant occuper que la première position, il ne figurera pas dans la proposition interrogative ou exclamative, ni dans la proposition subordonnée :

Wurde gestern viel gearbeitet ?	*Est-ce qu'on a beaucoup travaillé hier ?*
Warum wurde denn so viel gearbeitet ?	*Pourquoi donc a-t-on tant travaillé ?*
Wie hart wurde doch gearbeitet !	*Comme on a travaillé dur !*
Er behauptet, daß gestern viel gearbeitet wurde.	*Il prétend qu'on a beaucoup travaillé hier.*

101 Le passif des verbes régissant le datif

Le datif subsiste :

- Voix active :

  Der Lehrer hat **diesem Schüler** geholfen.
  Le professeur a aidé cet élève.

- Voix passive :

  Dies**em** Schüler ist (vom Lehrer) geholfen worden.
  Cet élève a été aidé (par le professeur).

102 Le passif à valeur d'impératif

La voix passive — avec ou sans sujet — peut exprimer un ordre, généralement ferme.

Jetzt wird dein Bett gemacht !	*Maintenant tu vas faire ton lit !*
Von nun an wird aber gearbeitet !	*A partir de maintenant il s'agit de travailler !*
Geweint wird nicht !	*On ne pleure pas !*

103 Verbes de modalité + infinitif passif

VOIX ACTIVE	VOIX PASSIVE
Man kann den Wagen nicht reparieren. *On ne peut pas réparer cette voiture.*	Der Wagen **kann** nicht **repariert werden.** *Cette voiture ne peut pas être réparée.*
Du mußt deine Hose waschen. *Il faut laver ton pantalon.*	Deine Hose **muß gewaschen werden.** *Ton pantalon doit être lavé.*

104 La voix passive exprime toujours une action

- Voix active :

  Die Kinder machen die Betten.
  Les enfants font les lits.

- Voix passive :

  Die Betten **werden** von den Kindern **gemacht.**
  Les lits sont faits par les enfants.

Attention !

Il ne faut pas confondre la voix passive avec les formes dans lesquelles le participe II est associé au verbe **sein** :

Jetzt **sind** alle Betten **gemacht.**
Maintenant, tous les lits sont faits.

Ici, le participe II **gemacht** est attribut du sujet (cf. § 151). La phrase décrit un état résultant d'une action achevée :

Action : Die Kinder haben die Betten gemacht.
Résultat : Die Betten **sind** (jetzt) **gemacht.**

Autres exemples :

Mein Koffer **ist gepackt.** (Ich habe ihn schon gepackt.)
Ma valise est faite.

Wir **sind eingeladen.** (Jemand hat uns schon eingeladen.)
Nous sommes invités.

Diese Artikel **sind verkauft.** (Man hat sie schon verkauft.)
Ces articles sont vendus.

105 Le « complément d'agent »

C'est le sujet du verbe actif qui devient « complément d'agent » lors de la transposition à la voix passive (cf. § 94).

L'agent est un complément prépositionnel : le plus souvent, la préposition est **von** ; le G.N. ou le pronom est donc au datif.

Wir wurden { **von unseren Freunden** / **von ihnen** } eingeladen. *Nous avons été invités { par nos amis. / par eux.*

Von wem werden Sie morgen geweckt ? *Par qui serez-vous réveillé demain ?*

Si l'on veut indiquer le moyen — ou l'intermédiaire — plutôt que l'agent (qui est, lui, toujours volontaire), le complément est à l'accusatif, introduit par la préposition **durch**.

Das Haus ist **durch** das Feuer zerstört worden. *La maison a été détruite par le feu.*

Attention !

Le pronom indéfini **man** ne peut devenir complément d'agent :

Actif : **Man** hat alle Blumen gepflückt. *On a cueilli toutes les fleurs.*
Passif : Alle Blumen sind **Ø** gepflückt worden. *Toutes les fleurs ont été cueillies.*

LES VERBES FACTITIFS...

La langue allemande dispose de plusieurs verbes pour exprimer l'action de « **mettre, poser, placer**... » et le résultat de cette action, c'est-à-dire « **être, se trouver**... ». Voici les plus fréquents :

106 Les verbes factitifs (factitif ⇐ « faire »)

Ils sont transitifs, accompagnés de leur C.O.D. Ce sont des verbes faibles.

Was **tut** er denn ?

Er **stellt** eine Flasche auf den Tisch.
Il met (pose) une bouteille sur la table.
Verbe : **stellen.**

Er **legt** ein Buch auf den Tisch.
Il met (pose) un livre sur la table.
Verbe : **legen.**

Er setzt sich an den Tisch.
Il s'asseoit à la table.
Verbe : **setzen.**

Er hängt eine Lampe über den Tisch.
Il suspend une lampe au-dessus de la table.
Verbe : **hängen.**

Attention !

Dans le G.V. on remarquera la plupart du temps la présence d'un complément prépositionnel. Il s'agit toujours d'un **complément de direction.** Si celui-ci est introduit par une préposition spatiale (cf. § 133), il doit être **à l'accusatif :**

Wohin stellt er die Flasche ? — Auf den Tisch.
Wohin legt er das Buch ? — Auf den Tisch.
Wohin setzt er sich ? — An den Tisch.
Wohin hängt er die Lampe ? — Über den Tisch.

mettre	Toujours C.O.D. Verbe faible.
stellen - legen - setzen - hängen	Question **Wohin... ?**

...ET LES VERBES D'ÉTAT (METTRE et ÊTRE)

107 Les verbes d'état (état ⇐ « être »)

Ils sont intransitifs : ils n'ont jamais de C.O.D. Ce sont des verbes forts.

Und jetzt ?

Jetzt **steht** die Flasche auf dem Tisch.
Maintenant, la bouteille est sur la table.
Verbe : **stehen** (er steht, stand, hat ... gestanden).

Jetzt **liegt** das Buch auf dem Tisch.
Maintenant, le livre est sur la table.
Verbe : **liegen** (er liegt, lag, hat .... gelegen).

Jetzt **sitzt** er am Tisch.
Maintenant, il est (assis) à la table.
Verbe : **sitzen** (er sitzt, saß, hat ... gesessen).

Jetzt **hängt** die Lampe über dem Tisch.
Maintenant, la lampe est (suspendue) au-dessus de la table.
Verbe : **hängen** (er hängt, hing, hat ... gehangen).

Attention !

Dans le G.V. on remarquera la plupart du temps la présence d'un complément prépositionnel. Il s'agit toujours d'un **complément de localisation.** Si celui-ci est introduit par une préposition spatiale (cf. § 133), il doit être **au datif :**

Wo steht die Flasche ? — Auf dem Tisch.
Wo liegt das Buch ? — Auf dem Tisch.
Wo sitzt er jetzt ? — An dem Tisch.
Wo hängt die Lampe ? — Über dem Tisch.

être / se trouver	Jamais de C.O.D. Verbe fort.
stehen - liegen - sitzen - hängen	Question **Wo... ?**

Le verbe **stecken** signifie à la fois *mettre* et *être*, comme **hängen**. Mais à la différence de ce dernier, il est **toujours faible :** er steckt, steckte, hat ... gesteckt.

Er **steckt den Schlüssel ins Schloß.**
Il met la clé dans la serrure.

Jetzt **steckt** der Schlüssel **im Schloß.**
Maintenant, la clé est dans la serrure.

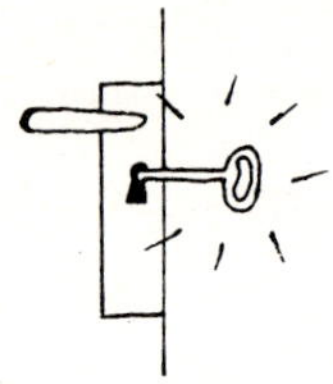

Das kann ich nicht **beantworten.**
Je ne peux pas y répondre.

Jetzt **erklettern** sie **den Gipfel.**
Maintenant ils gravissent le sommet.

LA RECTION DES VERBES

Il existe des verbes transitifs et des verbes intransitifs.

108 Les verbes transitifs

Ce sont les verbes qui régissent l'accusatif, c'est-à-dire ceux qui ont un complément direct à l'accusatif. La plupart des verbes transitifs allemands sont les mêmes que leurs équivalents français : haben, hören, sehen, kaufen, wollen, suchen, finden, essen, trinken, wissen, etc.
Nous dresserons donc une liste des seuls verbes transitifs allemands qui ont un équivalent intransitif dans notre langue.

auslachen	: **Lach deinen Bruder** nicht **aus** !	*Ne te moque pas de ton frère !*
bitten	: Sie **hat ihren Freund** um Hilfe **gebeten**.	*Elle a demandé de l'aide à son ami.*
brauchen	: Ich **brauche einen Schläger**.	*J'ai besoin d'une raquette.*
fragen	: **Fragen Sie** doch **Ihre Frau** !	*Demandez donc à votre femme !*
genießen	: Dort **genießt** man **reine Luft.**	*Là-bas, on profite de l'air pur.*
kosten	: Das **hat sie** viel Geld **gekostet**.	*Ça leur a coûté beaucoup d'argent.*
lehren	: Sie **lehrt ihren Sohn** schwimmen.	*Elle apprend à nager à son fils.*
sprechen	: Möchten Sie **ihn sprechen** ?	*Désirez-vous lui parler ?*

N'oublions pas l'expression impersonnelle (cf. § 47) :

es gibt	: **Es gibt keinen anderen Weg.**	*Il n'y a pas d'autre chemin.*

Voir aussi les préfixes qui rendent transitifs certains verbes simples intransitifs au § 37.

109 Les verbes intransitifs

Ce sont les verbes qui :

- comme leur équivalent français, ne peuvent pas avoir de C.O.D. :
sein, werden, bleiben, gehen, kommen, laufen, fliegen, etc. ;
- ont un complément direct au datif ou au génitif (ces derniers, plus rares, ne seront pas cités) ;
- ont un complément prépositionnel.

Nous dresserons la liste des verbes les plus courants régissant le datif ou un complément prépositionnel.

110 Les verbes régissant le datif

begegnen	: Wir sind **ihm** zufällig begegnet.	*Nous l'avons rencontré par hasard.*
danken	: Ich danke **Ihnen** sehr.	*Je vous remercie beaucoup.*
folgen	: Folgen Sie mein**em** Rat !	*Suivez mon conseil !*
gelingen	: Die Aufnahme ist **mir** nicht gelungen.	*Je n'ai pas réussi la photo.*
glauben	: Glauben Sie **mir** !	*Croyez-moi !*
gratulieren	: Hast du dein**em** Freund gratuliert ?	*As-tu félicité ton ami ?*
helfen	: Hilf doch dein**er** Schwester !	*Aide un peu ta sœur !*
leid tun	: (Es) tut **mir** leid, aber ...	*Je regrette, mais ...*
sich nähern	: Vorsichtig näherte er sich de**m** Haus.	*Il s'approcha prudemment de la maison.*
schmecken	: Hat **Ihnen** der Braten geschmeckt ?	*Avez-vous aimé le rôti ?*
zuhören*	: Alle hörten **ihm** überrascht zu.	*Tous l'écoutaient avec étonnement.*
{ zusehen* / zuschauen*	: Ich möchte **dir** beim Tennisspielen zuschauen.	*J'aimerais te regarder jouer au tennis.*

* La particule **zu** (ainsi que **entgegen-**, **nach-**, **vor-**, **voran-**, **voraus-**) entraîne le datif.

111 Les verbes régissant un complément prépositionnel

▪ an + accusatif :

denken	: Denken Sie **an mich** !	*Pensez à moi !*
glauben	: Er glaubt **an ein besseres Leben**.	*Il croit à une vie meilleure.*
schreiben	: Hast du **an das richtige Amt** geschrieben ?	*As-tu écrit au bon service ?*

et

sich erinnern	: Ich erinnere mich **an seinen Besuch**.	*Je me souviens de sa visite.*
sich gewöhnen	: Hast du dich **an das Klima** gewöhnt ?	*T'es-tu habitué au climat ?*
sich wenden	: Wenden Sie sich **an den Polizisten** !	*Adressez-vous à l'agent de police !*

▪ an + datif :

erkennen	: Er war **an seiner Stimme** zu erkennen.	*On pouvait le reconnaître à sa voix.*
teilnehmen	: Viele haben **am Fest** teilgenommen.	*Beaucoup ont participé à la fête.*
zweifeln	: Ich zweifle **an deinem guten Willen.**	*Je doute de ta bonne volonté.*

▪ auf + accusatif :

achten	: Sie achtet **auf ihre Kinder**.	*Elle fait attention à ses enfants.*
antworten	: **Auf diese Frage** kann ich nicht antworten.	*Je ne peux pas répondre à cette question.*
reagieren	: Wie hat er **auf deinen Brief** reagiert ?	*Comment a-t-il réagi à ta lettre ?*
warten	: Hier warten wir **auf den Bus**.	*C'est ici que nous attendons l'autobus.*
zählen	: Hoffentlich kann man **auf dich** zählen !	*J'espère qu'on peut compter sur toi !*

et

sich freuen	: Ich freue mich **auf deinen Besuch**.	*Je me réjouis (à l'avance) de ta visite.*
sich verlassen	: Kann ich mich **auf Sie** verlassen ?	*Puis-je compter sur vous ?*
es kommt ...an	: Natürlich kommt es **auf das Wetter** an.	*Bien sûr, ça dépendra du temps.*

▪ aus (toujours suivi du datif) :

bestehen	: Das Gedicht besteht **aus drei Strophen**.	*Ce poème se compose de trois strophes.*
werden	: Was soll **aus dir** werden ?	*Que vas-tu devenir ?*

▪ für (toujours suivi de l'accusatif) :

danken (+Dat.)	: Ich danke dir **für deinen Brief**.	*Je te remercie de ta lettre.*
halten	: Alle hielten ihn **für einen guten Schüler**.	*Tous le prenaient pour un bon élève.*

et

sich interessieren	: Sie interessiert sich **für moderne Musik**.	*Elle s'intéresse à la musique moderne.*

- **mit (toujours suivi du datif) :**

rechnen	: Ich hatte nicht **damit** gerechnet.	*Je ne m'attendais pas à cela.*

- **nach (toujours suivi du datif) :**

fragen (+Acc.)	: Der Fremde fragte mich **nach dem Weg**.	*L'étranger me demanda son chemin.*
riechen	: Meine Finger riechen **nach Fisch**.	*Mes doigts sentent le poisson.*
schmecken	: Die Suppe schmeckt **nach Käse**.	*La soupe a un goût de fromage.*

- **über + accusatif :**

Il s'agit de verbes exprimant une pensée, une opinion, un sentiment, une réaction, comme :

denken, meinen *penser*	diskutieren *discuter*	sprechen *parler*
erschrecken *avoir peur*	klagen *se plaindre*	lachen *rire*
weinen *pleurer*	wissen *savoir*	sich freuen *se réjouir*
sich wundern *s'étonner*	sich ärgern *se mettre en colère*	sich aufregen *s'énerver* etc.

La préposition über signifie alors *de, au sujet de, à propos de* :

Ich freue mich **über das Geschenk**.	*Je suis content du cadeau.*

- **um (toujours suivi de l'accusatif) :**

bitten (+Acc.)	: Sie bat den Polizisten **um Auskunft**.	*Elle demanda un renseignement à l'agent.*
fragen (+Acc.)	: Ich werde den Vater **um Rat** fragen.	*Je demanderai conseil à mon père.*

et

sich handeln (Impers.)	: Es handelt sich **um etwas anderes**.	*Il s'agit d'autre chose.*
sich kümmern	: Kümmere dich nicht **um mich** !	*Ne te soucie pas de moi !*

- **von (toujours suivi du datif) :**

abhängen	: Das hängt **von meiner Mutter** ab.	*Ça dépend de ma mère.*
erzählen	: Wer hat **von der Sache** erzählt ?	*Qui a parlé de cette affaire ?*
hören	: Wir haben nichts mehr **von ihr** gehört.	*Nous n'avons plus entendu parler d'elle.*
träumen	: Er träumt noch oft **von ihr**.	*Il rêve encore souvent d'elle.*

- **vor + datif :**

erschrecken	: Die Katze ist **vor der Maus** erschrocken !	*C'est le chat qui a eu peur de la souris !*
schützen	: Das soll dich **vor dem Regen** schützen.	*Ça te protègera de la pluie.*

et

sich fürchten	: Der Mensch fürchtet sich **vor dem Tod**.	*L'homme a peur de la mort.*

■ **zu (toujours suivi du datif) :**

einladen	: Er hat uns **zur Hochzeit** eingeladen.	*Il nous a invités au mariage.*
gehören	: Die Schweiz gehört nicht **zur E.G.**[1]	*La Suisse ne fait pas partie de la Communauté européenne.*
passen	: Der Schlips paßt gut **zu deinem Hemd**.	*Cette cravate va bien avec ta chemise.*
werden	: Das Wasser wurde schnell **zu Eis**.	*L'eau se transforma rapidement en glace.*
zwingen	: Der Regen zwang uns **zur Flucht**.	*La pluie nous força à fuir.*

et

sich entschließen	: Er entschloß sich **zur Operation**.	*Il se résolut à l'opération.*

Attention !

Certains verbes peuvent avoir plusieurs rections différentes. Le verbe **sich freuen** est, à cet égard, exemplaire :

auf + Acc. : on se réjouit d'un **événement à venir** ; ici, à l'idée des prochaines vacances :

Die Kinder **freuen sich** schon **auf die nächsten Ferien**.

über + Acc. : on se réjouit d'un **événement présent ou passé** ; ici, de la bonne nouvelle :

Wir **freuen uns über diese gute Nachricht**.

VALENCE DES VERBES

112 Définition

Partons de la phrase simple :

Ich habe einen neuen Anzug.	*J'ai un costume neuf.*

Dans cette phrase, chacun des éléments est indispensable pour que l'énoncé soit correct et le message intelligible ; le noyau verbal (N.V.) **habe** est ici en liaison avec deux groupes fonctionnels obligatoires :

ich (Sujet, nominatif)
einen neuen Anzug (C.O.D., accusatif)

Nous dirons que cette forme verbale est « divalente » (ou « à valence 2 »).

1. Die Europäische Gemeinschaft.

Nous pouvons représenter l'énoncé de manière imagée :

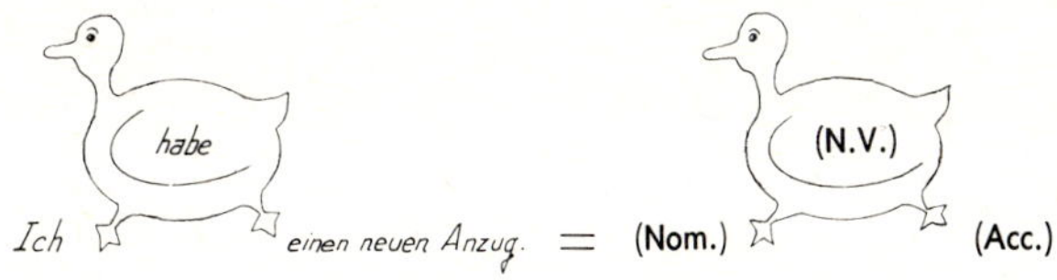

La valence est symbolisée par les pattes du canard : valence 2 = 2 pattes.

Il existe des formes verbales monovalentes (= à valence 1), divalentes (= à valence 2), trivalentes (= à valence 3), mais aussi à valence zéro.

113 Formes verbales à valence zéro

L'énoncé se réduit au seul noyau verbal, sans sujet ni complément :

Le canard n'a pas de patte

C'est le cas à l'impératif (2e personne du singulier et du pluriel) et ses équivalents, infinitif I, participe II, employés sans complément :

Komm !	*Viens !*	Setzen !	*Assis !*
Steht auf !	*Levez-vous !*	Aufgepaßt !	*Attention !*

114 Formes verbales monovalentes (à valence 1)

Le canard a une patte

Das Kind **lacht.** (1)	*L'enfant rit*	**Hol** den Ball ! (1)	*Va chercher la balle !*
Schneit es ? (1)	*Est-ce qu'il neige ?*	**Hilf** mir doch ! (1)	*Aide-moi donc !*
Warten Sie nur ! (1)	*Attendez un peu !*	**Denkt** an uns ! (1)	*Pensez à nous !*

115 Formes verbales divalentes (à valence 2)

a)

Le canard a deux pattes

Meine Kusine (1) **ist** Krankenschwester. (2)	*Ma cousine est infirmière.*
Franz (1) **bleibt** ein guter Schüler. (2)	*Franz reste un bon élève.*
Brigitte (1) **ist** Lehrerin (2) **geworden.**	*Brigitte est devenue professeur.*

b)

Ich (1) **suche** meine Schlüssel. (2)	*Je cherche mes clefs.*
Gibt es (1) Kuchen (2) ?	*Y a-t-il du gâteau ?*
Die Schüler (1) **setzen** sich. (2)	*Les élèves s'asseoient.*
Ich (1) **danke** Ihnen. (2)	*Je vous remercie.*
Es (1) **roch** nach Benzin. (2)	*Ça sentait l'essence.*

> **Rappel :** Avec certains verbes, le C.O.D. peut être un infinitif (avec ou sans zu), un groupe infinitif, une proposition juxtaposée ou subordonnée conjonctive.

Willst du (1) mitkommen ? (2)	*Veux-tu venir ?*
Sie (1) **wünscht** zu schlafen. (2)	*Elle souhaite dormir.*
Er (1) **hofft,** dich bald wiederzusehen. (2)	*Il espère te revoir bientôt.*
Ich (1) **finde,** sie hat recht. (2)	*Je trouve qu'elle a raison.*
Glaubst du, (1) daß er verstanden hat ? (2)	*Crois-tu qu'il a compris ?*

116 Formes verbales trivalentes (à valence 3)

- Schéma le plus fréquent :

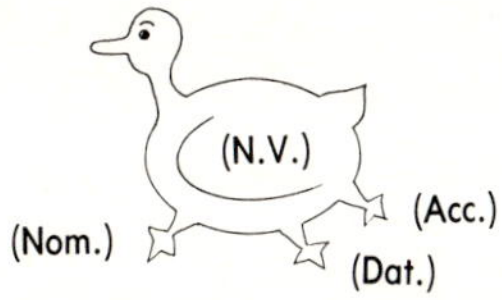

Le canard a trois pattes

Il s'agit de verbes transitifs employés avec un complément d'attribution.

Die Mutter (1) **gibt** ihrem Kind (2) die Hand (3). *La mère donne la main à son enfant.*

Citons, parmi les verbes pouvant être trivalents :

(an)bieten	*proposer, offrir*	bringen	*apporter*	geben	*donner*
holen	*aller chercher*	kaufen	*acheter*	schenken	*offrir (en cadeau)*
schicken	*envoyer*	verkaufen	*vendre*	zeigen	*montrer*

Le complément d'attribution peut être un pronom réfléchi ou réciproque.

Ich (1) **wasche** mir (2) das Gesicht (3). *Je me lave la figure.*

Sie (1) **erzählen** einander (2) Witze (3). *Ils se racontent des blagues.*

- Autres possibilités :

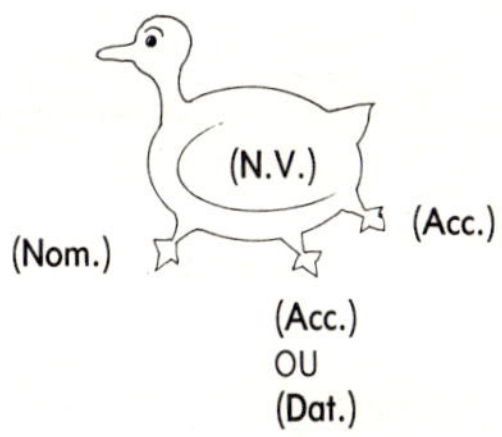

Das (1) **hat** meinen Vater (2) viel Geld (3) **gekostet.**
Ça a coûté beaucoup d'argent à mon père.

Erika (1) **hilft** mir (2) den Tisch decken (3).
Erika m'aide à mettre le couvert.

ou encore :

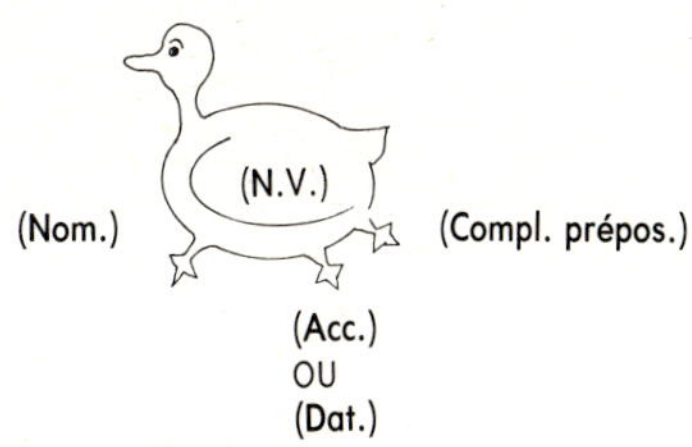

Sie (1) **bittet** ihren Vater (2) um Rat (3). *Elle demande conseil à son père.*

Attention !

Adverbes et compléments circonstanciels sont exclus de la valence. Dans la phrase :

Gestern **habe** ich (1) vor deinem Haus auf den Bus (2) **gewartet.**

warten est divalent. **Gestern** et **vor deinem Haus** ne sont pas pris en compte.

CHAPITRE 6

LE GROUPE NOMINAL

117 Définitions

Le groupe nominal (G.N.) est une unité de la phrase (mot ou ensemble de mots) dont le noyau est un nom.
Le nom ou substantif désigne les êtres et les choses. En allemand, il commence toujours par une **majuscule**.

Ein kleiner **J**unge erzählt seinen **F**reunden eine lustige **G**eschichte.
Un petit garçon raconte une histoire amusante à ses camarades.

Cette phrase se compose d'un verbe, **erzählt**, et de 3 groupes nominaux :

1 ein kleiner Junge
2 seinen Freunden
3 eine lustige Geschichte

Ces trois groupes nominaux se composent ainsi :

ein Déterminatif : article indéfini	**kleiner** Adj. qualificatif	**Junge** Nom
seinen Déterminatif : adj. possessif		**Freunden** Nom
eine Déterminatif : article indéfini	**lustige** Adj. qualificatif	**Geschichte** Nom

118 Le genre des noms

En allemand, les noms ont **trois genres** :

MASCULIN	NEUTRE	FÉMININ
der Vater	das Kind	die Mutter

Les noms ne sont pas forcément de même genre qu'en français.

le soleil die Sonne
la lune der Mond
la table der Tisch
le pain das Brot
la fille das Mädchen

Un nom ne doit jamais s'apprendre seul mais avec l'article défini.

Cependant certains suffixes déterminent le genre du nom. Retenons surtout deux suffixes masculins et six suffixes féminins.

SUFFIXE		MASCULIN
-er	→	der Lehr**er**
-ling	→	der Lehr**ling**

SUFFIXE		FÉMININ
-heit	→	die Krank**heit**
-schaft	→	die Freund**schaft**
-keit	→	die Höflich**keit**
-in	→	die Lehrer**in**
-ung	→	die Beweg**ung**
-ei	→	die Konditor**ei**

119 Le pluriel des noms

Il y a de nombreuses formes de pluriel. Comme pour le genre, il faut les apprendre par cœur en même temps que le nouveau nom.

■ Féminins :	(-en)	die Frau	die Frau**en**
	(¨e)	die Stadt	die St**ä**dt**e**
	(¨)	die Mutter	die M**ü**tter
	(-n)	die Kirche	die Kirche**n**
■ Masculins	(-)	der Onkel	die Onkel
et neutres	(¨)	der Vogel	die V**ö**gel
terminés en	(-)	der Wagen	die Wagen
en, el, er :	(-)	der Lehrer	die Lehrer
pas de terminaison :	(-)	das Messer	die Messer
■ Autres	(-e)	der Tag	die Tag**e**
masculins et	(¨e)	der Ball	die B**ä**ll**e**
neutres :	(-er)	das Kind	die Kind**er**
	(¨er)	der Wald	die W**ä**ld**er**
		das Rad	die R**ä**d**er**
	(-s)	das Auto	die Auto**s**
	(-en)	das Bett	die Bett**en**
■ Masculins dits	(-en)	der Herr	die Herr**en**
faibles :	(-n)	der Junge	die Junge**n**

Un nom ne doit jamais s'apprendre seul mais avec l'article défini et le pluriel.

120 Les noms de quantité

Les noms masculins et neutres indiquant des unités de mesure, de poids ou de quantité sont **invariables** :

Er hat zwei **Glas** Bier getrunken. — *Il a bu deux verres de bière.*
Er nimmt zwei **Stück** Zucker. — *Il prend deux morceaux de sucre.*

Les féminins, sauf die Mark, se mettent au pluriel :

Wir tranken zwei **Flaschen** Wein. — *Nous avons bu deux bouteilles de vin.*
Die Flasche kostet fünf **Mark.** — *La bouteille coûte cinq marks.*

121 Emploi des articles

L'allemand utilise soit l'article défini, soit l'article indéfini, soit l'article Ø (absence d'article).
Il existe aussi un article négatif : **kein** (cf. § 202).

▪ L'article défini sert à désigner un objet **déterminé** ou dont on a déjà parlé :

Er hat **den** Wein getrunken, den ich ihm letztes Jahr geschenkt habe.
*Il a bu **le** vin que je lui ai offert l'an dernier.*

▪ L'article indéfini sert à désigner un objet **non déterminé** ou dont on n'a pas encore parlé :

Letztes Jahr hat er mir **einen** Rotwein geschenkt. Aber ich weiß nicht mehr welchen.
*L'an dernier il m'a offert **un** vin rouge. Mais je ne sais plus lequel.*

▪ L'article Ø, c'est-à-dire l'absence d'article, désigne **la partie du tout**. Il correspond à l'article partitif en français.

Er hat Ø Wein getrunken. — *Il a bu **du** vin.*

Le nom qui suit une indication de quantité ne prend pas d'article :

ein Liter **Milch**	*un litre de lait*	drei Pfund **Butter**	*trois livres de beurre*
eine Tasse **Tee**	*une tasse de thé*	ein Dutzend **Eier**	*une douzaine d'œufs*

L'article indéfini n'a pas de pluriel, comme nous l'avons déjà vu plus haut :

Er hat **ein** Kind. — *Il a **un** enfant.*

Sie hat Ø Kinder. — *Elle a **des** enfants.*

Au pluriel, l'absence d'article désigne :
— soit une quantité dénombrable :

Sie hat Ø Kinder. — *Elle a **des** enfants* (deux ou plus).

— soit une totalité :

Sie mag Ø Kinder. — *Elle aime **les** enfants* (en général).

Notons que le français emploie dans le premier cas ***des** enfants* pour désigner la quantité et dans le second cas ***les** enfants* pour désigner l'ensemble.

« L'habit ne fait pas le moine. »

- L'article négatif **kein** sert à nier un groupe nominal indéfini :

Hans hat ein Glas.	Inge hat **kein Glas.**
Hans a un verre.	*Inge n'a pas de verre.*

Il sert aussi à nier un groupe nominal partitif :

Hans hat Wein getrunken.	Inge hat **keinen Wein** getrunken.
Hans a bu du vin.	*Inge n'a pas bu de vin.*

L'article négatif **kein** se décline comme l'article **ein**.

122 Les noms propres

Le nom propre s'applique aux personnes, aux familles, aux villes ou aux pays. **Der Mensch** est un nom commun : il peut désigner plusieurs personnes différentes. **Hans** est un nom propre : il désigne une personne unique.
Le nom propre n'a pas d'article et ne se décline pas, sauf s'il est au génitif. Il est alors placé **avant** le nom qu'il détermine : c'est le **génitif saxon**.

Beate**s** Freunde — *les amis de Beate*

Le nom propre peut être un nom de famille :

Ich bin bei Müller**s.** — *Je suis chez les Müller.*

Le s de **Müllers** est compris comme marque du pluriel. Il n'y a pas d'article.

Au génitif, le nom de famille prend aussi la marque -s s'il est placé avant le nom qu'il détermine, mais non s'il est placé après, car c'est l'article qui marque à lui seul le génitif.

Herrn Müller**s** Tochter
Die Tochter de**s** Herrn Müller

La présence de l'article devant le nom propre est d'un usage familier mais non péjoratif :

Heute kommt die Petra mit uns. — *Aujourd'hui, Petra vient avec nous.*

Lorsqu'une indication de fonction ou un titre précède un nom propre, il ne faut pas employer d'article, contrairement au français :

Professor Georg Richter	*Le Professeur Georg Richter*
Kaiser Franz-Joseph	*L'Empereur François-Joseph*

123 Les noms géographiques

Les noms géographiques sont aussi des noms propres. Les villes et la plupart des noms de pays ne prennent pas d'article :

Europa, Deutschland, Österreich, Frankreich

Voici la liste des noms de pays d'Europe qui prennent un article :

die Schweiz *la Suisse*
die Niederlande *les Pays-Bas*
die Tchechoslowakei *la Tchécoslovaquie*
die Türkei *la Turquie*

die Bundesrepublik Deutschland (BRD)	*la République fédérale allemande*
die Deutsche Demokratische Republik (DDR)	*la République démocratique allemande*
die Sowjetunion (UdSSR)	*l'Union soviétique*

En dehors de ces noms de pays, les noms géographiques sont neutres et ne prennent l'article que lorsqu'ils sont déterminés par un adjectif ou un autre déterminant :

das herrliche Heidelberg	*la magnifique Heidelberg*
das Deutschland der zwanziger Jahre	*l'Allemagne des années vingt*

Les noms désignant les habitants d'une ville sont formés à l'aide du suffixe **-er** :

Frankfurt → der Frankfurt**er**	Féminin :	die Frankfurt**erin**
Hamburg → der Hamburg**er**		die Hamburg**erin**

124 Le marquage du groupe nominal

Rappelons la phrase du § 117 :

Ein kleiner Junge erzählt **seinen Freunden eine lustige Geschichte**.

Un groupe nominal porte une marque de **genre**, de **nombre** et de **cas** (cf. § 125).

ein -Ø klein-er Junge -Ø

La suite de marques (-Ø ; er ; -Ø) donne plusieurs indications :
le G.N. est masculin (genre), il est singulier (nombre), il est au nominatif (cas).

De même pour le deuxième G.N. :

sein-en Freund-en

La suite (-en ; -en) indique que le G.N. est au pluriel et qu'il est au datif.

Dans le dernier G.N. :

ein-e lustig-e Geschichte -Ø

la suite (-e ; -e ; -Ø) indique que le G.N. est féminin, singulier, et qu'il est au nominatif ou à l'accusatif. Les marques se répartissent sur l'ensemble du groupe nominal.

125 Les fonctions du groupe nominal

Le G.N. remplit une fonction dans la phrase. C'est pourquoi on l'appelle aussi « groupe fonctionnel ». Reprenons l'exemple ci-dessus :

Ein kleiner Junge erzählt **seinen Freunden eine lustige Geschichte.**
(Sujet) (Compl. d'attribution) (C.O.D.)

Remarque :

Contrairement au français, le G.N.-compl. d'attribution est un **complément direct** et **précède** le G.N.-C.O.D.

En allemand, chaque fonction est marquée par un **cas**. Il y a quatre cas :

le nominatif	: cas du **sujet** ou de l'**attribut du sujet**.
l'accusatif	: cas du **C.O.D.**
le datif	: cas du **complément d'attribution**.
Le génitif	: cas du **complément de nom**.

Énumérer les différents cas d'un G.N., c'est décliner ce G.N. Cette déclinaison doit être apprise par cœur.

Le groupe nominal peut être :

- sujet du verbe ou attribut du sujet de la phrase (nominatif) :
  Das Kind schläft. — *L'enfant dort.*
  Die Katze ist **ein Tier**. — *Le chat est un animal.*

- complément d'objet direct (accusatif) :
  Diese Frau hat **drei Kinder**. — *Cette femme a trois enfants.*

- complément d'attribution (datif) :
  Er gibt **seinem Vater** einen Apfel. — *Il donne une pomme à son père.*

- complément d'un autre nom (génitif) :
  Die Haare **des Kindes** sind blond. — *Les cheveux de l'enfant sont blonds.*

L'accusatif, le datif et le génitif servent aussi à marquer les compléments introduits par une préposition. On les appelle par conséquent des **compléments prépositionnels**.

Certaines prépositions exigent toujours le même cas (cf. § 132) :

mit + datif :	**mit dem** Bus	*en autobus*
durch + accusatif :	**durch den** Wald	*à travers bois*
während + génitif :	**während der** Nacht	*pendant la nuit*

D'autres prépositions exigent soit le datif soit l'accusatif (cf. § 133) :

in + datif :	**in der** Garage (localisation)
in + accusatif :	**in die** Garage (direction)

126 L'apposition

Le nom ou G.N. apposé (c'est-à-dire placé à côté du nom qu'il détermine sans marque de liaison) se met au même cas que celui-ci :

Gestern habe ich **Klaus, einen alten Freund,** wiedergesehen.
(Acc.) (Acc.)
Hier, j'ai revu Klaus, un vieil ami.

Ich bin mit **Gisela, meiner jüngeren Schwester,** ins Kino gegangen.
(Dat.) (Dat.)
Je suis allé au cinéma avec Gisela, ma jeune sœur.

Le groupe apposé est encadré par des virgules.

Attention !

Die Stadt Bonn *la ville* ***de*** *Bonn.*

127 La déclinaison du groupe nominal simple

L'article défini est toujours marqueur.

LE GROUPE NOMINAL DÉFINI				
	MASCULIN	NEUTRE	FÉMININ	PLURIEL
NOM.	de**r** Vater	da**s** Kind	di**e** Mutter	di**e** Kinder
ACC.	de**n** Vater	da**s** Kind	di**e** Mutter	di**e** Kinder
DAT.	de**m** Vater	de**m** Kind	de**r** Mutter	de**n** Kinder**n**
GÉN.	de**s** Vater**s**	de**s** Kind**es**	de**r** Mutter	de**r** Kinder

L'article indéfini n'est pas toujours marqueur.
Sa déclinaison est incomplète.

LE GROUPE NOMINAL INDÉFINI				
	MASCULIN	NEUTRE	FÉMININ	PLURIEL
NOM.	ein**∅** Vater	ein**∅** Kind	ein**e** Mutter	**∅** Kinder
ACC.	ein**en** Vater	ein**∅** Kind	ein**e** Mutter	**∅** Kinder
DAT.	ein**em** Vater	ein**em** Kind	ein**er** Mutter	**∅** Kinder**n**
GÉN.	ein**es** Vater**s**	ein**es** Kind**es**	ein**er** Mutter	**∅** Kinder

- Les marques propres du nom : le nom ne reçoit que deux marques :

GÉN. SING. MASC. OU NEUTRE	DATIF PLUR.
-s ou **-es**	**-n**
d-**es** Kind-**es**	d-**en** Kinder-**n**

A ces deux cas, on dit qu'il y a une **double marque**.

128 Les masculins dits « faibles » et leur déclinaison

Certains noms masculins, désignant le plus souvent des êtres humains ou des animaux, sont appelés masculins faibles :

der Junge	der Herr	der Journalist	der Löwe
der Mensch	der Pilot	der Kamerad	der Hase, etc.

Ils ont une déclinaison particulière :

	SINGULIER	PLURIEL	SINGULIER	PLURIEL
NOM.	der Junge	die Jung**en**	der Mensch	die Mensch**en**
ACC.	den Jung**en**	die Jung**en**	den Mensch**en**	die Mensch**en**
DAT.	dem Jung**en**	den Jung**en**	dem Mensch**en**	den Mensch**en**
GÉN.	des Jung**en**	der Jung**en**	des Mensch**en**	der Mensch**en**

Les masculins faibles prennent une marque **-n** ou **-en** à tous les cas sauf au nominatif singulier. Certains prennent, en plus du -n, une marque **-s** au génitif singulier : **-ns**.

der Funke → des Funkens　　der Wille → des Willens

Notons la déclinaison particulière de der Herr :

SINGULIER	PLURIEL
der Herr	die Herr**en**
den Herr**n**	die Herr**en**
dem Herr**n**	den Herr**en**
des Herr**n**	der Herr**en**

Une adresse se rédige ainsi :

Herrn	*Monsieur Joseph Meyer*
Josef Meyer	
Beethovenstraße 18	*18, rue Beethoven*
D-5300 BONN	*D-5300 BONN*

129 La formation des noms : noms composés et noms dérivés

1. Composition

Le nom composé est formé de deux ou plusieurs éléments : le premier (le déterminant) détermine le second (le déterminé) qui constitue la base du nom composé :

der	Sport	wagen
	Déterminant	Déterminé

Dans ce nom, le déterminant Sport- indique de quel type de voiture il s'agit.
Comparons :

der **Sport**wagen	*la voiture de sport*	der **Schlaf**wagen	*le wagon-lit*
der **Renn**wagen	*la voiture de course*	der **Wohn**wagen	*la caravane*

Contrairement au français, le nom composé allemand s'écrit en un seul mot. Le genre et le pluriel sont ceux du déterminé, mais c'est le déterminant qui porte l'accent.

Base :	der 'Bus	das 'Haus	die Fa'brik
Nom composé :	der 'Schulbus(-se)	das 'Krankenhaus(¨-er)	die 'Autofabrik(-en)

Le déterminant peut être :
- un substantif : der Postbeamte *l'employé des postes*

Les composants sont le plus souvent juxtaposés, comme dans l'exemple ci-dessus, mais on peut aussi avoir :

— une liaison par -s- ou -en- :	der Zeitung**s**kiosk	*le kiosque à journaux*
	das Tasch**en**tuch	*le mouchoir*
— la chute du -e final :	das Schu**l**buch	*le manuel scolaire*

■ un radical verbal :	das Wohnzimmer	*la salle de séjour*
■ un adjectif :	der Rotwein	*le vin rouge*
■ un adverbe :	der Nichtraucher	*le non-fumeur*

La relation entre les éléments d'un nom composé est variable. Comparons :

die Haustür *la porte d'entrée (= porte de la maison)*
die Hausfrau *la maîtresse de maison*
die Hausaufgabe *le devoir fait à la maison*

2. Dérivation

La dérivation est le procédé qui consiste à former un nom à l'aide d'un radical et d'un préfixe ou d'un suffixe (parfois les deux).

das	Ge	dicht	: das Gedicht *le poème*
	Préfixe	Radical	
der	Flieg	er	: der Flieger *l'aviateur*
	Radical	Suffixe	

- Principaux préfixes servant à former des noms :

Ge- : produit des dérivés de genre neutre le plus souvent :

beten *prier*	→	das Gebet	*la prière*
fühlen *sentir*	→	das Gefühl	*le sentiment*
trinken *boire*	→	das Getränk	*la boisson*

Mais : **der** Geruch *l'odeur,* **der** Geschmack *le goût,* **der** Gedanke *la pensée.*

Beaucoup de dérivés en Ge- représentent des collectifs, des ensembles :

das Gebirge	*les montagnes*
das Geflügel	*la volaille*
das Gemüse	*les légumes*
die Geschwister (pluriel)	*les frères et sœurs*

Miß- : donne à la base nominale un sens inversé ou négatif :

der Erfolg *le succès* → der Mißerfolg *l'insuccès*

Contrairement au préfixe verbal (cf. § 37) le préfixe nominal Miß- est toujours **accentué**.

Un- : donne à la base nominale un sens inversé ou négatif :

das Glück *le bonheur* → das Unglück *le malheur*

Ur- : marque l'état premier, primitif, très ancien :

der Mensch *l'homme* → der Urmensch *l'homme primitif, préhistorique*

- Principaux suffixes servant à former des noms masculins :

-er :

malen *peindre* → der Maler *le peintre*
laufen *courir* → der Läufer *le coureur* (cf. aussi § 123)

-ling :

lehren *enseigner* → der Lehrling *l'apprenti*

- Principaux suffixes servant à former des noms neutres :

-chen ou **-lein :**

Ces deux suffixes permettent de former des **diminutifs** de bases nominales.

das Haus *la maison* → das Häuschen *la maisonnette*
die Frau *la femme* → das Fräulein *la demoiselle*

Remarquons l'inflexion, ainsi que la disparition du -e ou -en final du nom de base :

die Ros**e** *la rose* → das Rö**s**lein *la petite rose*
der Gart**en** *le jardin* → das Gär**t**chen *le petit jardin, le jardinet*

-tum :

wachsen *croître* → das Wachstum *la croissance*

Mais :

irren *se tromper* → **der** Irrtum *l'erreur*
reich *riche* → **der** Reichtum *la richesse*

- Principaux suffixes servant à former des mots féminins :

-e :

kalt *froid* → die Kälte *le froid*
warm *chaud* → die Wärme *la chaleur*
hoch *haut* → die Hö**h**e *la hauteur*

Mais :

heiß *très chaud* → die **Hitze** *la forte chaleur, la canicule*

-ei :

der Bäcker *le boulanger* → die Bäckerei *la boulangerie*

-heit, -keit, -igkeit :

krank *malade* → die Krankheit *la maladie*
möglich *possible* → die Möglichkeit *la possibilité*
schnell *vite* → die Schnelligkeit *la vitesse*

-in, -essin, -euse servent à former l'équivalent féminin de substantifs masculins exprimant un état, une fonction, un métier, etc. :

der Schüler → die Schülerin *l'écolière*
der Berliner → die Berlinerin *la Berlinoise*
der Prinz → die Prinzessin *la princesse*
der Friseur → die Friseuse *la coiffeuse*

-schaft :

der Mann → die Mannschaft *l'équipe, l'équipage*
der Geselle → die Gesellschaft *la compagnie, la société*

-t :

fahren *voyager* → die Fahrt *le voyage*

-ung :

wohnen *habiter* → die Wohnung *l'habitation, l'appartement*
heizen *chauffer* → die Heizung *le chauffage*

- Il existe aussi une dérivation sans préfixe ni suffixe
- à partir d'adjectifs (cf. § 162) :

krank → der Kranke gut → das Gute alt → die Alte

- à partir de verbes à l'infinitif (cf. § 41) :

essen → das Essen leben → das Leben

- à partir de radicaux verbaux :

fliegen → der Flug springen → der Sprung

« Il est interdit de marcher sur la pelouse ! »

130 Rection des substantifs

- Distinguons bien :

die Angst **des Menschen** *la peur de l'homme* (= que ressent l'homme)

et

die Angst **vor dem Menschen** *la peur de l'homme* (= ressentie face à l'homme)

Exemple :

die Angst des Tieres vor dem Menschen *la peur de l'animal face à l'homme*

- Retenons quelques substantifs courants régissant un compl. prépositionnel :

die Antwort auf + Acc.	*la réponse à*	(cf. antworten auf + Acc.)
die Erinnerung an + Acc.	*le souvenir de*	(cf. sich erinnern an + Acc.)
der Glaube an + Acc.	*la foi en*	(cf. glauben an + Acc.)
die Hoffnung auf + Acc.	*l'espoir de*	(cf. hoffen auf + Acc.)
die Begegnung mit + Dat.	*la rencontre de*	(cf. begegnen + Dat.)
die Liebe zu + Dat.	*l'amour de*	(cf. lieben + Acc.)

LE GROUPE NOMINAL PRÉPOSITIONNEL

131 Définition

Le groupe nominal prépositionnel est un groupe formé d'une préposition et d'un G.N. :

mit dem Bus
(Prép. + G.N.)

La fonction des G.N. prépositionnels est d'indiquer le lieu, le moment, la manière, les conditions, en un mot les circonstances de l'action ou de la situation exprimée par le verbe.
Une préposition peut également introduire un pronom ou un adverbe :

für dich, nach draußen

132 Les prépositions

Elles se divisent en deux catégories :
— celles qui gouvernent **toujours le même cas**.
— celles qui gouvernent **soit le datif, soit l'accusatif (mixtes)**.

▪ Prépositions qui gouvernent toujours le même cas, à **régime fixe** :
accusatif : durch, für, gegen, ohne, um.
datif : aus, bei, mit, nach, seit, von, zu (+ außer).
génitif : anstatt, trotz, während, wegen (liste non exhaustive).

Remarque :
Dans la langue courante, on a tendance à employer de plus en plus souvent le datif au lieu du génitif.

▪ Prépositions **mixtes** ou à **régime variable** (**accusatif** ou **datif**) :
an, auf, hinter, in, neben, über, unter, vor, zwischen.

▪ Certaines de ces prépositions n'ont qu'une seule signification. Par exemple seit veut seulement dire *depuis*. En revanche, beaucoup de prépositions ont plusieurs sens. Ainsi, bei dans un groupe prépositionnel (G.P.) désignant la circonstance, veut dire *par, en cas de* :

bei schönem Wetter *par, en cas de beau temps*

Mais dans un G.P. désignant le lieu, bei veut dire *chez* :

Er wohnt bei mir. *Il habite chez moi.*

C'est pourquoi nous ne donnons pas une traduction unique des prépositions allemandes. Celle-ci dépend du type de complément qu'elle introduit.

im ... = in dem ... ins ... = in das ...	am ... = an dem ... ans ... = an das ...	zum ... = zu dem ... zur ... = zu der ...	beim ... = bei dem ... vom ... = von dem ...

133 La détermination de l'espace : l'opposition directif-locatif

Directif : **Direction** dans laquelle s'effectue un mouvement.
Réponse à la question **wohin** ?

Locatif : **Lieu** où l'on est, où se déroule une action.
Réponse à la question **wo** ?

1. Opposition marquée par le cas

Emploi des 9 prépositions spatiales mixtes :

DIRECTIF = ACCUSATIF

in die Schule

ans Meer

auf den Tisch

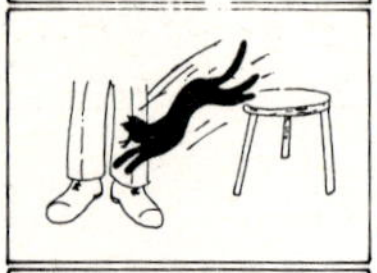

vor meine Füße

hinter die Tür

über das Wasser

unter den Tisch

neben mich

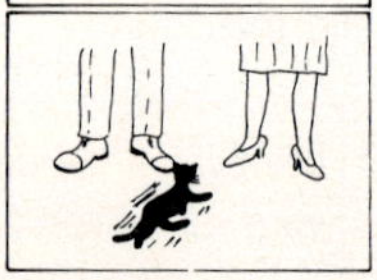

zwischen dich und **mich**

LOCATIF = DATIF

in der Schule

am Meer

auf dem Tisch

vor meinen Füßen

hinter der Tür

über dem Wasser

unter dem Tisch

neben mir

zwischen dir und **mir**

A cette opposition des cas accusatif - datif correspond une opposition des verbes de mouvement *(mettre)* et de position *(être, se trouver)* (cf. §§ 106-107).

Er **stellt** den Wagen **vor das Haus.** — *Il met la voiture devant la maison.*
Der Wagen **steht** nun **vor dem Haus.** — *Maintenant, la voiture est devant la maison.*

2. Opposition marquée par la préposition

	DIRECTIF	LOCATIF
NOMS DE PERSONNES	**zu** Onkel Ernst	**bei** Onkel Ernst
NOMS DE VILLES, MAJORITÉ DES NOMS DE PAYS (sans article)	**nach** Hamburg **nach** Frankreich	**in** Hamburg **in** Frankreich
EXPRESSION IDIOMATIQUE *(à la maison)*	**nach** Hause	**zu** Hause

134 Quelques autres relations spatiales

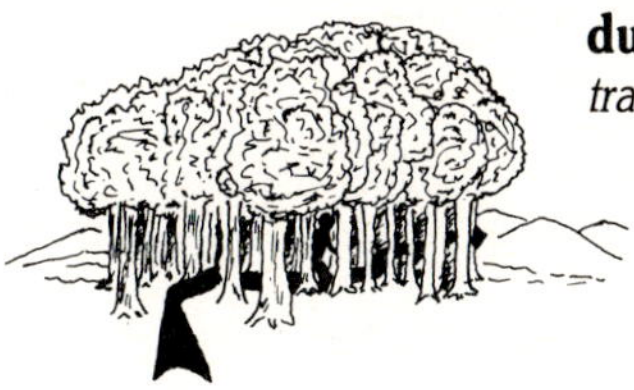

durch den Wald gehen
traverser la forêt

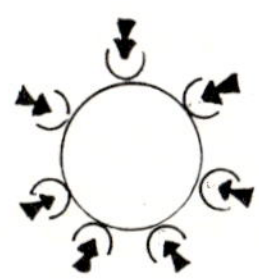

sich um den Tisch setzen
s'asseoir autour de la table

über die Straße gehen
traverser la rue (la route)

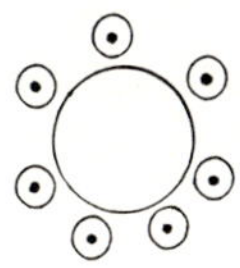

um den Tisch sitzen
être assis autour de la table

aus dem Haus kommen
sortir de la maison

Unter seinen Freunden sind viele Ausländer.
Parmi ses amis, il y a beaucoup d'étrangers.

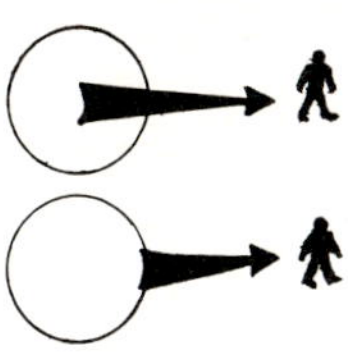

von Stuttgart kommen
venir de Stuttgart

vom Arzt kommen
venir de chez le médecin

einen Ball **gegen die Wand** werfen
lancer une balle contre le mur

Attention !

Entlang *le long de,* voran et voraus *devant* sont des **postpositions** : ces mots se placent **après** le substantif (ou le pronom) :

(er geht) am Fluß entlang / den Fluß entlang	*(il marche)*	*le long de la rivière*
allen voran / voraus		*devant tout le monde*

135 La détermination du temps

L'expression du temps s'effectue soit au moyen de certaines prépositions à régime fixe, soit au moyen de prépositions à régime variable, soit enfin au moyen du G.N. sans préposition.

- La date précise :

— date d'aujourd'hui :

Den wievielten haben wir heute ?	*Quel jour sommes-nous aujourd'hui ?*
Heute haben wir **den 3. Mai 198...**	*Aujourd'hui, nous sommes le 3 mai 198...*

— date différente d'aujourd'hui :

l'heure :	um 8 Uhr	*à 8 heures*
le jour :	am Montag, am Morgen	*lundi, le matin*
le mois :	im Januar	*en janvier*
la saison :	im Sommer	*en été*
l'année :	im Jahre 1984 (ou le chiffre seul)	*en 1984*
	1984 bin ich in die Bundesrepublik gegangen.	*En 1984, je suis allé en République fédérale.*
les fêtes :	zu Weihnachten, zu Ostern (an Ostern en Allemagne du sud)	*à Noël, à Pâques*

- La date imprécise :

zu dieser Zeit	*à cette époque*
um diese Zeit	*vers cette époque*

letzte Woche	nächsten Sommer	jedes Jahr
la semaine dernière	*l'été prochain*	*chaque année*
vorigen Monat	eines Tages	eines schönen Morgens
le mois dernier	*un jour*	*un beau matin.*

- Le temps par rapport à aujourd'hui :

vor drei Tagen	←	heute	→	in drei Tagen
Il y a 3 jours		*aujourd'hui*		*dans trois jours*

- Le temps sans rapport à aujourd'hui :

vor dem Essen ← (das Essen *le repas*) → nach dem Essen
avant le repas *après le repas*

- La durée à partir de limites précises :

seit drei Tagen	*depuis trois jours*
vom 10. Mai an/ab 10. Mai	*à partir du 10 mai*
bis zum 20. Juni	*jusqu'au 20 juin*
Mais : bis morgen, bis Freitag, etc.	
vom 10. Mai bis zum 20. Juni	*du 10 mai au 20 juin*

- La durée sans limites précises :

während der Nacht	*pendant la nuit*
den ganzen Tag	*toute la journée*
drei Jahre lang	*durant trois ans*
innerhalb von drei Wochen	*en l'espace de trois semaines*

- L'âge des personnes (cf. § 164) :

Wie alt bist du ?	*Quel âge as-tu ?*
— Ich bin 12 Jahre alt.	— *J'ai 12 ans.*

136 La circonstance

- **bei** + datif *par, à l'occasion de* :

Bei diesem Wetter machen wir keinen Ausflug.	*Par ce temps, nous ne ferons pas d'excursion.*
Beim Spielen ist er hingefallen.	*Il est tombé en jouant.*

- **zu** + datif *pour, à l'occasion de* :

Zum Geburtstag hat sie eine Uhr bekommen.	*Elle a eu une montre pour son anniversaire.*

137 La destination et la finalité

- **für** + accusatif *pour* :

Hast du das Geschenk für den Vater ?	*As-tu le cadeau pour ton père ?*
Er kämpft für seine Ideen.	*Il se bat pour ses idées.*

Devant un **infinitif, on ne met jamais für** (cf. § 219).

- **zu** + datif *pour, dans le but de* :

Zu welchem Zweck ?	*Dans quel but ?*
— Zum Schreiben.	— *Pour écrire.*

138 L'échange et la substitution

- **für** + accusatif *pour* :

Für fünfundzwanzig Mark bekommst du eine gute Schallplatte.
Pour vingt-cinq marks, tu peux avoir un bon disque.

Cf. aussi : dafür *en revanche.*

- **anstatt** + génitif (souvent abrégé en statt) *au lieu de* :

Statt eines Kognaks würde ich gern einen Kaffee trinken.
J'aimerais boire un café au lieu d'un cognac.

Cf. aussi : statt dessen *au lieu de cela.*

Dans la langue courante, statt est souvent suivi du datif :

Statt einem Fernseher kauft er ein Kofferradio.
Au lieu d'un téléviseur il achète un transistor.

139 L'appartenance, l'accompagnement et l'absence

- **von** + datif *de* remplace souvent le génitif dans la langue familière :

Das Haus meines Vaters. → Das Haus von meinem Vater.
Wagners Opern → Die Opern von Wagner.

Autre emploi fréquent : *de la part de* :

Ich soll dich von meinen Eltern grüßen. *Mes parents t'envoient le bonjour.*

- **mit** + datif *avec* exprime l'accompagnement :

Sie geht mit ihrer Freundin ins Schwimmbad. *Elle va à la piscine avec son amie.*

mais aussi l'instrument, le moyen ou la manière :

Er spielt mit einem neuen Schläger. *Il joue avec une raquette neuve.*
Wir fahren mit dem Zug. *Nous voyageons en train.*
Er sprach mit großer Mühe. *Il parlait avec difficulté.*

- **ohne** + accusatif *sans* s'oppose à mit :

Sie kam ohne ihren Mann. *Elle est venue sans son mari.*
Ich trinke Kaffee ohne Zucker. *Je bois le café sans sucre.*

- **außer** + datif *sauf* exprime l'exclusion :

Alle außer dir haben es gewußt. *Tous l'ont su, sauf toi.*

mais aussi l'arrêt d'une fonction :

Der Lift ist außer Betrieb. *L'ascenseur est en panne (hors d'état).*

140 La cause

- **wegen** + génitif *à cause de* :

Wegen der Kälte bleiben wir daheim. *Nous restons chez nous à cause du froid.*
mais : wegen mir (meinetwegen), wegen dir (deinetwegen) *à cause de moi, de toi.*

- **vor** + datif exprime une raison externe, indépendante de la volonté :

Viele starben vor Hunger. *Beaucoup mouraient de faim.*

« Les arbres lui cachent la forêt. »

- **an** + datif exprime une raison souvent liée à une maladie :

Sie ist an Grippe erkrankt. *Elle a attrapé la grippe.*

- **aus** + datif exprime une motivation interne :

Aus welchem Grund ? — Aus Angst. *Pour quelle raison ? — Par peur.*

Remarque :
aus exprime aussi la **matière** qui constitue un objet (cf. § 214) :
Birgits Pullover ist aus reiner Wolle. *Le pullover de Birgit est en pure laine.*

141 L'opposition, la concession

- **gegen** + accusatif *contre* :

Sie spielen gegen eine Kölner Mannschaft. *Ils jouent contre une équipe de Cologne.*

- **trotz** + génitif *malgré* :

Trotz meines Verbots ist er fortgegangen. *Il est parti malgré mon interdiction.*

142 Le « complément d'agent »

Il est introduit par les prépositions **von** + datif ou **durch** + accusatif (cf. § 105) :

Der Wagen wird vom Mechaniker repariert. *La voiture est réparée par le mécanicien.*
Die Stadt wurde durch Bomben zerstört. *La ville fut détruite par les bombes.*

LES DÉTERMINATIFS DU GROUPE NOMINAL

143 Les adjectifs possessifs

	MASCULIN	NEUTRE	FÉMININ	PLURIEL
SING.	mein dein sein ihr	mein dein sein ihr	meine deine seine ihre	meine deine seine ihre
PLUR.	unser euer ihr	unser euer ihr	unsere eure ihre	unsere eure ihre
Politesse	Ihr	Ihr	Ihre	Ihre

Ils se déclinent comme ein (cf. § 127).

sein indique que le **possesseur** est **masculin** ou **neutre** :

Pauls Mantel → **sein** Mantel *son manteau à lui*

ihr indique que le **possesseur** est **féminin** :

Inges Mantel → **ihr** Mantel *son manteau à elle*

La forme de politesse est marquée par la majuscule à l'adjectif possessif :

Ihr Mantel *votre manteau, (Monsieur, Madame...)*

Comparons :

Dieser Mantel gehört ihr, das ist **ihr** Mantel.
*Ce manteau lui appartient ; c'est **son** manteau à elle.*

Dieser Mantel gehört Ihnen, das ist **Ihr** Mantel.
*Ce manteau vous appartient ; c'est **votre** manteau (Monsieur, Madame).*

Lorsque la relation à la personne est évidente, l'allemand n'emploie pas le possessif :

Ich muß **die** Mutter fragen. *Il faut que je demande à ma mère.*

144 Les adjectifs interrogatifs et exclamatifs

- **was für ein ?** *quelle sorte de ?* se décline comme ein (cf. § 127).
welcher, -es, -e ? *quel, quelle ?* se décline comme der (cf. § 127).

Was für einen Wagen hat er gekauft ? *Quelle sorte de voiture a-t-il achetée ?*

— Er hat **einen** Sportwagen gekauft. *— Il a acheté une voiture de sport.*

Welchen Wagen hat er gekauft, den Mercedes oder den Golf ? *Quelle voiture a-t-il achetée, la Mercedes ou la Golf ?*

— Er hat **den** Mercedes gekauft. *— Il a acheté la Mercedes.*

Welcher appelle en réponse un G.N. **défini.**
Was für ein appelle quant à lui un G.N. **indéfini,** avec indication d'une caractéristique de la personne ou de la chose (taille, couleur, type, forme, espèce).

Remarque :

Was et für peuvent être dissociés :

Was ist das für ein Buch ?
Qu'est-ce que c'est que ce livre ?

Welcher et Was für ein peuvent également exprimer l'exclamation ou l'admiration.

Welche Ehre ! (langue littéraire)
Quelle honneur !

Was für ein Lärm ! (langue courante)
Quel bruit !

▪ **wieviel** *combien de*

Wieviel Geld brauchst du ?
Combien d'argent te faut-il ?

Wieviel(e) Einwohner hat Bonn ?
Combien d'habitants a Bonn ?

Remarque :

Wieviel est invariable au singulier. Il peut aussi l'être au pluriel, mais le plus souvent il se décline comme die (cf. § 127).

145 Les adjectifs démonstratifs

▪ **dieser, -es, -e** et **jener, -es, -e** *ce, cet, cette* s'emploient pour montrer, désigner :

Dieses Buch gehört mir, jener Bleistift gehört dir.
Ce livre-ci m'appartient, ce crayon-là t'appartient.

Dieser et jener s'emploient aussi pour désigner deux êtres ou objets déjà cités, dieser pour le dernier cité et jener pour le premier cité.

▪ **derselbe, dasselbe, dieselbe, dieselben** *le même* s'écrit en un seul mot, mais il se décline comme s'il s'agissait de :

der (Art.) + selbe (Adj.) ou das + selbe ou die + selbe plur. : die + selben

Wir wohnen in **derselben** Stadt. *Nous habitons dans la même ville.*

146 L'adjectif de comparaison

solch- *(un)tel* : il peut avoir 3 formes :
solcher, -es, -e,
ein solcher, -es, eine solche
solch ein, solch eine (littéraire), so ein (langue courante)

NOM MASCULIN	NOM NEUTRE	NOM FÉMININ	NOM PLURIEL
solcher ein solcher } Irrtum solch ein	solches ein solches } Wissen solch ein	solche eine solche } Ruhe solch eine	solche solche } Kinder solche

Solch peut aussi marquer la surprise ou l'admiration.

« Quel scandale ! »

147 L'adjectif indéfini

irgendein, -e *n'importe quel, quelconque*

Au singulier, il se décline comme **ein** :

Er hat in irgendeinem Hotel übernachtet.
Il a dormi dans quelque hôtel.

Au pluriel, **-ein** est remplacé par **-welche** :

Hast du noch irgendwelche Fragen ?
As-tu encore d'autres questions ? (des questions quelconques)

148 Les adjectifs de quantité (adjectifs indéfinis)

- G.N. au singulier :

jeder, -es, -e *chaque* — jede Woche *chaque semaine*

- G.N. au singulier et au pluriel :

aller, -es, -e *tout, tous les* — alle Kinder *tous les enfants*
kein, -, -e *aucun, pas un* — kein Mensch *personne (aucun être)*
mancher, -es, -e *maint, beaucoup de* — manche Leute *beaucoup de gens*

- G.N. au pluriel :

allerlei (invar.) *toutes sortes de* — allerlei Tiere *toutes sortes de bêtes*
beide *(tous) les deux* — beide Hände *les deux mains*
{ **einige** / **ein paar** (invar.) } *quelques* — einige Tage *quelques jours*

mais :

nach einiger Zeit (sing.) *quelque temps après*

mehrere *plusieurs* — mehrere Stunden *plusieurs heures*
die meisten *la plupart des* — die meisten Sportler *la plupart des sportifs*

Les adverbes suivants :
ein bißchen, ein wenig, etwas (invariables) *un peu,* **genug** (invariable) *assez,* **ganz** *tout,* **wenig** *peu,* **viel** *beaucoup*
deviennent adjectifs de quantité lorsqu'ils déterminent un nom :

etwas Brot *un peu de pain*
genug Geld *assez d'argent*

Remarques :

▪ **wenig** et **viel** : ils sont le plus souvent invariables au singulier, mais ont une déclinaison complète au pluriel :

viel Zeit	*beaucoup de temps*	**viele** Übungen	*beaucoup d'exercices*
wenig Salz	*peu de sel*	in **wenigen** Fällen	*dans peu de cas*

▪ **ganz** s'emploie le plus souvent comme un adjectif épithète :

den ganz**en** Tag *toute la journée* — **ein** ganz**es** Jahr *une année entière*

mais il est invariable devant un nom géographique :

in **ganz Europa** *dans toute l'Europe* — durch **ganz Berlin** *à travers tout Berlin*

Distinguons :
Er ißt **den ganzen** Kuchen auf. *Il mange tout le gâteau.*
et
Er ißt **alle** Kirschen auf. *Il mange toutes les cerises.*

149 La déclinaison des déterminatifs et la structure du G.N.

1) Déclinaison des déterminatifs

Ils se déclinent soit comme **der, das, die,** soit comme **ein, -e** (cf. § 127).

DÉTERMINATIFS DU GROUPE « DER »	DÉTERMINATIFS DU GROUPE « EIN »	DÉTERMINATIFS AU PLURIEL (Modèle : DIE)	
diese**r** -e**s**, -**e**	kein	beid**e**	kein**e**
jene**r**, -e**s**, -**e**	mein, dein, sein, ihr	einig**e**	mein**e**
welche**r**, -e**s**, -**e**... ?	unser, euer, ihr / Ihr	mehrer**e**	dein**e**
jede**r**, -e**s**, -**e**	was für ein... ?	wenig**e**	etc.
alle**r**, -e**s**, -**e**	irgendein	viel**e**	
manche**r**, -e**s**, -**e**	solch ein	di**e** meisten	
solche**r**, -e**s**, -**e**		irgendwelch**e**	

2) Structure du G.N. Le groupe nominal développé **sur sa droite**

Rappel : dans un G.N., le ou les déterminants sont le plus souvent placés à gauche de la base nominale :

Ø	Blumen	Renates	Blumen
die	Blumen	diese schönen	Blumen
alle	Blumen	die auf dem Markt gekauften	Blumen

L'accent du G.N. est porté par la base nominale Blumen.

Mais un groupe nominal peut aussi être développé **sur sa droite** (G.N. complexe) :

- par un **génitif** :
  Der Motor **des Wagens** ... *Le moteur de la voiture*

- par une **apposition** :
  Waiblingen, **eine reizende Stadt**, ... *Waiblingen, une ville ravissante*

- par un **groupe prépositionnel** :
  Die Antwort **auf deinen Brief** ... *La réponse à ta lettre*

- par un **adverbe** :
  Das dritte Haus **links** ... *La troisième maison à gauche*

- par un **G.V. relatif** :
  Ein Junge, **der Gitarre spielt**, ... *Un garçon qui joue de la guitare*

- par un **G.V. infinitif** :
  Die Freude, **dich wiederzusehen**, ... *La joie de te revoir*

- par une **proposition subordonnée conjonctive** :
  Die Angst, **daß man ihn vergißt**, ... *La peur qu'on ne l'oublie*
  Die Frage, **ob er kommen wird**, ... *La question de savoir s'il viendra*

L'accent du G.N. n'est plus porté par la base nominale, mais par le déterminant placé à droite :

Der Motor des Wagens	Die Freude, dich wiederzusehen
Die Antwort auf deinen Brief	Die Angst, daß man ihn vergißt
Ein Junge, der Gitarre spielt	Die Frage, ob er kommen wird

L'ADJECTIF QUALIFICATIF

150 Définition

Ce mot décrit la « manière d'être » (aspect, taille, couleur, caractère, âge, origine, qualité, etc.) d'une personne ou d'une chose désignée le plus souvent par un nom ou un pronom.

groß	*grand*	schön	*beau*	rot	*rouge*	alt	*vieux*
nett	*gentil*	schwer	*lourd*	angenehm	*agréable*	deutsch	*allemand ...*

L'adjectif qualificatif peut être **attribut** ou **épithète**.

151 L'adjectif attribut

1. Il peut être **attribut du sujet** : dans ce cas, il constitue le premier élément d'un groupe verbal dont le noyau est sein *être,* werden *devenir,* aussehen ou scheinen *sembler, paraître, avoir l'air,* bleiben *rester* :

Peter ist **krank.** ►Groupe verbal : **krank** sein.
Peter est malade.

Der Himmel wird **grau.** ►Groupe verbal : **grau** werden.
Le ciel devient gris.

Du siehst **müde** aus. ►Groupe verbal : **müde** aussehen.
Tu as l'air fatigué.

Bleib doch **ruhig** ! ►Groupe verbal : **ruhig** bleiben.
Reste donc tranquille !

2. Il peut être **attribut de l'objet,** par exemple lorsqu'on l'emploie avec les verbes finden *trouver* ou machen *rendre,* ou encore sich fühlen *se sentir* :

Ich finde sie **nett.** ►Groupe verbal : **nett** finden.
Je la trouve gentille.

Du machst mich **verrückt** ! ►Groupe verbal : **verrückt** machen.
Tu me rends fou !

Sie fühlt sich **nervös.** ►Groupe verbal : sich **nervös** fühlen.
Elle se sent nerveuse.

Un adjectif attribut est toujours invariable.

Der Wagen ist **rot.** *La voiture est rouge.*
Das Kleid ist **rot.** *La robe est rouge.*
Die Hose ist **rot.** *Le pantalon est rouge.*
Die Kirschen sind **rot.** *Les cerises sont rouges.*

Diesen Rock finde ich **schön.** *Je trouve cette jupe belle.*
Dieses Haus finde ich **schön.** *Je trouve cette maison belle.*
Diese Musik finde ich **schön.** *Je trouve cette musique belle.*
Diese Berge finde ich **schön.** *Je trouve ces montagnes belles.*

Remarque :

La négation se fait par **nicht, toujours placé devant l'adjectif attribut.**

Sind diese Handschuhe teuer ? *Est-ce que ces gants sont chers ?*
— Nein, sie sind **nicht teuer.** *— Non, ils ne sont pas chers.*

Finden Sie das Programm interessant ? *Trouvez-vous le programme intéressant ?*
— Nein, ich finde es **nicht interessant.** *— Non, je ne le trouve pas intéressant.*

152 L'adjectif épithète

Il est intégré à un **groupe nominal** et **toujours placé devant le nom**.
Contrairement à l'adjectif attribut, **l'épithète se décline.**

warmes Wasser *de l'eau chaude*
alte Damen *des dames âgées*
ein neuer Pullover *un pull-over neuf*
mein blaues Hemd *ma chemise bleue*
der reservierte Platz *la place réservée*
die untergehende Sonne *le soleil couchant*
dieses schnelle Auto *cette auto rapide*
alle wilden Tiere *tous les animaux sauvages*

Dans un G.N., le nom peut être qualifié par **plus d'un adjectif épithète** :

Sie trug ein **schönes schwarzes** Kleid. *Elle portait une belle robe noire.*

« Joyeux Noël ! »

LES DÉCLINAISONS DU GROUPE NOMINAL AVEC L'ADJECTIF ÉPITHÈTE

153 Groupe nominal sans déterminatif

(sans article, sans adjectif possessif, indéfini, interrogatif, etc.)

	MASCULIN	NEUTRE	FÉMININ	PLURIEL
NOM	schwarz**er** Tee	hell**es** Bier	frisch**e** Milch	gut**e** Freunde
ACC.	schwarz**en** Tee	hell**es** Bier	frisch**e** Milch	gut**e** Freunde
DAT.	schwarz**em** Tee	hell**em** Bier	frisch**er** Milch	gut**en** Freunde**n**
GÉN.	schwarz**en** Tee**s**	hell**en** Bier**s**	frisch**er** Milch	gut**er** Freunde

En l'absence de déterminatif, l'adjectif doit **marquer le cas** : il prend donc les marques des différents cas, sauf au génitif masculin et au génitif neutre, où il prend **-en** (la marque de ce cas étant portée par le nom, l'adjectif n'a pas à la porter).
Ces groupes nominaux au génitif singulier sont d'un **emploi peu fréquent,** si ce n'est dans des expressions comme : schnellen Schrittes *d'un pas rapide,* frohen Herzens *le cœur joyeux,* guter Laune *de bonne humeur,* expressions au « génitif de manière ».

154 Groupe nominal avec déterminatif du groupe de « der »

der, das, die / dieser, dieses, diese / jener, jenes, jene / welcher, welches, welche / jeder, jedes, jede (sing.) / mancher, manches, manche / aller, alles, alle / solcher, solches, solche

	MASCULIN	NEUTRE	FÉMININ	PLURIEL
NOM	der rot**e** Ball	das alt**e** Foto	die nett**e** Frau	die gut**en** Freunde
ACC.	den rot**en** Ball	das alt**e** Foto	die nett**e** Frau	die gut**en** Freunde
DAT.	dem rot**en** Ball	dem alt**en** Foto	der nett**en** Frau	den gut**en** Freunde**n**
GÉN.	des rot**en** Balls	des alt**en** Fotos	der nett**en** Frau	der gut**en** Freunde

Les déterminatifs du groupe de der sont **toujours marqueurs du cas.** L'adjectif n'a donc jamais à l'être : il se termine par **-en** à tous les cas sauf au nominatif masculin, au nominatif et à l'accusatif neutre ainsi qu'au nominatif et à l'accusatif féminin : dans ces cinq cas, l'adjectif prend **-e**.

155 Groupe nominal avec déterminatifs du groupe de « ein »

ein, kein, adjectifs possessifs

	MASCULIN	NEUTRE	FÉMININ	PLURIEL
NOM	meinØ rot**er** Ball	meinØ alt**es** Foto	meine nett**e** Frau	meine gut**en** Freunde
ACC.	meinen rot**en** Ball	meinØ alt**es** Foto	meine nett**e** Frau	meine gut**en** Freunde
DAT.	meinem rot**en** Ball	meinem alt**en** Foto	meiner nett**en** Frau	meinen gut**en** Freunden
GÉN.	meines rot**en** Balls	meines alt**en** Fotos	meiner nett**en** Frau	meiner gut**en** Freunde

Les déterminatifs du groupe de einØ ne sont pas marqueurs du cas au nominatif masculin, au nominatif et à l'accusatif neutres (Ø = marque zéro) : c'est alors l'adjectif qui marque ces cas. Lorsque le cas est marqué par le déterminatif, l'adjectif se termine par **-en** (sauf au nominatif et à l'accusatif féminin où il prend un -e).

- L'article indéfini ein, eine n'a pas de pluriel.

On retrouve alors la déclinaison du § 153 :

SINGULIER	PLURIEL
einØ guter Freund	gute Freunde

- Les adjectifs possessifs unserØ et euerØ, ainsi que ihrØ, ne sont pas marqueurs malgré les apparences :

unserØ neu**er** Wagen euerØ klein**er** Sohn ihrØ jung**er** Hund

156 Marques ou désinences ?

(1) DÉTERMINATIF	(2) ADJECTIF	(3) NOM	TRADUCTION
das	helle	Bier	*la bière blonde*
einØ	hell**es**	Bier	*une bière blonde*
Ø	hell**es**	Bier	*de la bière blonde*

On s'aperçoit que la **terminaison** de l'adjectif change en fonction de ce qui le précède, c'est-à-dire en fonction du déterminatif. Deux cas sont possibles :

1. la marque est sur le déterminatif : **das**
2. la marque n'est pas sur le déterminatif parce que le déterminatif n'est pas marqueur : **einØ** ou que le déterminatif est absent : **Ø**

EN RÉSUMÉ :

pas de déterminatif, déterminatif à marque zéro	→ épithète **marqueur**
déterminatif marqueur	→ épithète se termine par { **-en** / **-e** }

157 Tableaux des marques et désinences

Type n° 1 :

déterminatif marqueur → adj.

M	N	F	PL	
e	e	e	en	NOM.
en	e	e	en	ACC.
en	en	en	en	DAT.
en	en	en	en	GÉN.

G.N. NOM. NEUTRE	G.N. ACC. MASCULIN
das hell -e Bier **s** **-e**	den hell -en Mantel **n** **-en**

Type n° 2 :

déterminatif non marqueur → adj.

M	N	F	PL	
er	es	e	e	NOM.
en	es	e	e	ACC.
em	em	er	en	DAT.
en	en	er	er	GÉN.

G.N. NOM. NEUTRE	G.N. PLURIEL
einØ hell -es Bier **Ø** **-es**	**Ø** hell -e Biere **Ø** **-e**

158 Le marquage de certains groupes nominaux au pluriel

L'adjectif épithète qui suit un déterminatif de quantité au pluriel est-il marqueur ou non ?

Comparons : all**e** klein**en** Kinder *tous les petits enfants*
di**e** klein**en** Kinder *les petits enfants*

avec : viel**e** klein**e** Kinder *beaucoup de petits enfants*

L'adjectif **klein** déterminé par **alle** n'est pas marqueur (terminaison **-en**) alors que, déterminé par **viele**, il est marqueur (marque **-e** du nominatif et de l'accusatif pluriel). **Viele** se comporte comme un adjectif et non comme un déterminatif :

viel**e** klein**e** Kinder *beaucoup de petits enfants*
schön**e** klein**e** Kinder *de beaux petits enfants*

G.N. au nominatif-accusatif pluriel (résumé) :

DÉTERMINATIF	ADJECTIF	NOM
viele *beaucoup de* mehrere *plusieurs* einige *quelques* wenige *peu de*	schön**e** *belles*	Bilder *images*
alle *toutes les* beide *les deux* welche *quelles* solche *de telles*	schön**en** *belles*	Bilder *images*

159 Particularités orthographiques de « hoch », « dunkel », « teuer »

Sein Haus ist hoch.
Sa maison est haute.

Es ist ein ho**h**es Haus.
C'est une maison haute.

Ihr Haar ist dunkel.
Ses cheveux sont sombres.

Sie hat dun**kl**es Haar.
Elle a les cheveux sombres.

Dieser Wagen ist teuer.
Cette voiture est chère.

Er hat einen te**ur**en Wagen gekauft.
Il a acheté une voiture chère.

160 Les adjectifs de détermination et dérivés de noms de lieu

▪ Les adjectifs en **-jährig**, les adjectifs de « matière » et les adjectifs dérivés de noms de villes ne peuvent être qu'épithètes.

Ich habe **eine vierzehnjährige Schwester**.
J'ai une sœur de quatorze ans.

Ich mag nur **hölzerne Möbel**.
Je n'aime que les meubles en bois.

Wie hat dir **das Freiburger Münster** gefallen ?
Comment as-tu trouvé la cathédrale de Fribourg ?

■ Les adjectifs dérivés de noms de villes commencent par une majuscule et prennent la terminaison invariable **-er** :

Wien *Vienne* →	der Wiener Dom	*la cathédrale de Vienne*
	das Wiener Rathaus	*l'hôtel de ville de Vienne*
	die Wiener Oper	*l'opéra de Vienne*
	die Wiener Würste	*les saucisses de Vienne (viennoises)*

Attention !

Bremen *Brême* → Bre**mer**

Alle Kinder kennen das Märchen „Die Bremer Stadtmusikanten".
Tous les enfants connaissent l'histoire des « Musiciens de Brême ».

Bingen → Bin**ger**

Der Binger Mäuseturm steht auf einer Rheininsel.
La tour des souris de Bingen se trouve sur une île du Rhin.

München *Munich* → Münch**ener** ou Münch**ner**

BMW ist eine Münchner Firma.
BMW est une firme munichoise.

161 Participes I et II employés comme adjectifs

Diese Arbeit ist **ermüdend**.	*Ce travail est fatigant.*
Das ist eine **ermüdende** Arbeit.	*C'est un travail fatigant.*
Wieviel Kinder sind **eingeladen** ?	*Combien d'enfants sont invités ?*
Die **eingeladenen** Kinder freuen sich sehr.	*Les enfants invités sont très contents.*

Employé comme **épithète** (ce qui est le cas le plus fréquent), un participe présent ou un participe passé **se décline** (cf. §§ 153 à 158).

162 L'adjectif « substantivé »

Un adjectif est dit « substantivé » lorsqu'il est employé comme un substantif, c'est-à-dire comme un **nom**.

Was macht denn **die Kleine** ?	*Que fait donc la petite ?*

Devenant un nom, l'adjectif s'écrit obligatoirement **avec une majuscule**. Mais il va suivre la déclinaison de l'**adjectif épithète** :

Ein Kranker muß das Bett hüten.	*Un malade doit garder le lit.*
Jetzt hat **der Kranke** die Klinik verlassen.	*Maintenant le malade a quitté la clinique.*
Nur für **Behinderte**.	*Réservé aux handicapés.*
Die Reisenden steigen ein.	*Les voyageurs montent en voiture.*

Notons aussi :

ein Deutscher, der Deutsche	←	deutsch *allemand*
ein Arbeitsloser, der Arbeitslose	←	arbeitslos *sans emploi, chômeur*

ein Armer, der Arme	←	arm *pauvre*
ein Dicker, der Dicke	←	dick *gros*
ein Fremder, der Fremde	←	fremd *étranger*
ein Verletzter, der Verletzte	←	verletzt *blessé*

Attention !

▪ **der Junge** *le garçon* (par opposition à das Mädchen *la fille*) n'est pas un adjectif substantivé. L'équivalent allemand du substantif français *un jeune, le jeune, les jeunes* est ein Jugendlicher, der Jugendliche, die Jugendlichen.

In diese Discothek gehen nicht nur **Jugendliche**.
Il n'y a pas que des jeunes qui fréquentent cette discothèque.

▪ Après Was *Quoi ?*, etwas ou was *quelque chose*, viel *beaucoup de choses*, nichts *rien*, on trouve un **adjectif substantivé neutre** :

Was Neues ?	*Quoi de neuf ?*
Das ist **etwas Gutes**.	*C'est quelque chose de bon.*

Mais l'adjectif ander *autre, différent* ne prend **pas de majuscule** après ces pronoms :

Wir haben **nichts anderes** gesagt.	*Nous n'avons rien dit d'autre.*

163 Formation d'adjectifs dérivés ou composés

▪ à l'aide de suffixes ; retenons les plus courants :

-bar	trinken *boire*	→ trinkbar *buvable*
	danken *remercier*	→ dankbar *reconnaissant*
	essen *manger*	→ eßbar *mangeable*
	fürchten *craindre*	→ furchtbar *terrible*, etc.
Mais :	sehen *voir*	→ **sicht**bar *visible*

-n	das Leder *le cuir*	→ ledern *en cuir*, etc.	Ces trois suffixes servent à former des « adjectifs de matière », toujours épithètes (cf. §§ 153 à 158).
-en	das Gold *l'or*	→ golden *en or*, etc.	
-ern	das Eisen *le fer*	→ eisern *en fer*, etc.	

-er	Bonn → Bonner	Ce suffixe sert à former, à partir de noms de villes ou de provinces, des adjectifs épithètes invariables, qui s'écrivent avec une majuscule (cf. § 160).
	Wien → Wiener	
	Köln → Kölner	
Mais :	*l'eau de Cologne* Kölni**sch** Wasser	

-ig	der Fleiß *l'application*	→ fleißig *appliqué*
-isch	der Franzose *le Français*	→ französisch *français*
-lich	das Glück *le bonheur*	→ glücklich *heureux*
-sam	gehorchen *obéir*	→ gehorsam *obéissant*
-haft	die Fabel *la fable*	→ fabelhaft *fabuleux*
-los*	die Arbeit *le travail*	→ arbeitslos *sans emploi, chômeur*
	die Sorge *le souci*	→ sorglos *sans souci, insouciant*, etc.

* los est un suffixe privatif.

■ à l'aide de préfixes ; nous retiendrons seulement :
un-, qui sert à former le contraire de l'adjectif d'origine :

unmöglich *impossible* ← möglich *possible*
untreu *infidèle* ← treu *fidèle*
unangenehm *désagréable* ← angenehm *agréable*, etc.

■ par composition :
— nom + adjectif : die Kurve *le virage* + reich *riche* → kurvenreich *sinueux*, etc.
— adjectif + adjectif : hell *clair* + blau *bleu* → hellblau *bleu clair*, etc.

164 Les compléments de l'adjectif

■ **Les adjectifs de mesure**, taille, poids, etc. sont **précédés d'un accusatif** :

Der Baum ist **fünf Meter hoch**. *L'arbre mesure cinq mètres de haut.*

Citons aussi : breit *(largeur)* dick *(épaisseur)* groß *(taille, grandeur)* lang *(longueur)* schwer *(poids)* tief *(profondeur)*.

■ **L'expression de l'âge**

Wie alt bist du ?
Ich bin 12 Jahre alt. / Ich bin 12. *J'ai douze ans.*

Nous remarquons l'emploi du verbe sein.

■ Quelques **rares** adjectifs **gouvernent le génitif**. Retenons seulement :

sicher *sûr de* schuldig *coupable de*

Der Boxer war **seines Sieges sicher**. *Le boxeur était sûr de sa victoire.*
Er ist **eines Diebstahls schuldig**. *Il est coupable de vol.*

Mais :

Ich bin	meinem Freund (Datif)	hundert Mark (Accusatif)	schuldig.	*Je dois cent marks à mon ami.*

■ De nombreux adjectifs **gouvernent le datif**. Retenons les plus usuels :

Sie ist ihrem Bruder **ähnlich**. *Elle ressemble à son frère.*
Diese Leute sind mir **bekannt**. *Je connais ces gens.*
Bist du mir **böse** ? *Est-ce que tu m'en veux ?*
Ich bin Ihnen sehr **dankbar**. *Je vous suis très reconnaissant.*

■ D'autres adjectifs ont un **complément prépositionnel** :

an + Dat. :

arm an *pauvre en*
reich an *riche en*

auf + Acc. :

stolz auf *fier de*
zornig auf *en colère contre*

für + Acc. :

dankbar für	*reconnaissant de*
typisch, charakteristisch für	*typique, caractéristique de*

mit + Dat. :

fertig mit	*au bout de* (achèvement)
zufrieden mit	*content, satisfait de*

über + Acc. :

empört über	*révolté de*
traurig über	*attristé de*
erstaunt über	*étonné de*
froh über	*joyeux, content de*

von + Dat. :

fern (weit) von	*loin de*
müde von	*fatigué de*

vor + Dat. :

bleich vor	*pâle de*
krank vor	*malade de*
rot vor	*rouge de*

zu + Dat. :

bereit zu	*prêt à*
höflich zu	*poli avec*
fähig zu	*capable de*
freundlich zu	*aimable envers*

Sie war **stolz auf** ihren Sohn.	*Elle était fière de son fils.*
Bist du **mit** deiner Arbeit **fertig** ?	*As-tu terminé ton travail ?*
Wir waren **über** sein Verhalten **empört**.	*Nous avons été révoltés par son attitude.*
Mein Vater war **rot vor** Zorn.	*Mon père était rouge de colère.*
Sind wir **bereit zur** Abfahrt ?	*Sommes-nous prêts à partir ?*

165 Le groupe qualificatif

■ Tous ces adjectifs peuvent évidemment être employés comme épithètes, intégrés à des groupes nominaux : ils précèdent donc le nom et sont eux-mêmes précédés de leur(s) complément(s). L'ensemble complément(s) + adjectif est appelé groupe qualificatif.

Ein **fünf Meter hoher** Baum ...	*Un arbre (haut) de cinq mètres ...*
Das **elf Jahre alte** Mädchen ...	*La fillette (âgée) de onze ans ...*

Dans un tel groupe, l'adjectif est souvent un participe I ou II :

Die **auf der Wiese wachsenden** Blumen ...	*Les fleurs poussant dans le pré ...*
Der **unter dem Bett versteckte** Junge ...	*Le garçon caché sous le lit ...*

Dans ce cas-là nous parlerons de **groupe participial**.

■ Le groupe participial est intégré au groupe nominal comme un simple adjectif qualificatif épithète :

die	schönen	Bücher	ein	schönes	Geschenk
(Déterm.)	(Adjectif)	(Nom)	(Déterm.)	(Adjectif)	(Nom)
die	von meinem Bruder gebrachten	Bücher	ein	von meinem Bruder gebrachtes	Geschenk
(Déterm.)	(Adjectif)	(Nom)	(Déterm.)	(Adjectif)	(Nom)

Le participe II **gebracht** (de **bringen**), noyau du groupe **von meinem Bruder gebracht**, est dans la même position que l'adjectif qualificatif **schön** et se décline de la même façon que lui, en fonction du déterminatif (cf. §§ 153 à 158).

■ Participe I ou participe II ?

Le participe I indique une action en cours (voix active) :

Der in dichten Flocken **fallende** Schnee.
La neige en train de tomber à gros flocons.

Die auf dem Markt **(ein)kaufenden** Hausfrauen.
Les ménagères en train de faire leurs achats sur le marché.

Le participe II indique une action terminée (ou la voix passive) :

Der in der Nacht **gefallene** Schnee...
La neige tombée pendant la nuit...

Die auf dem Markt **(ein)gekauften** Blumen...
Les fleurs achetées sur le marché...

Attention !

Avec les verbes **stehen, liegen, sitzen, hängen** on emploie le participe I :

Der im Wohnzimmer **stehende** Weihnachtsbaum...	*L'arbre de Noël dressé dans le séjour...*
Ein am Strand **liegendes** Mädchen...	*Une fille étendue sur la plage...*
Die auf einer Bank **sitzenden** Leute...	*Les gens assis sur un banc...*
Eine über dem Bett **hängende** Lampe...	*Une lampe suspendue au-dessus du lit...*

Exception : On emploie **gelegen**, participe II de **liegen**, au sens géographique de *situé* :

Ein **in diesem engen Tal gelegenes** Dorf... *Un village situé dans cette étroite vallée...*

■ Le groupe qualificatif et le groupe participial équivalent à des propositions subordonnées relatives :

Ein fünf Meter hoher Baum...	= Ein Baum, der fünf Meter hoch ist, ...
Die im Herbst fallenden Blätter...	= Die Blätter, die im Herbst fallen, ...
Die auf dem Markt (ein)kaufenden Hausfrauen ...	= Die Hausfrauen, die auf dem Markt (ein)kaufen, ...

L'usage des groupes qualificatifs, participiaux ou non, est limité à l'allemand écrit ; on le rencontre en particulier dans la presse.

LES DEGRÉS DE L'ADJECTIF

166 Positif, comparatif, superlatif

Le **positif** est le degré « normal » de l'adjectif qualificatif.

Dieser Pulli ist **warm.** — *Ce pull-over est chaud.*
Hast du einen **warmen** Pulli gekauft ? — *As-tu acheté un pull-over chaud ?*

Le **comparatif** et le **superlatif** sont les **degrés de comparaison** de l'adjectif qualificatif.

Uwe ist **so groß wie** Karl. ►**comparatif d'égalité**
Uwe est aussi grand que Karl.

Négation : le comparatif d'égalité est nié par **nicht** :
Uwe ist **nicht so dick wie** Karl.
Uwe n'est pas aussi gros que Karl.

Karl ist **dicker als** Uwe. ►**comparatif de supériorité**
Karl est plus gros que Uwe.
Uwe ist **dünner als** Karl.
Uwe est plus mince que Karl.

Aber Karl ist **weniger dick als** Otto ! ►**comparatif d'infériorité**
Mais Karl est moins gros que Otto !

Otto ist **sehr dick.** ►**superlatif absolu**
Otto est très gros.

Otto ist **der dickste** Junge in der Gruppe. ►**superlatif relatif**
Otto est le garçon le plus gros du groupe.

Le comparatif sert à établir une **comparaison** entre **deux éléments** (ici, Uwe et Karl, puis Karl et Otto).
Le **superlatif** sert à exprimer le **degré extrême d'une qualité** par rapport à un **ensemble** (ici, Otto et le reste du groupe).

167 Le comparatif

1. Comparatif d'égalité

so + adjectif + wie

Er ist **so müde wie** ich. — *Il est aussi fatigué que moi.*

2. Comparatif de supériorité

adjectif + **-er** + als

Sie ist nett**er als** du. — *Elle est plus gentille que toi.*

L'adjectif au comparatif de supériorité peut être précédé d'adverbes tels que viel, etwas, immer, noch :

Sie ist **viel kleiner** als ihr Bruder. — *Elle est beaucoup plus petite que son frère.*

Das ist **etwas leichter**. — *C'est un peu plus facile.*

Er wird **immer frecher** ! — *Il devient de plus en plus insolent !*

Dein Computer ist **noch moderner** als meiner. — *Ton ordinateur est encore plus moderne que le mien.*

3. Comparatif d'infériorité

weniger + adjectif + als

Er ist **weniger nett als** sie. — *Il est moins gentil qu'elle.*

On pourrait exprimer la même idée avec un **comparatif d'égalité nié** :

Er ist **nicht so nett wie** sie.

wie et **als** peuvent s'employer **sans comparatif.** Notons la différence :

Sie heißt Karin, **wie** meine Schwester. *Elle s'appelle Karin, comme ma sœur.*

Er arbeitet **als** Tankwart. *Il travaille comme (= en tant que, en qualité de) pompiste.*

168 Le superlatif

1. Superlatif absolu

sehr + adjectif

Wir sind **sehr zufrieden.** — *Nous sommes très satisfaits.*

On peut employer aussi ganz, gar *tout à fait,* ou äußerst *extrêmement* :

Das ist ganz klar. — *C'est tout à fait clair. (C'est très clair.)*

2. Superlatif relatif

- épithète :

der, das, die + adjectif + -ste

Das ist **der schönste** Film.	*C'est le plus beau film.*

Le superlatif épithète **se décline** comme tout adjectif épithète (cf. §§ 152 à 158).

Sie zieht **ihren schönsten Mantel** an.	*Elle met son plus beau manteau.*
Er war **mein liebstes Kind.**	*C'était mon enfant préféré.*

Pour des raisons de **prononciation,** il faut parfois intercaler un **e** entre l'adjectif et **-ste**.

Wer ist der schlecht**e**ste Schüler ?	*Qui est le plus mauvais élève ?*

C'est le cas pour les adjectifs terminés par :

-t (leicht, elegant, etc.)
-s (nervös, etc.)
-ß (süß, heiß, etc.)
-z (kurz, stolz, etc.)

et pour neu, du moins dans l'allemand écrit.

die neu**e**sten Nachrichten	*les dernières nouvelles (les plus récentes)*

Attention !

S'il n'y a que deux éléments de comparaison, on ne peut pas employer le superlatif. Il faut, dans ce cas, utiliser un **comparatif épithète.**

Dort stehen zwei Kinder ; **das kleinere** ist mein Vetter.
Il y a là-bas deux enfants ; le plus petit est mon cousin.

- attribut :

am + adjectif + -sten

Dort ist das Fleisch **am teuersten.**	*C'est là-bas que la viande est la plus chère.*

Mais :

Jetzt sind die Kirschen am süß**e**sten.	*C'est maintenant que les cerises sont les plus sucrées.*

169 Particularités de forme et d'emploi

Un certain nombre d'adjectifs prennent une **inflexion** au comparatif de supériorité et au superlatif relatif.

Er ist **ä**lter als ich ; er ist der **ä**lteste von allen.
Il est plus âgé que moi ; il est le plus âgé de tous.

Citons aussi :

jung *jeune*	kalt *froid*	gesund *sain*
arm *pauvre*	warm *chaud*	klug *intelligent*
hart *dur*	krank *malade*	kurz *court*
stark *fort*	schwach *faible*	lang *long*
groß* *grand*	nah* *proche*	schwarz *noir*

(* voir ci-dessous)

Retenons les irrégularités :

groß	→	größer	→	der, das, die größte	(am größten)
nah	→	näher	→	der, das, die nächste	(am nächsten)
hoch	→	höher	→	der, das, die höchste	(am höchsten)
gut	→	besser	→	der, das, die beste	(am besten)

Au **comparatif,** le -e disparaît dans certains adjectifs en -el, -er :

dunkel → dun**kl**er teuer → teu**r**er

Le comparatif épithète : un emploi particulier.
On le trouve parfois employé comme un **positif** précédé de ziemlich *assez* :

eine **ältere** Dame = eine ziemlich alte Dame
une dame d'un certain âge

170 Le « complément » du comparatif

Il s'agit en fait de l'amorce d'une **subordonnée de comparaison,** dans laquelle le verbe n'est pas exprimé. On a donc, après wie ou als, un **nominatif** (sujet du verbe sous-entendu) dans la plupart des cas :

Er ist noch ärmer als **ich** (= als ich bin).
Il est encore plus pauvre que moi.

Bist du so fleißig wie **deine Schwester** (= wie deine Schwester ist) ?
Es-tu aussi travailleur que ta sœur ?

Remarque :

Ce membre de phrase est toujours « hors construction » :

Ich glaube, daß sie viel größer ist | | als ihre Mutter.
Je crois qu'elle est beaucoup plus grande que sa mère.

Er ist nicht so krank gewesen | | wie seine Kameraden.
Il n'a pas été aussi malade que ses camarades.

171 Les conjonctions comparatives

Je + comparatif ..., desto + comparatif ...

Elles s'emploient quand on veut exprimer que deux états — ou deux actions — évoluent simultanément.
La première proposition, introduite par je, est une **subordonnée** (le noyau verbal conjugué est à la **dernière place**) ; desto + comparatif sont suivis du verbe principal :

Je älter er wird, **desto geiziger** wird er.	*Plus il vieillit, plus il est avare.*
Je weniger ich esse, **desto besser** fühle ich mich.	*Moins je mange, mieux je me sens.*

On peut employer um so à la place de desto :

Je eher, **um so** besser.	*Le plus tôt sera le mieux.*

172 Le complément du superlatif

Il peut être :

- au **génitif :**

Anna ist die beste Schülerin **der Klasse.**	*Anna est la meilleure élève de la classe.*

- au **datif** introduit par in, unter, von :

Es ist das modernste Haus **in der ganzen Stadt.**	*C'est la maison la plus moderne de toute la ville.*
Er ist der bekannteste **unter allen.** (= **von allen**)	*Il est le plus connu de tous.*

LES ADJECTIFS NUMÉRAUX

173 Les adjectifs numéraux cardinaux

On les emploie pour **compter, calculer, dénombrer.**

0 = null			**40** = vierzig
1 = eins		**21** = ei**nun**dzwanzig	**50** = fünfzig
2 = zwei		**22** = zweiundzwanzig	**60** = se**chz**ig
3 = drei	**13** = dreizehn	**23** = dreiundzwanzig	**70** = sie**bz**ig
4 = vier	**14** = vierzehn	**24** = vierundzwanzig	**80** = achtzig
5 = fünf	**15** = fünfzehn	**25** = fünfundzwanzig	**90** = neunzig
6 = sechs	**16** = se**chz**ehn	**26** = sechsundzwanzig	**100** = (ein)hundert
7 = sieben	**17** = sie**bz**ehn	**27** = siebenundzwanzig	**200** = zweihundert
8 = acht	**18** = achtzehn	**28** = achtundzwanzig	**300** = dreihundert
9 = neun	**19** = neunzehn	**29** = neunundzwanzig	**400** = vierhundert
10 = zehn	**20** = **zwan**zig	**30** = drei**ß**ig	**500** = fünfhundert
11 = elf			**600** = sechshundert
12 = zwölf			**700** = siebenhundert
			etc.

1 000	= (ein)tausend	**2 000**	= zweitausend
1 100	= tausend(ein)hundert / **elfhundert**	**3 000**	= dreitausend
1 600	= tausendsechshundert / **sechzehnhundert**	**100 000**	= hunderttausend
1900	= tausendneunhundert / **neunzehnhundert**	**1 000 000**	= ein**e** Million
1901	= **neunzehnhundert**eins	**1 000 000 000**	= ein**e** Milliarde
1945	= **neunzehnhundert**fünfundvierzig		
1988	= **neunzehnhundert**achtundachtzig		

Aussi longs soient-ils, les adjectifs numéraux cardinaux s'écrivent en un seul mot. Autres exemples :

234.567 = zweihundertvierunddreißigtausendfünfhundertsiebenundsechzig.

456.789 = vierhundertsechsundfünfzigtausendsiebenhundertneunundachtzig.

L'unité **précède** la dizaine :

13 = **drei**zehn **36** = **sechs**unddreißig **67** = **sieben**undsechzig **99** = **neu**nundneunzig

De 21 à 99, on intercale -und- entre l'unité et la dizaine :

31 = ein**und**dreißig **42** = zwei**und**vierzig **53** = drei**und**fünfzig **64** = vier**und**sechzig

174 Particularités d'emploi

1. Les adjectifs numéraux cardinaux sont **invariables,** mais eins ne peut déterminer un nom. Dans le groupe nominal, il faut employer l'article indéfini ein, eine.

Hast du zwei Bälle ? — Nein, ich habe nur **einen** Ball.
As-tu deux balles ? — Non, je n'ai qu'une balle.

Notons aussi :

einundzwanzig **21,** **einund**dreißig **31,** **einund**vierzig **41,**
einundfünfzig **51,** einhundert **100,** eintausend **1 000,** etc.
mais : hundertein**s** **101,** tausendein**s** **1 001**

eine halbe Stunde *une demi-heure*
eineinhalb ou anderthalb Stunden *une heure et demie*

Es ist **eins.** (= Es ist **ein** Uhr.) *Il est une heure.*

2,1 se lit zwei Komma eins
4,1 vier Komma eins
10,1 zehn Komma eins

2. **Emploi des adjectifs numéraux cardinaux comme substantifs**

Er hat **eine Drei** in Mathe geschrieben. *Il a eu un trois en maths.*
Hunderte (Tausende) von Leuten *des centaines (des milliers) de gens*

Mais :

Was kostet **das Dutzend** Eier ? *Combien coûte la douzaine d'œufs ?*

3. Emploi de zwei et beide (die beiden)

Mein Freund hat **zwei** Kinder ; { **beide (die beiden)** Kinder gehen aufs Gymnasium. / **beide (die beiden)** gehen aufs Gymnasium. }
Mon ami a deux enfants ; ses deux enfants (tous les deux) vont au lycée.

Lorsque deux personnes — ou deux choses — forment un couple, une paire, vont ensemble, on emploie le déterminatif beide (die beiden) qui se décline comme un adjectif épithète.

La forme beides au **neutre singulier** ne peut être que **pronom** :

Hast du deinen Hut oder deinen Schirm vergessen ? — **Beides** !
As-tu oublié ton chapeau ou ton parapluie ? — Les deux !

Beide et die beiden en revanche sont **adjectifs** et **pronoms** (cf. 1er ex.).

Remarque :

Au téléphone on dit plutôt zwo que zwei pour éviter la confusion possible avec drei.

175 Dérivés des nombres cardinaux

On forme :

- des adjectifs **invariables** en **-er** :
  In den **siebziger** Jahren ... — *Dans les années 70 ...*
- des adjectifs **invariables** en **-erlei** :
  Wir haben **dreierlei** Weine getrunken. — *Nous avons bu trois sortes de vins.*

« Promettre et tenir font deux. »

- des adverbes en **-mal** :
  einmal, fünfmal, tausendmal ... — *une fois, cinq fois, mille fois ...*
- des adjectifs (multiplicatifs) en **-fach** :
  einfach, dreifach, vierfach ... — *simple, triple, quadruple ...*

Mais : ein**zig** *unique*, ein**zeln** *isolé*, ein**sam** *solitaire*.
Doppelt *double* est plus fréquent que zweifach (zwiefach).

176 Quelques opérations

Die Addition : (2 + 2)

Wieviel ist zwei und zwei ? — Zwei und zwei ist vier.
Combien font deux et deux ? — Deux et deux font quatre.

Die Substraktion : (6 — 1)

Wieviel ist sechs weniger eins ? — Sechs weniger eins ist fünf.
Combien font six moins un ? — Six moins un font cinq.

Die Multiplikation : (2 × 3)

Wieviel ist zwei mal drei ? — Zwei mal drei ist sechs.
Combien font deux fois trois ? — Deux fois trois font six.

Die Division : (10 : 2)

Wieviel ist zehn durch zwei ? — Zehn durch zwei ist fünf.
Combien font dix divisés par deux ? — Dix divisés par deux font cinq.

177 Expression de l'heure

„Wieviel Uhr ist es ?“ = „Wie spät ist es ?“ *« Quelle heure est-il ? »*

Es ist sechs Uhr = Es ist sechs.

Es ist **ein** Uhr = Es ist ein**s**.

Es ist fünf nach sechs.

Es ist zehn nach sechs.

Es ist zwanzig nach sechs.

Es ist fünfundzwanzig nach sechs.(1)

Es ist fünfundzwanzig vor sieben.(1)

Es ist zwanzig vor sieben.

Es ist zehn vor sieben.

Es ist fünf vor sieben.

En résumé :

Es ist viertel nach sechs.
=
Es ist viertel **sieben.**

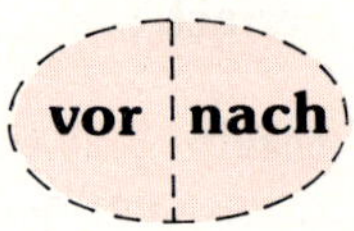

Es ist viertel vor sieben.
=
Es ist dreiviertel sieben.

Es ist halb **sieben.**

Es ist fünf (2) **nach halb sieben.**

Es ist fünf (2) **vor halb sieben.**

Remarques :

- Les minutes sont exprimées **avant** l'heure.
- **viertel** et **halb** sont suivis de l'heure **entamée**.
- Il y a deux façons de dire « vingt-cinq » et « moins vingt-cinq » : soit en fonction de l'heure(1), soit en fonction de la demi-heure(2).

Attention !

Eine Uhr signifie *une montre, une pendule, une horloge,* et non *une heure* (= eine Stunde).

▪ **L'heure officielle,** employée dans les lieux publics, les gares, les aéroports, à la radio et à la télévision, est différente de celle que l'on emploie couramment :

achtzehn Uhr fünf	(18 : 05 Uhr)	*dix-huit heures cinq*
zweiundzwanzig Uhr vierzig	(22 : 40 Uhr)	*vingt-deux heures quarante*

▪ **Complément de temps,** l'indication de l'heure est précédée des prépositions um (moment précis) ou gegen (moment approximatif) :

Es fängt um neun (Uhr) an.	*Ça commence à neuf heures.*
Gegen zwölf (Uhr) werde ich da sein.	*Je serai là vers midi.*

178 Les adjectifs numéraux ordinaux

On les emploie pour indiquer **un ordre, un rang, un classement.**
Formation : Au nominatif singulier, on ajoute -te à l'adjectif numéral cardinal jusqu'à 19, et -ste à partir de 20, quand il est précédé de der, das ou die.

der, das, die neunzehnte *le, la dix-neuvième*
der, das, die zwanzigste *le, la vingtième*

Attention !

der, das, die **erste** *le premier, la première*
der, das, die **dritte** *le, la troisième*
On écrit : der, das, die acht**e** *le, la huitième,*
on emploie : der, das, die siebente ou der, das, die sieb**te** *le, la septième.*

> Lorsque l'adjectif numéral ordinal est exprimé, dans la langue **écrite**, en chiffres et non en toutes lettres, on écrit le chiffre suivi d'**un point**.
> ein Wagen 2. Klasse se lit : ein Wagen zweiter Klasse *un wagon de deuxième classe*
> Otto I. se lit : Otto der Erste *Otton 1er*

« Ce n'est pas le premier venu ! »

179 Emplois et déclinaison

▪ L'adjectif numéral ordinal est employé et se décline comme un **adjectif épithète**, le substantif étant exprimé ou non (cf. §§ 153 à 158).

Der Januar ist der erst**e** Monat.	*Janvier est le premier mois.*
Wer kam als erst**er** ins Ziel ?	*Qui a franchi la ligne le premier ?*
Ich wohne im erst**en** Stock.	*J'habite au premier étage.*
Das ist mein erst**es** Auto.	*C'est ma première voiture.*
Die erst**en** Tage waren schön.	*Les premières journées furent belles.*

▪ L'adjectif numéral ordinal se décline également dans **la date** :

{ Heute ist **der dritte** Mai. { Heute haben wir **den dritten** Mai.	*Aujourd'hui c'est le 3 mai.*
Am dritten Mai hat sie Geburtstag.	*Elle fête son anniversaire le 3 mai.*

Dans l'en-tête d'une lettre, d'un devoir, la date est exprimée à **l'accusatif** :

Stuttgart, (den) 27. Juni 1986. *Stuttgart, le 27 juin 1986.*

se lit :

Stuttgart, den siebenundzwanzigsten Juni 1986.

Freitag, (den) 4. April 1986. *Vendredi 4 avril 1986.*

se lit :

Freitag, den vierten April 1986.

180 Dérivés des adjectifs numéraux ordinaux

▪ **Les fractions** se forment en ajoutant **-l** à l'adjectif numéral ordinal :

1/3 : ein Drittel ; 1/4 : ein Viertel ; 1/10 : ein Zehntel ; 1/100 : ein Hundertstel

mais :

1/2 : ein halb → die Hälfte *la moitié* ; 1,5 : eineinhalb (anderthalb) + pluriel

▪ On forme des **adverbes numéraux** (employés pour exprimer une énumération, une succession) en ajoutant **-ns** à l'adjectif numéral ordinal :

erstens *premièrement,* zweitens *deuxièmement,* etc.

LE PRONOM

181 Définition

▪ Le pronom est un mot très bref qui représente (remplace) un nom, un groupe nominal, une proposition ou une idée énoncée avant ou après lui.

Karl, magst du deine Eltern ? — Ja, ich mag **sie** gern.
Karl, aimes-tu tes parents ? — Oui, je ***les*** *aime bien.*

Der Junge, **den** du da siehst, ist mein Bruder.
Le garçon ***que*** *tu vois là est mon frère.*

▪ Le plus souvent, le pronom désigne la personne ou la chose dont on vient de parler ou dont on va parler. Il **évite la répétition du nom**, dont il peut remplir toutes les fonctions.

▪ Il existe huit sortes de pronoms : le pronom personnel, le pronom réfléchi, le pronom réciproque, le pronom possessif, le pronom démonstratif, le pronom interrogatif et exclamatif, le pronom relatif, le pronom indéfini.

▪ Certains **adjectifs** peuvent être également **pronoms**.

182 Le pronom personnel

Le pronom personnel désigne les différentes **personnes** qui interviennent dans le discours, en indiquant qu'il s'agit de :

- la personne qui parle (première personne)
- la personne à qui l'on parle (deuxième personne)
- la personne ou la chose dont on parle (troisième personne)

1. Formes et déclinaison du pronom personnel

SINGULIER					
	1e PERSONNE	2e PERSONNE	3e PERSONNE		
			MASCULIN	NEUTRE	FÉMININ
NOM.	ich	du	er	es	sie
ACC.	mich	dich	ihn	es	sie
DAT.	mir	dir	ihm	ihm	ihr
GÉN.	meiner	deiner	seiner	seiner	ihrer

PLURIEL				
	1e PERSONNE	2e PERSONNE	3e PERSONNE AUX TROIS GENRES	FORME DE POLITESSE
NOM.	wir	ihr	sie	Sie
ACC.	uns	euch	sie	Sie
DAT.	uns	euch	ihnen	Ihnen
GÉN.	unser	euer	ihrer	Ihrer

2. Emploi du pronom personnel

« Comment va ? »

- Place du pronom personnel complément :

— Quand le pronom constitue l'unique complément du verbe, il se met à la **même place** que le nom qu'il représente (contrairement au français) :

Sucht Hans seine Mütze ?	*Est-ce que Hans cherche sa casquette ?*
— Ja, er sucht **sie.**	*— Oui, il la cherche.*

— Quand le complément d'objet direct (accusatif) est un nom, le pronom complément d'attribution (datif) se place avant lui, étant donné qu'il fait référence à un nom déjà exprimé :

Ich bringe meiner Mutter das Heft.	Ich bringe **ihr** das Heft.
J'apporte le cahier à ma mère.	*Je lui apporte le cahier.*

— Quand le complément d'objet direct est un pronom, ou quand les compléments sont tous deux des pronoms, c'est le complément d'objet direct qui se place d'abord :

Ich bringe **es** meiner Mutter.	Ich bringe **es ihr**.
Je l'apporte à ma mère.	*Je le lui apporte.*

■ Emploi du pronom personnel devant une apostrophe :
Devant une apostrophe, on emploie fréquemment **du**, **ihr** ou **Sie** :

Du lieber Gott !	**Ihr** Dummköpfe !	**Sie** Esel !
Seigneur Dieu !	*Idiots !*	*Quel âne vous faites !*

■ Emploi du pronom personnel avec l'adverbe **selbst (selber)** :
— L'adverbe **selbst** (ou **selber**) employé après un pronom personnel correspond au français ***même*** :

ich selbst *moi-même*
du selber *toi-même*

« Aide-toi, le ciel t'aidera. »

— Quand il représente un nom ou un pronom déjà exprimé, le pronom n'est pas répété devant **selbst** ou **selber** (contrairement au français) :

Ich werde diese Arbeit selber machen. *Je ferai ce travail moi-même.*

■ Emploi du pronom personnel **es** :
Le pronom personnel **es** s'emploie non seulement en tant que remplaçant d'un nom neutre au nominatif ou à l'accusatif, mais encore :
— Comme sujet réel, dans le cas des verbes impersonnels :

Es regnet. *Il pleut.*
Es geht mir gut. *Je vais bien.*

— Comme marque de la première place, à l'actif ou au passif :

Es passieren viele Unfälle. *Il y a beaucoup d'accidents.*
(Le verbe s'accorde avec le sujet réel.)

Es wird getanzt. *On danse.*
Mais : Heute wird getanzt. *Aujourd'hui, on danse.* (cf. § 100).

— Comme attribut :

Ich bin es (Ich bin's). *C'est moi.*

183 Le pronom réfléchi

■ Le pronom réfléchi n'est **jamais sujet**. Il représente, dans le groupe verbal auquel il est intégré, la même personne que le sujet :

Freust du **dich** ? — Ja, ich freue **mich** sehr.
{ *Tu es content ? — Oui, je suis très content.*
{ *Tu te réjouis ? — Oui, je me réjouis beaucoup.*

Sie betrachtet **sich** im Spiegel.
Elle se regarde dans la glace.

■ La seule différence avec l'accusatif et le datif du pronom personnel (cf. tableau de la déclinaison, cf. § 182) se trouve à la troisième personne et à la forme de politesse, où il existe un seul pronom réfléchi, **invariable**, sich :

Er hat kein Geld bei **sich**.
Il n'a pas d'argent sur lui.

Donc, les pronoms personnels mich-mir, dich-dir, uns et euch sont employés comme pronoms personnels **et** comme pronoms réfléchis.

ACCUSATIF				DATIF				
ich	setze	**mich**	*je m'assois*	ich	kaufe	**mir**	Bonbons	*je m'achète des bonbons*
du	setzt	**dich**		du	kaufst	**dir**	Bonbons	
er (es, sie)	setzt	**sich**		er (es, sie)	kauft	**sich**	Bonbons	
wir	setzen	**uns**		wir	kaufen	**uns**	Bonbons	
ihr	setzt	**euch**		ihr	kauft	**euch**	Bonbons	
sie	setzen	**sich**		sie	kaufen	**sich**	Bonbons	
Sie	setzen	**sich**		Sie	kaufen	**sich**	Bonbons	

184 Le pronom réciproque

■ Quand l'action est réciproque, c'est-à-dire exercée par plusieurs sujets les uns sur les autres, on emploie le pronom réciproque **einander** *l'un l'autre, les uns les autres* :

Die Kinder freuen **sich**. (Réfléchi)
Les enfants se réjouissent.

Die Kinder lieben **einander**. (Réciproque)
Les enfants s'aiment (les uns les autres).

Sie lieben einander.
Ils s'aiment.

- Quand le sens ne prête pas à équivoque, on peut employer **sich** :

  Sie begegnen einander. = Sie begegnen **sich**.
  Ils se rencontrent.

- Le pronom réciproque **einander** se combine à la plupart des prépositions :

  Wir sitzen **nebeneinander**.
  Nous sommes assis côte à côte.

Sie spielen miteinander.
Ils jouent ensemble.

185 Le pronom possessif

Le pronom possessif remplace en général un nom introduit par un adjectif possessif. Il a les mêmes fonctions que le nom. Il se rapporte toujours à un nom déjà cité et donc défini.

1. Formes et déclinaison

Le pronom possessif peut avoir trois formes, dérivées de l'adjectif possessif :
meiner, -es, -e, deiner, -es, -e, seiner, -es, -e *le mien, le tien*, etc.
Cette forme sans article se décline comme der, das, die. (Cf. § 127.)

	UN POSSESSEUR		PLUSIEURS POSSESSEURS		FORME DE POLITESSE	
	ADJECTIF	PRONOM	ADJECTIF	PRONOM	ADJECTIF	PRONOM
1re PERS.	mein	mein**er**, **es, e**	unser	unser**er**, **es, e**		
2e PERS.	dein	dein**er**, **es, e**	euer	eur**er**, **es, e**	Ihr	Ihr**er, es, e**
3e PERS.	sein/ihr	sein**er** / ihr**er, es, e**	ihr	ihr**er**, **es, e**		

- **der, das, die meine / der, das, die deine**, etc.

Cette forme se décline comme les adjectifs précédés de der (cf. § 154).

- **der, das, die meinige / der, das, die deinige**, etc.

C'est une forme vieillie.

2. Emploi

Gib mir bitte dein Heft, ich habe { **meines** / **das meine** } vergessen.
Donne-moi ton cahier, je te prie, j'ai oublié le mien.

Dans la langue courante, on emploie souvent la première forme :

Ist das eure Kamera ? — Ja, das ist **unsere.**
Est-ce votre caméra ? — Oui, c'est la nôtre.

186 Le pronom démonstratif

Le pronom démonstratif remplace en général un nom précédé d'un adjectif démonstratif. Il a les mêmes fonctions que le nom.

Comme en français, le pronom démonstratif a deux sortes de formes : des formes simples et des formes complexes.

1. Formes simples

▪ Le pronom démonstratif der, das, die *celui, celle* est le plus employé, surtout en allemand parlé. Il suit la même déclinaison que le pronom relatif der (cf. § 188). Il est fortement accentué.

Sind Peter und Inge da ?	*Est-ce que Peter et Inge sont là ?*
— Ja, **die** haben wir auch eingeladen.	*— Oui, nous les avons invités eux aussi.*

Il s'emploie d'ailleurs souvent au lieu du pronom personnel pour marquer l'insistance :

Es ist nett von dir.	*C'est gentil de ta part.*
Das ist aber nett von dir.	*Voilà qui est gentil de ta part.*

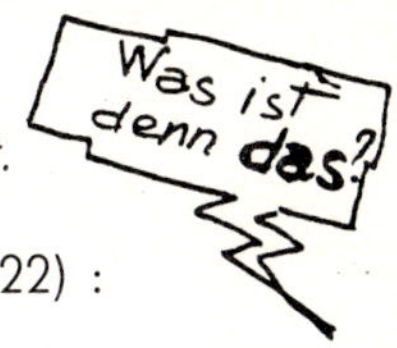

Particularité du génitif : on emploie le génitif saxon (cf. § 122) :

Herr Schmidt, seine Frau und **deren** Kinder.
Monsieur Schmidt, sa femme et leurs enfants.

▪ Les adjectifs démonstratifs dieser, -es, -e et jener, -es, -e (cf. §§ 145 et 149) sont aussi employés comme pronoms.

Hier sind zwei Männer ; **dieser** ist klein, **jener** ist groß.
Voici deux hommes ; celui-ci est petit, celui-là est grand.

Remarque :

Le pronom der, das, die, suivi le plus souvent de hier et da, remplace très fréquemment dieser et jener.

Nimm doch diesen Koffer ! **Den** da nehme ich.
Prends cette valise ! Je prends celle-là.

2. Formes complexes

▪ **derjenige, dasjenige, diejenige** *celui, celle* :
Son emploi est rare hors de la langue littéraire.
Derjenige se décline comme l'adjectif précédé de der, mais il s'écrit en un seul mot (denjenigen, demjenigen, etc.).
Il est :
— soit antécédent d'une proposition subordonnée relative *(celui qui)* :

Siehst du die Autos dort ? **Dasjenige, das vor der Apotheke steht,** ist meines.
Vois-tu les autos là-bas ? Celle qui est garée devant la pharmacie est à moi.

— soit suivi d'un complément du génitif *(celui de)* :

Meine Wohnung ist bequemer als **diejenige meines Nachbars.**
Mon logement est plus confortable que celui de mon voisin.

Remarque :

Comme pour le pronom possessif, cette forme est souvent remplacée par une forme plus simple (le pronom der) :

Meine Wohnung ist bequemer als **die** meines Nachbars.

▪ **derselbe, dasselbe, dieselbe** *le même, la même* :
Comme derjenige, derselbe se décline, en un seul mot, sur le modèle de l'adjectif précédé de der.

Das ist doch nicht dasselbe ! *Ce n'est pas la même chose !*

3. Le pronom démonstratif composé

Pour éviter la répétition d'un groupe nominal prépositionnel déjà cité, on emploie un pronom **démonstratif composé,** appelé aussi démonstratif adverbial, dans lequel la préposition s'associe à **da-** (**dar-** devant une voyelle).

Erinnern Sie sich noch an das Konzert ?	*Vous souvenez-vous du concert ?*
— Ja, **daran** kann ich mich gut erinnern.	*— Oui, je m'en souviens bien.*

Ces formes ne s'emploient que pour désigner des **choses** (cf. traduction de *en* et *y* § 214).

Er beschäftigt sich mit seinem Wagen.	*Il s'occupe de sa voiture.*
Er beschäftigt sich **damit.**	*Il s'en occupe.*

Mais :

Sie kümmert sich um ihren Sohn.	*Elle s'occupe de son fils.*
Sie kümmert sich **um ihn.**	*Elle s'occupe de lui.*

Remarque :

Dans la langue familière, dar- se contracte en **dr-** (**dr**an, **dr**auf, **dr**in, **dr**über, etc.).

Le phénomène d'annonce

Une proposition subordonnée et un groupe infinitif peuvent être **annoncés** dans la principale par un pronom démonstratif composé, s'ils dépendent d'un verbe (ou d'un adjectif) à complément prépositionnel.

denken **an** + Acc. :	Hast du **daran** gedacht, Theaterkarten zu lösen ? *As-tu pensé à prendre des billets ?*
stolz **auf** + Acc. :	Sie ist stolz **darauf,** daß ihr Sohn die Prüfung bestanden hat. *Elle est fière que son fils ait été reçu.*

187 Le pronom interrogatif

Il représente la personne ou la chose au sujet de laquelle on pose une question. On l'utilise dans une interrogation partielle.

Wem gehört dieser Wagen ? *A qui est cette voiture ?*
Was möchtest du trinken ? *Qu'aimerais-tu boire ?*

▪ **wer ?** *qui ?* **was ?** *quoi ? que ?*

	WER	WAS
NOM.	Wer ? *qui ? qui est-ce qui ?*	Was ? *quoi ? que ? qu'est-ce qui (que) ?*
ACC.	Wen ? *qui ? qui est-ce que ?*	Was ? *quoi ? que ? qu'est-ce que ?*
DAT.	Wem ? *à qui ?*	(n'existe pas au datif et au génitif)
GÉN.	Wessen ? *de qui ?*	

Remarques :

▪ Wessen est toujours un « génitif saxon » :
Wessen Tochter ist sie ? *De qui est-elle la fille ?*

« Que se passe-t-il ? »

▪ Was n'est employé qu'au nominatif et à l'accusatif. Il désigne :
- une chose
Was hast du da ? *Qu'est-ce que tu as là ?*
- un état, une profession
Was sind Sie denn ? — Ich bin Arzt. *Qu'est-ce que vous faites ? — Je suis médecin.*

▪ **welcher ? welches ? welche ?** *lequel ? laquelle ?*

L'adjectif interrogatif welcher, -es, -e ? (cf. § 144) est également employé comme pronom interrogatif. Il se décline comme der, mais n'est pas usité au génitif :

Hier sind die Schläger ; **welchen** möchtest du haben ?
Voici les raquettes ; laquelle veux-tu ?

Ich habe die Bücher ; **welches** interessiert dich ?
J'ai les livres ; lequel t'intéresse ?

Dans l'expression **welches ist... ? welches sind... ?**, welches est **invariable**.

Welches ist der schnellste Wagen ?	*Quelle est la voiture la plus rapide ?*
Welches sind die besten ?	*Quels sont les meilleur(e)s ?*

▪ **was für einer, eines, eine ?** se différencie par contre, dans sa déclinaison, de l'adjectif interrogatif. Il porte toujours **la marque** du cas.

Was ? Du hast ein neues Moped ? **Was für eines** ?
Quoi ? Tu as un nouveau vélomoteur ? Quel genre ?

Certains pronoms interrogatifs peuvent être employés dans des phrases **exclamatives**.

Was sie nicht alles sagt !	*Qu'est-ce qu'elle raconte !*
Wir haben einen neuen Freund. Und **was für einen** !	*Nous avons un nouvel ami. Et quel ami !*

▪ Le pronom interrogatif composé :
Le pronom **was** ne peut pas être introduit par une préposition. Il faut employer le **pronom composé wo** + préposition (**wor-** devant une voyelle).

Wovon habt ihr gesprochen ?	*De quoi avez-vous parlé ?*
Woran denkst du ?	*A quoi penses-tu ?*

Mais :

An wen denkst du ? — An sie.	*A qui penses-tu ? — A elle.*

> **Tous** les interrogatifs (pronoms, adjectifs, adverbes) commencent par **w** :
> **W**er ? **W**as ? **W**elch... ? **W**as für... ? **W**omit ? **W**orauf ? etc.
> **W**ann ? **W**o ? **W**ohin ? **W**oher ? **W**ieviel ? **W**arum ? etc.

« Quelle bicyclette plaît à Jörg ? Laquelle plaît à Uwe ? »

188 Le pronom relatif

Il a un double rôle :

▪ Il tient la place d'un nom ou d'un pronom généralement placé avant lui, et appelé pour cette raison **antécédent** (du latin *« ante » avant*) :

Der Mann, **den** du dort siehst, ist mein Vater.
L'homme que tu vois là-bas est mon père.

■ Il relie à l'antécédent la proposition subordonnée relative dont il fait partie :

Ich suche die Leute, | **die** hier gewohnt haben. | *Je cherche les gens qui habitaient ici.*

Antécédent | Pronom relatif

Prop. principale | Prop. subord. relative

Das Konzert, | **das** wir gestern gehört haben, | war sehr gut. *Le concert que nous avons entendu hier était très bon.*

Antécédent | Pronom relatif

Prop. subord. relative

Proposition principale

Cf. la proposition subordonnée relative § 26.

1. Formes

■ Le relatif **der, das, die** *qui, que* :

	MASCULIN	NEUTRE	FÉMININ	PLURIEL
NOM.	der	das	die	die
ACC.	den	das	die	die
DAT.	dem	dem	der	denen
GÉN.	dessen	dessen	deren	deren

Cette déclinaison ressemble beaucoup à celle de l'article défini (cf. § 127). Seuls le datif pluriel et les quatre génitifs sont différents.

■ Le relatif **welcher, welches, welche** *qui, que, lequel, laquelle, lesquels* :
Il se décline comme l'adjectif-pronom interrogatif (cf. § 144), mais son emploi est limité à la langue écrite. Il ne s'emploie pas au génitif.

Die alten Burgen, in **welchen** die Ritter lebten, ... *Les vieux châteaux dans lesquels vivaient les chevaliers...*

■ Les relatifs **wer, was** et **wo** :

— **wer** *celui qui* se rapporte à des personnes. Il n'est précédé d'aucun antécédent.

Wer das behauptet hat, ist ein Lügner. *Celui qui a prétendu cela est un menteur.*

Le pronom relatif **wer** est parfois repris par le démonstratif **der** dans la proposition principale.

Wer will, **der** kann. *Celui qui veut peut.*
Wer lügt, **dem** glaubt man nicht. *On ne croit pas celui qui ment.*

— **was** *ce qui, ce que* se rapporte à des choses :
Il peut être sans antécédent :

Was wir dort gesehen haben, war wunderschön. *Ce que nous y avons vu était magnifique.*

Il peut avoir pour antécédent alles, das, das einzige ou un adjectif substantivé neutre :

Das war **das einzige, was** er uns sagen wollte.	*C'est la seule chose qu'il ait voulu nous dire.*
Das Schönste, was es gibt, ...	*La plus belle chose qui soit...*

Remarque :

Was, pronom relatif, tout comme Was, pronom interrogatif, ne s'emploie pas après une préposition. On utilise un pronom **relatif composé** identique à l'interrogatif composé (cf. § 187) :

Alles, **wofür** wir uns interessieren, ...	*Tout ce à quoi nous nous intéressons...*

— **wo** *où* remplace souvent un pronom relatif introduit par une préposition :

Die Stadt, { **wo** dieser Unfall passiert ist, ... / in der ...	*La ville où s'est produit cet accident...*

2. Emploi

Cf. la proposition subordonnée relative § 26.

« Rira bien qui rira le dernier. »

189 Le pronom indéfini

■ Tous les adjectifs indéfinis (cf. §§ 146 à 149) peuvent être employés comme pronoms :

— **singulier**

Das weiß doch **jeder**.	*Chacun sait ça.*
Ich habe ihm **alles** gesagt.	*Je lui ai tout dit.*
Wir möchten Ihnen { **vieles** / **manches** } zeigen.	*Nous aimerions vous montrer beaucoup de choses.*
Sie hat nur **weniges** gesehen.	*Elle n'a vu que peu de choses.*
Er hat **einiges** zu erzählen.	*Il a un certain nombre de choses à dire.*

Remarque :

Ces pronoms portent toujours la marque du cas, et se déclinent donc comme der, das, die. Mais on pourra aussi bien dire :

Ich habe **viel** gesehen.
que *J'ai vu beaucoup de choses.*
Ich habe vie**les** gesehen.

— **pluriel**

Alle waren geblieben.	*Tous (Toutes) étaient resté(e)s.*
Einige sind krank gewesen.	*Quelques-un(e)s ont été malades.*
Ich habe mit **mehreren** gesprochen.	*J'ai parlé à plusieurs.*
Es waren { **manche** / **viele** } gekommen.	*Beaucoup étaient venus.*
Wenige wollten hier bleiben.	*Peu de gens voulaient rester.*
Ich kenne **die meisten** von denen.	*J'en connais la plupart.*

Remarques :

- **ein paar** reste **invariable**.

Willst du alle Kassetten ? — *Veux-tu toutes les cassettes ?*
— Nein, nur **ein paar**. — *— Non, quelques-unes seulement.*

- On emploiera aussi bien **die beiden** que **beide** *les deux, tous les deux.*

Beide / **Die beiden** } haben gefehlt. — *Les deux ont manqué.*

Ce pronom a également une forme de singulier : **beides** (cf. § 174).

- **man** *on* :

C'est un pronom **invariable** qui ne s'emploie qu'au **nominatif** :

Man kann nie wissen. — *On ne peut jamais savoir.*

A l'accusatif et au datif, il faut employer **einen** et **einem** :

Das kann **einem** jeden Augenblick passieren. — *Ça peut vous arriver à tout moment.*

- **jemand** *quelqu'un* et **niemand** *personne* :

Ist **jemand** da ? — *Il y a quelqu'un ?*
Ich kenne **niemand** dort. — *Je ne connais personne là-bas.*

Ces pronoms, invariables dans la langue familière, peuvent prendre les marques de cas (-en, -em, -es) dans la langue soutenue, écrite ou littéraire :

Haben Sie jemand**en** gesehen ? — *Avez-vous vu quelqu'un ?*
Ich habe es niemand**em** erzählt. — *Je ne l'ai dit à personne.*

- **etwas** *quelque chose* et **nichts** *rien* sont **invariables**.

Es liegt dort **etwas** auf der Bank. (Nom.) — *Il y a quelque chose là-bas sur le banc.*
Hast du schon **etwas** gegessen ? (Acc.) — *As-tu déjà mangé quelque chose ?*
Es ist **nichts** passiert. (Nom.) — *Il ne s'est rien passé.*
Wir haben **nichts** gehört. (Acc.) — *Nous n'avons rien entendu.*

Remarque :

Dans le langage familier, etwas est souvent remplacé par **was** :

Hast du **was** verstanden ? — *Tu as compris quelque chose ?*

Etwas, was et nichts (ainsi que viel et wenig) peuvent être associés :
— à un infinitif introduit par zu :

Bring mir **etwas zu trinken** ! — *Apporte-moi quelque chose à boire !*
Sie hat **nichts zu sagen**. — *Elle n'a rien à dire.*
Es gibt noch **viel zu tun**. — *Il y a encore beaucoup à faire.*

— à un adjectif substantivé neutre (cf. § 162) :

Gibt's **etwas Neues** ? — *Y a-t-il quelque chose de nouveau ?*
— Nein, **nichts Besonderes**. — *— Non, rien de particulier.*

Wir haben **viel Interessantes** erlebt. — *Nous avons vu beaucoup de choses intéressantes.*

Ich habe **wenig Neues** zu erzählen.	*J'ai peu de choses nouvelles à dire.*

Mais :

Das ist etwas **a**nderes.	*C'est autre chose.*
Ich habe nichts **a**nderes gemeint.	*Je n'ai pas voulu dire autre chose.*

Devant un nom ou un adjectif, etwas peut s'employer au sens de *un peu* (= ein wenig, ein bißchen) :

Wir haben noch **etwas Zeit**.	*Nous avons encore un peu de temps.*
Das ist **etwas besser**.	*C'est un peu mieux.*

Attention !

Etwas ne doit pas être confondu avec l'adverbe etwa *environ, à peu près, peut-être* :

Sie kam **etwas** spät.	*Elle est arrivée un peu tard.*
Bist du **etwa** zu spät gekommen ?	*Est-ce que par hasard tu es arrivé(e) en retard ?*
Es dauerte **etwa** zehn Minuten.	*Ça a duré à peu près dix minutes.*

- **einer** et **keiner** :

— **Einer, ein(e)s, eine** *un, l'un, quelqu'un* et **keiner, kein(e)s, keine** *aucun ... ne, personne ... ne* sont synonymes de jemand et de niemand.

— Ils se déclinent comme l'article **défini** der, das, die (cf. § 127), et non comme l'article indéfini ein, ein, eine, **avec lequel ils ne doivent pas être confondus :**

EinØ Vogel sitzt auf dem Baum. (Article)	*Un oiseau est dans l'arbre.*
Ein **-er** meiner Freunde ist gestern gekommen. (Pronom)	*L'un de mes amis est venu hier.*

— Dans les formes der eine, der and(e)re *l'un, l'autre,* ein et ander suivent la déclinaison de l'adjectif épithète :

Die ein**en** sind hier, die ander(e)**n** dort.	*Les uns sont ici, les autres là-bas.*

Einer, ein(e)s, eine, contrairement à keiner, kein(e)s, keine, ne s'emploient pas au pluriel ; on emploie une autre forme : **welche**.

Nimm doch diesen Kaugummi, ich hab' noch **einen**.	*Prends ce chewing-gum, j'en ai encore un.*
Nimm doch einen Kaugummi, ich hab' noch **welche**.	*Prends un chewing-gum, j'en ai encore (d'autres).*

Remarque :

Associé à certains pronoms, le préfixe **irgend-** renforce le côté **vague, imprécis**.

irgendwer, irgendjemand, irgendeiner, (Plur.) irgendwelche	*quelqu'un, n'importe qui, n'importe lequel*
irgendwas, irgend etwas	*quelque chose, n'importe quoi*
Er hat **irgend etwas** behauptet.	*Il a prétendu je ne sais quoi.*

CHAPITRE 7

L'ADVERBE

190 Définition

C'est une expression invariable et généralement brève — elle comprend le plus souvent un seul élément, plus rarement deux ou trois — qui permet
- de **poser une question** (dans le cadre d'une interrogation partielle) ;
- d'**apporter** dans le groupe verbal ou en dehors de celui-ci **une information** sur la manière, l'intensité ou la quantité, le moment, la durée, la fréquence, la répétition, la direction, la localisation et la provenance ;
- d'**exprimer** — ou de renforcer — **une affirmation ou une négation**, ainsi qu'une simple **nuance** dans l'expression ;
- de **remplacer** un élément de phrase déjà cité auparavant.

191 Les adverbes interrogatifs les plus employés

- Questions sur la manière, l'intensité et la quantité :
Wie ... ? *Comment ... ? De quelle façon ... ?*
Wie sehr ... ? Wieviel ... ? *A quel point ... ? Combien ... ?*

Remarque :
Wie est aussi employé devant des adjectifs ou adverbes exprimant l'âge, la taille, la largeur, la hauteur, le poids, etc.

Wie alt sind Sie denn ? *Quel âge avez-vous ?*

- Questions sur le moment, la durée, la fréquence :
Wann ... ? *Quand ... ?* Seit wann ... ? *Depuis quand ... ?* Bis wann ... ? *Jusqu'à quand ... ?*
Wie lange ... ? *Combien de temps ... ?* Wie oft ... ? *Combien de fois ... ?*

- Questions sur la localisation, la direction, la provenance :
Wo ... ? *Où, en quel lieu, dans quel endroit ... ?*
Wohin ... ? *Où, dans quelle direction, vers quel endroit ... ?*
Woher ... ? *D'où ... ?*

- Questions sur la cause et le but :
Warum ... ? *Pourquoi ... ? (= Pour quelle raison ... ?)*
Wozu ... ? *Pourquoi ... ? (= Pour quoi faire ... ? Dans quel but ... ?)*

Remarque :

Précédés du préfixe **irgend-**, les adverbes wie, wann, wo, wohin, woher ne sont plus interrogatifs :

irgendwie	*n'importe comment*	irgendwo, irgendwohin	*n'importe où, quelque part*
irgendwann	*n'importe quand*	irgendwoher	*de n'importe où*

Le préfixe irgend- confère un caractère vague, imprécis, à l'expression de la manière, du temps et du lieu.

192 Les adverbes de manière

Presque tous les **adjectifs qualificatifs** peuvent jouer ce rôle :

Dieser Junge ist **höflich**. (Adj.)	*Ce garçon est poli.*
Antworte doch **höflich** ! (Adv.)	*Réponds donc poliment !*

Citons aussi **so** *ainsi* et son contraire **anders** *autrement, différemment*, et notons qu'il est également possible de former des adverbes de manière à l'aide du suffixe **-weise** à partir

— **d'un nom :**	der Teil	*la partie*	→	teilweise	*en partie*
— **d'un adjectif :**	normal	*normal*	→	normalerweise	*normalement*

193 Expression de l'intensité et de la quantité

sehr / viel *très, beaucoup* ; so sehr / so viel (soviel) *tant, tellement* ; zu sehr / zu viel (zuviel) *trop* ; wenig *peu* ; so wenig *si peu* ; zu wenig *trop peu* ; ein wenig (ein bißchen) *un peu.*

- On emploie sehr pour exprimer l'**intensité** (par ex. d'un **sentiment**) :

Sie **liebt** ihre Kinder **sehr**.	*Elle aime beaucoup ses enfants.*
Das **gefällt** mir so **sehr** !	*Ça me plaît tant !*
Freu dich nicht zu **sehr** !	*Ne te réjouis pas trop !*

- On emploie sehr devant un adjectif ou un autre adverbe pour former un **superlatif absolu** (cf. § 168) :

Es geht ihm **sehr gut**.	*Il va très bien.*

L'intensité peut aussi être exprimée par d'autres adverbes comme : absolut, überhaupt *absolument,* ganz, total *tout (= totalement),* gar (ganz und gar) nicht *pas du tout,* etc.

Wir waren **ganz** allein.	*Nous étions tout seuls.*
Das ist **überhaupt nicht** wahr !	*Ce n'est absolument pas vrai !*

- On emploie viel pour exprimer **la quantité** :

Es hat **viel** geregnet.	*Il a beaucoup plu.*
Er ißt so**viel** !	*Il mange tellement !*
Trink nicht zu**viel** !	*Ne bois pas trop !*

■ On n'emploie **viel** devant un adjectif ou un autre adverbe que si l'adjectif ou l'adverbe est au **comparatif de supériorité** :

Sie ist **viel stärker** als ich.	*Elle est beaucoup plus forte que moi.*
Es geht ihnen **viel besser**.	*Ils (elles) vont beaucoup mieux.*

■ so + adj. ou adv. *si, tellement, aussi*
zu + adj. ou adv. *trop*

Ist es schon **so spät** ?	*Il est déjà si tard ?*
Das ist **zu dumm** !	*C'est trop bête !*

■ ziemlich *assez, relativement* ; genug *assez, suffisamment* :

Meine Freunde waren **ziemlich** zufrieden.	*Mes amis étaient assez satisfaits.*
Das ist aber schon schlimm **genug** !	*C'est déjà bien assez grave !*

Remarquons que le premier se place toujours **devant** un adjectif ou un adverbe, alors que le deuxième se place **derrière**.

194 Les degrés de l'adverbe

Le comparatif est identique à celui de l'adjectif (cf. § 167), mais le superlatif a toujours la forme

am ... - sten

Mein Mofa fährt schnell, dein Moped fährt **schneller**, aber sein Motorrad fährt **am schnellsten**.	*Mon cyclomoteur va vite, ton vélomoteur va plus vite, mais c'est sa moto qui va le plus vite.*

Irrégularités :

gut *bien*	→	besser	→	am besten
sehr, viel *beaucoup*	→	mehr	→	am meisten
gern *volontiers*	→	lieber	→	am liebsten

Bier trinke ich gern ; ich trinke **lieber** Rotwein, aber **am liebsten** trinke ich Champagner.	*J'aime bien la bière ; j'aime mieux le vin rouge, mais ma préférence va au Champagne.*

Retenons aussi ces formes en **-stens**, dérivés du superlatif :

höchstens	*au plus, au maximum*	frühestens	*au plus tôt*
mindestens	*au moins, au minimum*	spätestens	*au plus tard*
wenigstens	*du moins*	meistens	*la plupart du temps*

« Mieux vaut tard que jamais. »

195 Les adverbes de temps

Seuls les plus courants sont mentionnés ici.

SITUATION, ACTION PRÉSENTES		SITUATION, ACTION PASSÉES		SITUATION, ACTION FUTURES	
jetzt, nun	*maintenant*	eben, soeben gerade vorhin	*juste,* *il y a un instant*	gleich sogleich sofort	*tout de suite*
heute	*aujourd'hui*	gestern	*hier*	bald	*bientôt*
heute morgen	*ce matin*	vorgestern	*avant-hier*	morgen (früh)	*demain (matin)*
heute abend	*ce soir*	früher	*autrefois*	übermorgen	*après-demain*
eben, soeben gerade	*juste,* *à l'instant*	damals	*à cette époque*	später	*plus tard*
		einst	*jadis*		

Remarques :

- eben, gerade + présent indiquent qu'une action est en train de s'accomplir :
  Mutti ? Sie pflückt **gerade** Blumen. — *Maman ? Elle est **en train de** cueillir des fleurs.*
- eben, gerade + parfait expriment le passé immédiat *(venir de)* :
  Der Arzt ist **eben** angekommen. — *Le médecin **vient** (juste) **d'**arriver.*
- gleich, sofort + présent expriment le futur rapproché *(aller)* :
  Wir gehen **gleich** fort. — *Nous **allons** partir.*
- bald ..., bald ... *tantôt ..., tantôt ...* :
  Bald lacht sie, **bald** weint sie. — ***Tantôt** elle rit, **tantôt** elle pleure.*

MOMENT		FRÉQUENCE		DURÉE	
zuerst, erst	*d'abord*	nie, niemals	*jamais*	noch, immer noch	*encore, toujours*
dann	*ensuite, puis*	immer	*toujours*	nicht mehr	*ne plus*
vorher	*auparavant*	selten	*rarement*	lange	*longtemps*
nachher	*par la suite*	oft	*souvent*	schon lange	*depuis longtemps*
zuletzt	*enfin,* *en dernier lieu*	jedesmal manchmal	*chaque fois* *quelquefois*		
schon	*déjà*	meistens	*la plupart du temps*		
noch nicht	*pas encore*				
diesmal	*cette fois*	wieder	*de nouveau*		
einmal	*une fois*				

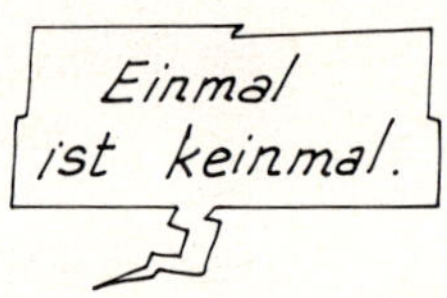

« Une fois n'est pas coutume. »

Remarque :

On forme des adverbes en -s à partir de noms pour exprimer la fréquence :

jeden Morgen = morgen**s** — jeden Nachmittag = nachmittag**s** — jeden Samstag = samstag**s**
jeden Abend = abend**s** — jede Nacht = nacht**s** — jeden Mittwoch = mittwoch**s**

Nachts sind alle Katzen grau. — *La nuit, tous les chats sont gris.*
Sonntags geschlossen. — *Fermé le dimanche.*

Mais : jeden Tag = täg**lich**.

Attention !

- **Erst** n'est pas toujours synonyme de **zuerst** *d'abord*. Devant une indication de moment (ou d'âge), il signifie *ne ... que ..., seulement ..., pas avant...* :

Sie kommt **erst** übermorgen. — *Elle ne viendra qu'après-demain.*
Bist du **erst** zwölf (Jahre alt) ? — *Tu n'as que douze ans ?*

- **Nie(mals)** est un adverbe **négatif** *(ne ... jamais)* :

Dort schneit es **nie(mals).** — *Il n'y neige jamais.*

Dans une tournure **affirmative**, il faut employer **je(mals)** :

Das ist das Dümmste, was ich **je** gehört habe. — *C'est la plus belle sottise que j'aie jamais entendue.*

196 Les adverbes de lieu

Il faut distinguer les adverbes exprimant **la localisation** (question : **Wo** ?), ceux qui expriment **la direction** (question : **Wohin** ?) et ceux qui expriment **la provenance** (question : **Woher** ?).

WO ?	WOHIN ?	WOHER ?
hier *ici*	hierhin, hierher	von hier
da *là*	dahin, daher	von da
dort *là-bas*	dorthin	von dort
draußen *dehors*	hinaus, heraus	von draußen
drinnen *dedans*	hinein, herein	von drinnen
oben *en haut*	hinauf, herauf	von oben
unten *en bas*	hinunter, herunter	von unten
vorn *devant*	nach vorn	von vorn
hinten *derrière*	nach hinten	von hinten
links *à gauche*	nach links	von links
rechts *à droite*	nach rechts	von rechts
daheim, zuhause (zu Hause), *à la maison*	heim, nach Hause	von daheim, von zuhause
irgendwo *quelque part*	irgendwohin, irgendwoher	von irgendwo
nirgendwo, nirgends *nulle part*	nirgendwohin, nirgendwoher	von nirgendwo
überall *partout*	überallhin	von überall

197 Les composés de "hin" et de "her"

Ce sont en fait des **particules séparables**, qui sont rattachées à l'infinitif et aux participes du verbe, ainsi qu'à ses formes conjuguées employées dans une proposition subordonnée.

Jetzt geht sie **hinaus**. — *Maintenant, elle sort.*
Willst du jetzt **hinausgehen** ? — *Veux-tu sortir maintenant ?*
Mein Bruder ist eben **hinausgegangen**. — *Mon frère vient de sortir.*
Sagt uns, ob ihr gleich **hinausgeht** ! — *Dites-nous si vous sortez tout de suite !*

Attention !

hin ou her ? On emploie **hin** pour exprimer l'**éloignement** par rapport à la personne qui parle, et **her** pour exprimer le **rapprochement**.

Citons aussi **hinab** / **herab** (mouvement vers le bas) et **hinüber** / **herüber** (franchissement, passage d'un côté à un autre).
La personne qui se déplace doit normalement, en parlant d'elle-même, employer **hin**, bien que l'allemand parlé prenne des libertés avec cette règle :

Langue soutenue :	Jetzt gehe ich **hinauf**.	*Maintenant, je monte.*
Langue familière :	Jetzt geh' ich **rauf***.	

* **herauf**, **herein**, etc. se contractent en effet en **rauf**, **rein**, etc.

198 Les adverbes d'affirmation et de négation

Ce sont les adverbes :

Ja, ... (Jawohl) ... *Oui, c'est cela, certes, ...*, **Doch**, ... *Si, ...* (réponse affirmative à une question négative), **Nein**, ... *Non, ...*, **Genau** ! ... *Tout à fait ! ...*, **Freilich** ! ... *Certes ! ...*, **Bestimmt** ! ... *Certainement ! ...*, **Sicher** ! ... *Bien sûr ! ...*

auxquels on peut associer :

So !... Ach so ! ... *Tiens ! Ah bon ! ...*

qui sont des « mots-phrases ». C'est pourquoi, lorsqu'ils sont suivis d'une autre phrase, ils n'influent pas sur sa construction : le verbe conjugué est à la deuxième place dans l'indépendante déclarative.

	(1)	(2)	
Hast du Geld ?	— Ja.		
	— Ja, ich	habe	Geld.
	— Ja, Geld	habe	ich.
	— Nein.		
	— Nein, ich	habe	kein Geld.
Hast du kein Geld ?	— Doch.		
	— Doch, ich	habe	Geld.
	— Doch, Geld	habe	ich.

199 L'adverbe négatif "nicht" (cf. §§ 202 à 204)

1. Il peut **nier l'ensemble du groupe verbal :** c'est la négation globale. Dans ce cas, il se place devant le premier élément du groupe verbal et peut être accentué (accent de phrase : °).

Affirmation	**Négation**
.... °arbeiten.	.... °nicht arbeiten.
.... (das Bier) °trinken.	.... (das Bier) °nicht trinken.
.... °aufpassen.	.... °nicht aufpassen.
.... ele°gant sein.	.... °nicht elegant sein.
.... °richtig antworten.	.... °nicht richtig antworten.
.... °Zeitung lesen.	.... °nicht Zeitung lesen.
.... in die °Stadt gehen.	.... °nicht in die Stadt gehen.

Transformons ces groupes verbaux à l'infinitif en phrases déclaratives :

Peter arbeitet °nicht.	*Peter ne travaille pas.*
Mein Freund trinkt das Bier °nicht.	*Mon ami ne boit pas la bière.*
Du paßt doch °nicht auf !	*Mais tu ne fais pas attention !*
Sie ist °nicht elegant.	*Elle n'est pas élégante.*
Ihr antwortet °nicht richtig.	*Vous ne répondez pas bien.*
Ein kleines Kind liest doch °nicht Zeitung.	*Un petit enfant ne lit pas le journal, voyons !*
Heute gehen wir °nicht in die Stadt.	*Aujourd'hui, nous n'allons pas en ville.*

2. Il peut **nier un membre de phrase**, un groupe fonctionnel, un simple mot dans la phrase : c'est la négation partielle. Dans ce cas, il n'est jamais accentué : c'est le groupe ou le mot nié qui porte alors un fort accent, appelé « accent d'insistance » : •.

Nicht •ich habe es gesehen.	*Ce n'est pas moi qui l'ai vu.*

Ce n'est pas le groupe verbal (le fait d'avoir vu quelque chose) qui est nié, mais seulement le sujet : celui-ci (•ich) est précédé de nicht et porte l'accent d'insistance.

Wir haben nicht **mit seiner •Mutter** gesprochen.	*Ce n'est pas à sa mère que nous avons parlé.*
{ Das hatten **nicht •alle** verstanden. **Nicht •alle** hatten das verstanden.	*Tout le monde ne l'avait pas compris.*

Après une négation partielle, la réalité de l'action ou de la situation est souvent révélée par un mot ou un groupe précédé de la conjonction de coordination sondern *mais, au contraire* :

Er hat nicht seinen •Bruder gerufen, **sondern** einen •Schulkameraden.
Il n'a pas appelé son frère, mais un camarade de classe.

Ich will ihn nicht be•suchen, **sondern** nur •anrufen.
Je ne veux pas aller le voir, mais seulement lui téléphoner.

200 Comment nuancer l'expression

Affirmation et négation peuvent être renforcées ou seulement nuancées par des adverbes comme :

genau, bestimmt *exactement*	natürlich *bien sûr*
fast, beinahe *presque*	sicher(lich) *sûrement*
auch *aussi, également*	etwa, vielleicht *peut-être*
wohl, schon *sans doute*	ja, nämlich *en effet*
selbst, sogar *même*	kaum *à peine*
besonders *surtout, particulièrement*	überhaupt *absolument, au juste*
wirklich *vraiment*	sowieso *de toute façon*
wahrscheinlich *vraisemblablement*	doch *mais voyons !*
hoffentlich *il faut l'espérer*	leider *malheureusement, hélas*

Remarque :

▪ denn *donc* et eigentlich *au fait, alors, à vrai dire* s'emploient le plus souvent dans des phrases interrogatives.

Wo sind **denn** meine alten Schuhe ?	*Où sont donc passées mes vieilles chaussures ?*
Was willst du **eigentlich** ?	*Alors qu'est-ce que tu veux ?*

▪ zwar *certes, il est vrai* est souvent repris par la conjonction de coordination aber :

Es hatte **zwar** geschneit, **aber** sehr kalt war es nicht.
Certes il avait neigé, mais il ne faisait pas très froid.

Und zwar, qui précède une énumération, n'est pas toujours traduisible en français, sinon peut-être par *à savoir* :

Sie hatten Getränke mitgebracht, **und zwar** Limonade, Apfelsaft, Sprudelwasser.
Ils avaient apporté des boissons : de la limonade, du jus de pomme, de l'eau gazeuse.

201 L'adverbe de « remplacement »

L'usage d'un adverbe peut éviter la répétition d'un membre de phrase déjà énoncé : groupe nominal prépositionnel, proposition subordonnée conjonctive ou proposition infinitive. Cet adverbe dit « de remplacement » occupe, dans la phrase, la même place que l'expression remplacée.

Localisation :

Bist du schon	in Berlin	gewesen ?	*As-tu déjà été à Berlin ?*
— Ja, ich bin schon	dort	gewesen.	*— Oui, j'y ai déjà été.*

Direction :

Möchten Sie	zum Dorf	fahren ?	*Aimeriez-vous aller au village ?*
— Nein, ich will nicht	dorthin	fahren.	*— Non, je ne veux pas y aller.*

Cause :

	Weil er müde ist,	kommt er nicht mit.	*Il ne vient pas parce qu'il est fatigué.*
— Ach so,	deshalb	kommt er nicht mit !	*— Ah, c'est pour ça qu'il ne vient pas !*

Concession :

Obwohl es schon spät ist,	müssen wir noch warten.	*Bien qu'il soit déjà tard, nous devons encore attendre.*
Trotzdem	müssen wir noch warten.	*Malgré cela, nous devons encore attendre.*

Temps :

Während wir beim Metzger sind,	kaufst du Brot.	*Tu achèteras du pain pendant que nous sommes chez le boucher.*
Inzwischen	kaufst du Brot.	*Pendant ce temps, tu achèteras du pain.*

Als ich klein war,	wollte ich Pilot werden.	*Quand j'étais petit, je voulais devenir pilote.*
Damals	wollte ich Pilot werden.	*A l'époque, je voulais devenir pilote.*

But :

Um mehr zu verdienen,	macht sie Überstunden.	*Elle fait des heures supplémentaires pour gagner plus.*
Dazu	macht sie Überstunden.	*C'est pour ça qu'elle fait des heures supplémentaires.*

Condition :

Wenn Sie hier bleiben,	wird er Ihnen böse sein.	*Si vous restez ici, il vous en voudra.*
Dann	wird er Ihnen böse sein.	*C'est alors qu'il vous en voudra.*

La virgule séparant la principale et la subordonnée disparaît si l'on emploie l'adverbe de remplacement :

Wenn er mich besuchte,	brachte er Blumen mit.	*Quand il venait me voir, il apportait des fleurs.*
Jedesmal	brachte er Blumen mit.	*Chaque fois il apportait des fleurs.*

CHAPITRE 8

LA NÉGATION

202 Introduction

Les deux négateurs les plus courants en allemand sont l'adverbe **nicht** et l'article négatif **kein**.

▪ **Kein** est le négateur de **ein**, article indéfini. Il se décline comme lui. Il permet de nier les groupes nominaux indéfinis ou partitifs.

Hast du **einen** Mantel ?	► G.N. indéfini	*As-tu un manteau ?*
Nein, ich habe **keinen** Mantel.	► négation	*Non, je n'ai pas de manteau.*
Hast du ∅ Geld bei dir ?	► G.N. partitif	*As-tu de l'argent sur toi ?*
Nein, ich habe **kein** Geld bei mir.	► négation	*Non, je n'ai pas d'argent sur moi.*

L'article **ein** n'a pas de pluriel, mais l'article négatif en a un : **keine** (**-e** est la marque du pluriel. Cf. **die**).

Haben Müllers Kinder ? — *Les Muller ont-ils des enfants ?*
Nein, Müllers haben **keine** Kinder. — *Non, les Muller n'ont pas d'enfants.*

▪ **Nicht** est employé pour toutes les autres négations qui ne portent pas sur un groupe indéfini ou partitif.

Hast du **das** Geld dabei ? — *As-tu l'argent sur toi ?*
— Nein, ich habe **das** Geld **nicht** dabei. — *— Non, je n'ai pas l'argent sur moi.*

203 Négation partielle et négation globale

1. Négation partielle

... weil er	**nicht den •Mantel**	gekauft hat.

(Négation partielle)

(Ce n'est **pas le manteau** qu'il a acheté.)

La négation partielle porte sur un seul élément de la phrase.

2. Négation globale

... weil er den Mantel	**°nicht gekauft hat**.

(Négation globale)

(Il n'a **pas acheté** le manteau.)

La négation globale porte sur le groupe verbal proprement dit et s'étend jusqu'à la fin de la proposition.
Contrairement au français, la négation en allemand n'encadre pas le verbe.

Elle [*n'*] *est* [*pas*] *là aujourd'hui.* — Sie ist heute **nicht** da.

204 Place de « nicht »

Nicht se place toujours devant la partie niée de la proposition. Dans la négation partielle, la partie niée est limitée. Dans la négation globale, elle s'étend jusqu'à la fin de la proposition négative. Comparons :

Er hat [nicht den •ganzen Tag] gearbeitet. **(Négation partielle)**
Il n'a pas travaillé toute la journée.

Er hat den ganzen Tag [°nicht gearbeitet.] **(Négation globale)**
Il n'a pas travaillé du tout de la journée.

1. Négation partielle
Ici la partie niée de la proposition est réduite à un seul élément, celui-ci étant toujours fortement accentué (accent d'insistance).

Er will [nicht •heute] aufs Land fahren, vielleicht •morgen.
Ce n'est pas aujourd'hui qu'il veut aller à la campagne, peut-être demain.

Cet élément peut être en tête de phrase.

[Nicht der •Vater] ist gekommen, sondern der •Onkel.*
Ce n'est pas le père qui est venu mais l'oncle.

* Dans ce cas, *mais* se traduit par **sondern** et non par aber.

2. Négation globale
Ici la négation porte sur tous les éléments qui suivent **nicht** jusqu'à la fin de la phrase. C'est le groupe verbal qui est nié, quelle que soit la place du noyau verbal. Le groupe verbal peut être :

- un verbe simple
  Er kann **nicht kommen**. *Il ne peut pas venir.*
- un adverbe + verbe
  Er darf **nicht schnell fahren**. *Il ne doit pas rouler vite.*
- un adjectif attribut + sein
  Er will **nicht still sein**. *Il ne veut pas se calmer.*
- un complément prépositionnel + verbe
  Er möchte **nicht mit dir tanzen**. *Il ne voudrait pas danser avec toi.*

Bien entendu, une phrase allemande ne contient pas obligatoirement un verbe de modalité. Reprenons les exemples ci-dessus en supprimant le verbe de modalité et formons des phrases déclaratives, impératives et interrogatives.

Er kann nicht kommen.	→	Er kommt nicht.
Er darf nicht schnell fahren.	→	Fahr nicht schnell !
Er will nicht still sein.	→	Ist er nicht still ?
Er möchte nicht mit dir tanzen.	→	Warum tanzt er nicht mit dir ?

Si la phrase comporte plusieurs compléments, **nicht** se place toujours devant ceux qui appartiennent à la partie niée de la phrase, c'est-à-dire devant le premier élément du groupe verbal.

Er will nächste Woche in der Schule **nicht** **neben Karl sitzen**. ►G.V. : nicht neben Karl sitzen
La semaine prochaine, il ne veut pas être à côté de Karl à l'école.

Certains groupes compléments n'ont pas leur place dans la partie niée de la proposition :
— le complément d'objet direct **défini** :

Er will den Film **nicht sehen**. *Il ne veut pas voir le film.*

— les pronoms personnels compléments sans préposition :

Ich will ihn **nicht hören**. *Je ne veux pas l'entendre.*

205 Autres négateurs

- **Niemand** *ne ... personne*
  Es ist niemand da. *Il n'y a personne ici.*

- **Nichts** *ne ... rien*
  Er hat nichts gesehen. *Il n'a rien vu.*

- **Nie(mals)** *ne ... jamais*
  Ich habe ihn nie(mals) getroffen. *Je ne l'ai jamais rencontré.*

Remarque :
Contrairement au français, on n'emploie en allemand qu'une seule négation :
Er sagt **nie** etwas. *Il **ne** dit **jamais rien**.*

- **Nirgends** *nulle part*
  Ich habe sie nirgends gefunden. *Je ne l'ai trouvée nulle part.*

- **weder ... noch** *ni ... ni ...*
  Er hat weder Zeit noch Geld.
  Il n'a ni le temps ni l'argent.

Remarque :
Le verbe reste au singulier, même s'il y a deux sujets :
Weder mein Vater noch mein Bruder **ist** gekommen. *Ni mon père ni mon frère ne **sont** venus.*

- Certains adverbes permettent de renforcer la négation :
  (Ganz und) gar nicht / kein
  Das habe ich gar nicht gewußt. *Je n'en ai absolument rien su.*

  { überhaupt nicht / kein
  { absolut
  Er hat überhaupt keine Lust. *Il n'en a pas du tout envie.*

CHAPITRE 9

NE TOMBONS PAS DANS LE PIÈGE

LES DIFFÉRENCES IMPORTANTES ENTRE L'ALLEMAND ET LE FRANÇAIS

206 La structure régressive

En règle générale,

le déterminant précède le déterminé

Ainsi :

▪ **Dans les mots composés,** ou lorsque le nom est accompagné d'un adjectif épithète, l'élément de base vient en **dernier lieu** :

dunkel**grün**	*vert foncé*
der Sonnen**aufgang**	*le lever du soleil*
ein blauer **Mantel**	*un manteau bleu*

▪ **Dans le groupe verbal à l'infinitif,** la base verbale est en **dernière position :**

nach Hause **fahren**	*rentrer à la maison*
eine neue Hose **kaufen**	*acheter un pantalon neuf*

▪ **Dans la proposition subordonnée,** le verbe conjugué se trouve à la **dernière place**. Les autres éléments qui constituent le groupe verbal sont placés avant lui :

Er war böse, weil ich nicht mit ihm Tennis **spielen wollte**.
Il n'était pas content parce que je ne voulais pas jouer au tennis avec lui.

En résumé :
A l'inverse du français, c'est à partir de la **fin** d'un mot composé, d'un groupe nominal ou d'un groupe verbal que s'organise la structure et que s'explique le sens. Cet agencement des éléments de la phrase allemande est appelé :

structure régressive

Attention !

Dans la langue allemande, qu'il s'agisse de mot, de groupe, de proposition ou de phrase, les faits de structure sont toujours liés à un

accent

dont l'importance est essentielle pour la compréhension comme pour l'expression (cf. §§ 7 à 13).

207 Différences dans l'emploi des temps et des modes

1. Emploi des temps

L'allemand remplace souvent les formes verbales complexes par des formes **plus simples**. En particulier le présent est substitué au futur (notamment pour les verbes de modalité) :

{ Morgen werde ich zu Ihnen kommen. { Morgen **komme** ich zu Ihnen.	*Je viendrai vous voir demain.*
Ich **komme**, sobald ich **kann.**	*Je viendrai dès que je pourrai.*

Mais l'allemand emploie volontiers dans les phrases conditionnelles les formes avec **würde** (cf. §§ 83 et 85) :

Wenn man mich **fragen würde** (= fragte), würde ich mit ja antworten.
Si on m'interrogeait, je répondrais oui.

2. Emploi des modes (indicatif et subjonctif)

D'une manière plus rigoureuse qu'en français, **l'indicatif** allemand exprime des faits **réels** ou **certains**, alors que le **subjonctif** s'applique à tout ce qui est **irréel, incertain, rapporté** ou **souhaité**.

- **L'indicatif** est employé, contrairement au français :

— dans toutes les propositions subordonnées qui font apparaître un fait réel, soit après la plupart des conjonctions de subordination : bevor *avant que,* nachdem *après que,* bis *jusqu'à ce que* et obwohl *bien que* :

Obwohl das Wetter schön **ist**, nehmen wir unseren Regenschirm mit.
Bien que le temps soit au beau, nous prenons notre parapluie.

— après une proposition principale négative dont le verbe est au présent :

Ich glaube nicht, daß er morgen **kommt**.
Je ne crois pas qu'il vienne demain.

- **Le subjonctif** sert à exprimer un ordre, un souhait ou un regret :

Es **lebe** die Freiheit !	*Vive la liberté !*
Wäre er nur gekommen !	*Si seulement il était venu !*

Il s'emploie après les conjonctions de subordination suivantes : wenn *si* (conditionnel ; domaine de l'irréel ou de l'hypothétique), als ob, als wenn *comme si* et dans le style indirect (discours rapporté, cf. § 87).

LES PRINCIPAUX MOTS-OUTILS NÉCESSAIRES A L'EXPRESSION

Ils sont présentés par ordre alphabétique, qu'ils soient français ou allemands.

208 Aller, venir de, être en train de

1. ***aller*** :

■ Le verbe *aller* indique le déplacement. La langue allemande emploie des verbes différents selon le moyen utilisé : gehen *marcher,* fahren *aller avec un véhicule,* etc.

■ *aller* suivi d'un infinitif : gehen (avec spazieren, schlafen, baden, einkaufen) ; *aller voir :* besuchen (+ Acc.) ; *aller chercher :* holen (objet) ou *abholen* (personne).

être sur le point de : im Begriff sein, zu (+ inf.) ou adverbe gleich *tout de suite* :

Er ist **im Begriff**, etwas **zu** tun. — *Il est sur le point de faire quelque chose.*

Er kommt **gleich**. — *Il va venir.*

■ *aller* exprimant l'intention du locuteur : wollen + inf.

Das **will** ich Ihnen erklären. — *Je vais vous l'expliquer.*

2. ***venir de*** : adverbes eben, soeben ou gerade, avec verbe au parfait ou au plus-que-parfait (action achevée) :

Er ist **(so)eben** angekommen. — *Il vient d'arriver.*
Sie war **(so)eben** angekommen. — *Elle venait d'arriver.*

3. ***être en train de :*** bei + infinitif substantivé ou dabei sein, ... zu + infinitif.

Ich **war** (gerade) **beim Essen**, als er mich anrief.
J'étais (justement) en train de manger quand il m'a téléphoné.

Ich **bin** (gerade) **dabei**, meinem Freund **zu schreiben**.
Je suis (justement) en train d'écrire à mon ami.

209 C'est ... qui, c'est ... que

Cette expression est très fréquente en français. Elle existe en allemand sous la forme ... ist es, der (das, die) + subordonnée relative.

Meine •Schwester **ist es, die** du gestern getroffen hast.
C'est ma sœur que tu as rencontrée hier.

Mais en général, on place le terme sur lequel on veut insister en tête de phrase et on l'accentue fortement :

Nicht meine •Schwester ist gekommen, sondern mein Bruder.
Ce n'est pas ma sœur qui est venue, mais mon frère.

210 Chez

- **bei** après un verbe indiquant que **l'on est** chez quelqu'un :
  Ich **bin beim** Friseur. *Je suis chez le coiffeur.*

- **zu** après un verbe indiquant que **l'on va** chez quelqu'un :
  Ich **gehe zum** Friseur. *Je vais chez le coiffeur.*

A noter toutefois les expressions courantes :

Ich bin zu Hause.	*Je suis à la maison.*	Ich gehe nach Hause.	*Je vais à la maison.*
Ich bin daheim.	*Je suis chez moi.*	Ich gehe heim.	*Je rentre chez moi.*

211 Da

Da a trois fonctions. Il peut être :

- **Adverbe de temps** *(alors, à ce moment-là)* **:**
  Wir wollten ausgehen : **da** fing es an zu regnen.
  Nous allions sortir ; c'est alors qu'il se mit à pleuvoir.

- **Adverbe de lieu** *(là, à cet endroit-là)* répondant à la question **wo ?** (lieu où l'on est) :
  Da sind unsere Gäste. *Nos invités sont là. (Voilà nos invités.)*

- **Conjonction de subordination** exprimant l'idée de cause (= weil) : *puisque, comme, étant donné que* :
  Da das Wetter schön ist, wollen wir einen Ausflug machen.
  Comme le temps est beau, nous allons faire une excursion.

EN RÉSUMÉ :

Da + verbe + ...	► adverbe de temps ou de lieu
Da + ... + verbe	► conjonction de cause

212 Demander

POSER UNE QUESTION	EXPRIMER UNE DEMANDE POLIE
fragen + accusatif	**bitten + accusatif**
Er fragte mich **nach** meinem Namen. *Il m'a demandé mon nom.*	Ich **bitte** Sie **um** Entschuldigung. *Je vous demande pardon.*

Rappel : Bitte ! *S'il vous plaît, je vous prie !*

213 Dont

Le pronom relatif *dont* dépend, pour sa traduction, du régime des mots qu'il détermine.

▪ Lorsqu'il est **complément d'un nom** et indique la possession, il se traduit par le génitif du pronom relatif der, das, die, die :

Ich habe meinen Freund Paul getroffen, **dessen** Vater schwer krank war.
J'ai rencontré mon ami Paul, dont le père était gravement malade.

▪ Lorsqu'il est **complément d'un verbe ou d'un adjectif**, il se traduit par le pronom relatif der, das, die, die, au cas voulu par le verbe ou l'adjectif :

Das Buch, **das** ich brauche, ...	*Le livre dont j'ai besoin ...*
Der Film, **von dem** wir sprachen, ...	*Le film dont nous parlions ...*
Der Sohn, **auf den** sie so stolz war, ...	*Le fils dont elle était si fière, ...*

▪ **Au sens partitif** *(parmi lesquels)*, il se traduit par von denen :

Sie hat vier Kinder, **von denen** noch zwei in die Grundschule gehen.
Elle a quatre enfants, dont deux vont encore à l'école primaire (élémentaire).

214 En et Y

1. ***En* + participe présent** (gérondif français)

▪ **Participe présent seul :**

Weinend verließ sie das Zimmer. — *Elle quitta la pièce en pleurant.*

▪ **Beim + infinitif substantivé :**

Beim Spielen ist er hingefallen. — *Il est tombé en jouant.*

▪ **Indem + subordonnée :**

Er verdient Taschengeld, **indem er Autos wäscht**. — *Il gagne de l'argent de poche en lavant des voitures.*

2. ***En* partitif : davon**

Ich möchte fünf Kilo **davon**. — *J'en voudrais cinq kilos.*

3. ***En* préposition** désignant la matière : aus + Dat.

Mein Ring ist **aus reinem Gold**. — *Ma bague est en or pur.*

4. ***En* pronom démonstratif :** démonstratif composé.

Wir haben **davon** gesprochen.	*Nous en avons parlé (de cela).*
Er hat **darüber** gelacht.	*Il en a ri (de cela).*

5. ***En* adverbe de lieu :** von da, daher ; von dort, dorther (lieu d'où l'on vient) :

Er kommt gerade **von dort**. — *Il en vient.*

6. *Y :*
Il se traduit par le démonstratif composé :
Ich denke **daran**. *J'y pense.*

ou par les adverbes suivants :
— da ou dort (lieu où l'on est) :
Wann warst du **dort** ? *Quand y étais-tu ?*

— dahin ou dorthin (lieu où l'on va) :
Morgen fahren wir **dorthin**. *Nous y allons demain.*

215 Il y a

être, exister	COMPLÉMENT DE TEMPS
• **sein, stehen, liegen,** etc. Dort **stehen** drei Tannen. *Là-bas, il y a trois sapins.*	• **Vor** + Dat. Ich habe sie **vor** drei Tagen gesehen. *Je l'ai vue il y a trois jours.*
• **Es gibt** (Invar.) + Acc. **Es gibt** kein Problem. *Il n'y a pas de problème.*	• **seit** + Dat. / **schon** + Acc. Wir warten { **seit** einer Stunde auf dich. / **schon** eine Stunde } *Il y a une heure que nous t'attendons.*
Es gibt Leute, die ... *Il y a des gens, qui ...*	• **Es ist (sind) ... her.** **Es ist** schon lange **her**. *Il y a belle lurette.*

216 Lieu - L'expression du lieu

La langue allemande distingue dans sa formulation le lieu où l'on **est** et le lieu où l'on **va**.
Le lieu d'où l'on vient (origine, provenance) est, comme en français, exprimé de manière spécifique.

LIEU OÙ L'ON EST	Question WO ? *(où ?)*	Ich bin in Berlin. *Je suis à Berlin.*
LIEU OÙ L'ON VA	Question WOHIN ? *(où ?)*	Ich fahre nach Berlin. *Je vais à Berlin.*
LIEU D'OÙ L'ON VIENT	Question WOHER ? *(d'où ?)*	Ich komme aus Berlin. } Ich stamme aus Berlin. } *Je viens de Berlin.* *(= J'y suis né, j'en suis originaire.)* Ich komme von Berlin. *J'arrive de Berlin.*

Autres exemples concernant le locatif et le directif : (cf. §§ 106, 107, 133, 134, 196)

LIEU OÙ L'ON EST **(Wo ?)**	LIEU OÙ L'ON VA **(Wohin ?)**
Das Bild hängt an der Wand. *Le tableau est accroché au mur.*	Ich hänge das Bild an die Wand. *J'accroche le tableau au mur.*
Ich bin an der Tafel. *Je suis au tableau.*	Ich gehe an die Tafel. *Je vais au tableau.*
Auf dem Markt sein *Être au marché*	Auf den Markt (zum Markt) gehen *Aller au marché*
Auf dem Land(e) sein *Être à la campagne*	Aufs Land gehen *Aller à la campagne*
Auf der Jagd sein *Être à la chasse*	Auf die Jagd gehen *Aller à la chasse*
Im Theater, in der Schule sein *Être au théâtre, à l'école*	Ins Theater, in die Schule gehen *Aller au théâtre, à l'école*
Bei Tisch (am Tisch) sitzen *Être (assis) à table*	Zu Tisch gehen *Aller à table*
Zu Hause sein *Être à la maison*	Nach Hause gehen *Rentrer chez soi*

Les confusions à éviter :

ADVERBES	oben *en haut*	unten *en bas*	vorn *devant (là-devant)*	hinten *derrière (là-derrière)*
PRÉPOSITIONS	über ... *au-dessus de ...*	unter ... *au-dessous de ...*	vor ... *devant ...*	hinter ... *derrière ...*

217 Mais

- **aber** *mais, pourtant, tout de même,* souvent synonyme de doch :

Wir wollten ausgehen, **aber** es fing an zu regnen.
Nous voulions sortir, mais il se mit à pleuvoir.

- **sondern** *mais au contraire* ne s'emploie qu'après une négation :

Er war **nicht** sehr groß, **sondern** eher klein.
Il n'était pas très grand, mais (au contraire) plutôt petit.

218 On

- Sens habituel : pronom indéfini **man**

— man ne s'emploie qu'au nominatif :

Heute reist **man** schnell.	*Aujourd'hui, on voyage vite.*

— man est beaucoup moins employé que le français *on*. L'allemand préfère les formules suivantes :

- es... :

Es klopft.	*On frappe.*
Es klingelt.	*On sonne.*

- La voix passive :

Alle Bäume **sind gefällt worden.**	*On a abattu tous les arbres.*
Gestern **wurde gefeiert.**	*Hier, on a fait la fête.*

- Dans le français courant, *on* a tendance à remplacer *nous*. Cette tendance n'existe pas en allemand :

Gestern abend **waren wir** bei Bachmanns.	*Hier soir on était (= nous étions) chez les Bachmann.*

Remarque :

« *On dit que* ... » (cf. § 52) :

Dieser Mann **soll** sehr reich **sein.**	*On dit que cet homme est très riche.*

219 Pour

- *Pour* **+ nom ou pronom :**

für + Acc.	Das ist **für** dich.	*C'est pour toi.*
als...	Er gilt **als** der beste Schüler.	*Il passe pour le meilleur élève.*
auf + Acc.	Sie ist **auf** drei Tage verreist.	*Elle est en voyage pour trois jours.*
über + Acc.	Wir fahren **übers** Wochenende dorthin.	*Nous y allons pour le week-end.*
nach + Acc.	Ist das der Zug **nach** Bremen ?	*Est-ce le train pour Brême ?*
um + Acc.	Er kämpft **um** sein Leben.	*Il se bat pour son existence.*

Expression du but, de la finalité :

pour devant un infinitif ne se traduit jamais par für, mais par l'expression **um ... zu** (**zum** + infinitif substantivé) :

Sie geht in die Stadt, **um** Einkäufe **zu** machen.	*Elle va en ville pour faire des courses.*
Wir suchen einen Platz **zum Spielen**.	*Nous cherchons un endroit pour jouer.*

pour que, afin que : damit ou daß (rare)

Ich bringe ihm meine Uhr, **damit** er sie repariert.	*Je lui apporte ma montre pour qu'il la répare.*

220 Quand

■ phrase au futur → toujours **wenn**.

Das wirst du ihm sagen, **wenn** du ihn besuchst.	*Tu le lui diras quand tu iras le voir.*

■ phrase au présent ou au passé → **wenn** s'il y a **répétition,** c'est-à-dire si on peut employer jedesmal, wenn ... *chaque fois que ...*, **als** dans tous les autres cas.

Wenn ich sie besuche, bringe ich ihr Blumen.	*Quand je vais la voir, je lui apporte des fleurs (chaque fois).*
Wenn ich sie besuchte, brachte ich ihr Blumen.	*Quand j'allais la voir, je lui apportais des fleurs (chaque fois).*
Als er sie an diesem Abend besuchen will, ist sie nicht mehr zu Hause.	*Quand il veut aller la voir, ce soir-là, elle n'est plus chez elle.* (narration au présent)
Als er sie gestern besuchte, war sie krank.	*Quand il est allé la voir, hier, elle était malade.*
Als ich jünger war, las ich gern Krimis.	*Quand j'étais plus jeune, j'aimais bien les romans policiers.*

■ Wenn est à distinguer de l'adverbe interrogatif de temps **wann**, qui n'est employé que dans une interrogation directe ou indirecte :

Wann kommt der Zug aus Hannover an ?	*Quand le train de Hanovre arrive-t-il ?*
Weißt du, **wann** der Zug ankommt ?	*Sais-tu quand arrive le train ?*

221 Que

■ *Que* peut être **conjonction de subordination** introduisant une subordonnée complétive. Il se traduit alors par **daß**.

Brigitte schreibt uns, **daß** es ihr gut geht.	*Brigitte nous écrit qu'elle va bien.*

Remarque :

Après les verbes exprimant l'opinion ou le sentiment : denken, wissen, meinen, hoffen, fürchten, sagen, etc., la subordonnée est souvent simplement **juxtaposée** à la principale :

Ich glaube, es wird bald regnen.	*Je crois qu'il va bientôt pleuvoir.*

Mais cette construction est impossible si la principale est à la forme négative :

Ich glaube nicht, daß es bald regnen wird.	*Je ne crois pas qu'il pleuve bientôt.*

■ *Que* peut être aussi **pronom relatif** complément d'objet direct. Il se traduit alors par l'accusatif ou le datif du pronom relatif :

Die Frau, **die** du dort siehst, ...	*La femme que tu vois là-bas ...*
Die Leute, **denen** ich geholfen habe, ...	*Les gens que j'ai aidés ...*

- *Que* peut être **exclamatif** (= *comme*) : Wie ... !

Wie schön sind unsere Wälder !	*Que nos forêts sont belles !*

- *Que* peut être **interrogatif :** Was ... ?

Was wollen Sie ?	*Que voulez-vous ?*

- *Que* + **comparaison** : ... als ..., ... wie ...

Ist er älter **als** du ? — Nein, er ist so alt **wie** ich.	*Est-il plus âgé que toi ?* — *Non, il a le même âge que moi.*

222 Seulement, ne ... que

- **erst,** adverbe de **temps,** au sens de : *ne ... pas plus tôt* (ou *plus tard*) *que, pas avant (que)* s'oppose à schon *déjà* (cf. § 195) ;
- **nur**, adverbe de **quantité,** au sens de *pas plus de* (quantité, durée) :

Ich kann **erst morgen** kommen.	*Je ne peux venir que demain.* *Je ne peux pas venir avant demain.*
Ich kann **nur eine Stunde** bleiben.	*Je ne peux rester qu'une heure.* *Je ne peux pas rester plus d'une heure.*

223 Si

- **Wenn,** conjonction de subordination exprimant l'idée de **condition** *(si, à condition que)*, s'emploie avec l'indicatif si la condition est réalisable, avec le subjonctif dans le cas contraire :

Du kommst, **wenn** du willst. Ich wäre froh, **wenn** er da wäre.	*Tu viens si tu veux.* *Je serais content s'il était là.*

La condition est parfois exprimée **sans wenn.** Dans ce cas, la proposition principale est souvent introduite par so, da ou dann :

Wäre dieses Auto nicht so teuer, **(dann)** würde ich es kaufen.
Si cette voiture n'était pas aussi chère, je l'achèterais.

- **Ob** *si* **interrogatif** ou **dubitatif** (expression du **doute**) :

Wissen Sie, **ob** sie zu Hause ist ? **Ob** er es schaffen wird ?	*Savez-vous si elle est chez elle ?* *Qui sait s'il réussira ?*

224 Temps - Les confusions à éviter

PRÉPOSITION		ADVERBE		CONJONCTION	
vor ...	*avant*	vorher	*auparavant*	bevor ...	*avant que ...*
nach ...	*après*	nachher	*après, ensuite*	nachdem ...	*après que ...*
seit ...	*depuis*	seither	*depuis lors*	seit(dem) ...	*depuis que ...*
während ...	*pendant*	währenddessen	*pendant ce temps*	während ...	*pendant que ...*
bis ...	*jusqu'à*	bisher	*jusqu'ici*	bis ...	*jusqu'à ce que ...*

CHAPITRE 10

LES VERBES FORTS

LISTE DES VERBES FORTS

Cette liste ne se veut pas exhaustive : elle présente seulement les quelque 200 verbes forts les plus usuels — classés par alternances vocaliques (cf. § 44) — à connaître après les quatre années de Collège.

225 Verbes en A - IE (I) - A

INFINITIF	PRÉSENT (1re et 3e pers.)	PRÉTÉRIT	PARFAIT	ÉQUIVALENT FRANÇAIS
anfangen	ich fange, er fängt ... an	fing ... an	hat ... angefangen	*commencer*
anhalten	ich halte, er hält ... an	hielt ... an	hat ... angehalten	*(s')arrêter*
aushalten	ich halte, er hält ... aus	hielt ... aus	hat ... ausgehalten	*supporter*
blasen	ich blase, er bläst	blies	hat ... geblasen	*souffler*
braten	ich brate, er brät	briet	hat ... gebraten	*rôtir*
einfallen	es fällt (mir, ihm) ein	fiel ... ein	**ist** ... eingefallen	*venir à l'esprit*
einschlafen	ich schlafe, er schläft ... ein	schlief ... ein	**ist** ... eingeschlafen	*s'endormir*
empfangen	ich empfange, er empfängt	empfing	hat ... empfangen	*recevoir (qqn)*
enthalten	ich enthalte, er enthält	enthielt	hat ... enthalten	*contenir*
entlassen	ich entlasse, er entläßt	entließ	hat ... entlassen	*renvoyer (qqn)*
erhalten	ich erhalte, er erhält	erhielt	hat ... erhalten	*recevoir (qqch)*
fallen	ich falle, er fällt	fiel	**ist** ... gefallen	*tomber*
fangen	ich fange, er fängt	fing	hat ... gefangen	*attraper*
gefallen	ich gefalle, er gefällt	gefiel	hat ... gefallen	*plaire*
halten	ich halte, er hält	hielt	hat ... gehalten	*1) tenir ;* *2) s'arrêter*
lassen	ich lasse, er läßt	ließ	hat ... gelassen hat ... inf. + lassen	*1) laisser ;* *2) faire (faire)*
laufen	ich laufe, er läuft	lief	**ist** ... gelaufen	*1) courir ;* *2) marcher*
raten	ich rate, er rät	riet	hat ... geraten	*1) conseiller ;* *2) deviner*
schlafen	ich schlafe, er schläft	schlief	hat ... geschlafen	*dormir*
sich unterhalten	ich unterhalte mich er unterhält sich	unterhielt sich	hat sich ... unterhalten	*s'entretenir*
verlassen	ich verlasse, er verläßt	verließ	hat ... verlassen	*quitter, abandonner*

226 Verbes en A - U - A

INFINITIF	PRÉSENT (1re et 3e pers.)	PRÉTÉRIT	PARFAIT	ÉQUIVALENT FRANÇAIS
abfahren	ich fahre, er fährt ... ab	fuhr ... ab	**ist** ... abgefahren	*démarrer, partir (véhicule)*
aufschlagen	ich schlage, er schlägt ... auf	schlug ... auf	hat ... aufgeschlagen	*ouvrir (livre)*
backen	ich backe, er bäckt	backte (buk)	hat ... gebacken	*cuire au four*
einladen	ich lade, er lädt ... ein	lud ... ein	hat ... eingeladen	*inviter*
erfahren	ich erfahre, er erfährt	erfuhr	hat ... erfahren	*apprendre (nouvelle)*
ertragen	ich ertrage, er erträgt	ertrug	hat ... ertragen	*supporter*
fahren	ich fahre, er fährt	fuhr	**ist** ... gefahren	*rouler, circuler, aller*
			hat ... gefahren	*conduire, mener*
fortfahren	ich fahre, er fährt ... fort	fuhr ... fort	**ist** ... fortgefahren	*démarrer, partir (véhicule)*
graben	ich grabe, er gräbt	grub	hat ... gegraben	*creuser*
laden	ich lade, er lädt	lud	hat ... geladen	*charger*
radfahren	ich fahre, er fährt ... Rad	fuhr ... Rad	**ist** ... radgefahren	*faire du vélo*
schaffen	ich schaffe, er schafft	schuf	hat ... geschaffen	*créer*
schlagen	ich schlage, er schlägt	schlug	hat ... geschlagen	*frapper, battre, sonner (heure)*
tragen	ich trage, er trägt	trug	hat ... getragen	*porter*
vorschlagen	ich schlage, er schlägt ... vor	schlug ... vor	hat ... vorgeschlagen	*proposer*
wachsen	ich wachse, er wächst	wuchs	**ist** ... gewachsen	*pousser, grandir*
waschen	ich wasche, er wäscht	wusch	hat ... gewaschen	*laver*
wegfahren	ich fahre, du fährst ... weg	fuhr ... weg	**ist** ... weggefahren	*partir (en véhicule)*

227 Verbes en E - A - E

INFINITIF	PRÉSENT (1re et 3e pers.)	PRÉTÉRIT	PARFAIT	ÉQUIVALENT FRANÇAIS
achtgeben	ich gebe, er gibt ... acht	gab ... acht	hat ... achtgegeben	*faire attention*
ansehen	ich sehe, er sieht ... an	sah ... an	hat ... angesehen	*1) regarder ; 2) considérer*
ausgeben	ich gebe, er gibt ... aus	gab ... aus	hat ... ausgegeben	*dépenser*
aussehen	ich sehe, er sieht ... aus	sah ... aus	hat ... ausgesehen	*sembler, avoir l'air*
betreten	ich betrete, er betritt	betrat	hat ... betreten	*entrer dans ...*
einsehen	ich sehe, er sieht ... ein	sah ... ein	hat ... eingesehen	*se rendre compte de ...*

eintreten	ich trete, er tritt … ein	trat … ein	**ist** … eingetreten	*entrer*
essen	ich esse, er ißt	aß	hat … gegessen	*manger*
fernsehen	ich sehe, er sieht … fern	sah … fern	hat … ferngesehen	*regarder la télé*
fressen	ich fresse, er frißt	fraß	hat … gefressen	*dévorer, engloutir*
geben	ich gebe, er gibt	gab	hat … gegeben	*donner*
geschehen	es geschieht	geschah	**ist** … geschehen	*se passer, arriver*
lesen	ich lese, er liest	las	hat … gelesen	*lire*
messen	ich messe, er mißt	maß	hat … gemessen	*mesurer*
nachsehen	ich sehe, er sieht … nach	sah … nach	hat … nachgesehen	*vérifier*
sehen	ich sehe, er sieht	sah	hat … gesehen	*voir*
treten	ich trete, er tritt	trat	**ist** … getreten	*1) entrer ; 2) marcher sur*
umgeben	ich umgebe, er umgibt	umgab	hat … umgeben	*entourer*
vergessen	ich vergesse, er vergißt	vergaß	hat … vergessen	*oublier*
vorlesen	ich lese, er liest … vor	las … vor	hat … vorgelesen	*lire à haute voix*
zusehen	ich sehe, er sieht .. zu	sah … zu	hat … zugesehen	*regarder*

228 Verbes en E - A - O / E - O - O

INFINITIF	PRÉSENT (1re et 3e pers.)	PRÉTÉRIT	PARFAIT	ÉQUIVALENT FRANÇAIS
abnehmen	ich nehme, er nimmt … ab	nahm … ab	hat … abgenommen	*1) ôter ; 2) décrocher (tél.)*
annehmen	ich nehme, er nimmt … an	nahm … an	hat … angenommen	*1) supposer ; 2) accepter*
aufnehmen	ich nehme, er nimmt … auf	nahm … auf	hat … aufgenommen	*1) recevoir ; 2) photographier, enregistrer*
befehlen	ich befehle, er befiehlt	befahl	hat … befohlen	*ordonner, commander*
brechen	ich breche, er bricht	brach	hat … gebrochen	*casser*
empfehlen	ich empfehle, er empfiehlt	empfahl	hat … empfohlen	*recommander*
erschrecken	ich erschrecke, er erschrickt	erschrak	**ist** … erschrocken	*avoir peur, s'effrayer*
helfen	ich helfe, er hilft	half	hat … geholfen	*aider*
nehmen	ich nehme, er nimmt	nahm	hat … genommen	*prendre*
schelten	ich schelte, er schilt	schalt	hat … gescholten	*traiter de …, gronder*
sprechen	ich spreche, er spricht	sprach	hat … gesprochen	*parler*
stehlen	ich stehle, er stiehlt	stahl	hat … gestohlen	*voler, dérober*
sterben	ich sterbe, er stirbt	starb	**ist** … gestorben	*mourir*
teilnehmen	ich nehme, er nimmt … teil	nahm … teil	hat … teilgenommen	*participer à …*
treffen	ich treffe, er trifft	traf	hat … getroffen	*rencontrer, atteindre*

unterbrechen	ich unterbreche, er unterbricht	unterbrach	hat ... unterbrochen	*interrompre*
unternehmen	ich unternehme, er unternimmt	unternahm	hat ... unternommen	*entreprendre*
versprechen	ich verspreche, er verspricht	versprach	hat ... versprochen	*promettre*
werfen	ich werfe, er wirft	warf	hat ... geworfen	*lancer, jeter*
zerbrechen	ich zerbreche, er zerbricht	zerbrach	hat ... zerbrochen	*briser, casser*
zunehmen	ich nehme, er nimmt ... zu	nahm ... zu	hat ... zugenommen	*augmenter, grossir*
Verbes en E - O - O				
aufheben	ich hebe, er hebt ... auf	hob ... auf	hat ... aufgehoben	*ramasser*
heben	ich hebe, er hebt	hob	hat ... gehoben	*soulever, lever*
schmelzen	ich schmelze, er schmilzt	schmolz	**ist** ... geschmolzen	*fondre*

Attention !

A l'impératif — 2e pers. du singulier — les verbes forts en **e** changent ce **e** en **i** (**ie**), à l'exception de **heben** : Gib... ! Sieh... ! Nimm... ! etc., mais : Heb ... (auf) !

229 Verbes en EI - IE - IE / EI - I - I

INFINITIF	PRÉTÉRIT	PARFAIT	ÉQUIVALENT FRANÇAIS
abschreiben	schrieb ... ab	hat ... abgeschrieben	*copier*
aufschreiben	schrieb ... auf	hat ... aufgeschrieben	*noter, prendre en note*
aussteigen	stieg ... aus	**ist** ... ausgestiegen	*descendre (de véhicule)*
beschreiben	beschrieb	hat ... beschrieben	*décrire*
bleiben	blieb	**ist** ... geblieben	*rester, demeurer*
einsteigen	stieg ... ein	**ist** ... eingestiegen	*monter (en véhicule)*
erscheinen	erschien	**ist** ... erschienen	*apparaître*
leihen	lieh	hat ... geliehen	*1) prêter ; 2) emprunter*
reiben	rieb	hat ... gerieben	*frotter*
scheinen	schien	hat ... geschienen	*1) briller ; 2) sembler*
schreiben	schrieb	hat ... geschrieben	*écrire*
schreien	schrie	hat ... geschrien	*crier*
schweigen	schwieg	hat ... geschwiegen	*se taire, rester muet*
treiben	trieb	hat ... getrieben	*1) pousser ; 2) pratiquer*
übertreiben	übertrieb	hat ... übertrieben	*exagérer*
umsteigen	stieg ... um	**ist** ... umgestiegen	*changer (de train, de bus)*
unterschreiben	unterschrieb	hat ... unterschrieben	*signer*
verzeihen	verzieh	hat ... verziehen	*pardonner*
Un seul verbe en EI - IE - EI			
heißen	hieß	hat ... geheißen	*1) s'appeler ; 2) signifier*

Verbes en EI - I - I			
angreifen	griff … an	hat … angegriffen	*attaquer*
begreifen	begriff	hat … begriffen	*comprendre, saisir*
beißen	biß	hat … gebissen	*mordre*
ergreifen	ergriff	hat … ergriffen	*saisir, s'emparer de*
gleichen	glich	hat … geglichen	*ressembler à …*
gleiten	glitt	**ist** … geglitten	*glisser*
greifen	griff	hat … gegriffen	*porter la main vers …*
leiden	litt	hat … gelitten	*1) souffrir ; 2) supporter*
pfeifen	pfiff	hat … gepfiffen	*siffler*
reißen	riß	hat … gerissen	*arracher*
reiten	ritt	**ist** … geritten	*1) faire du cheval ;*
		hat … geritten	*2) monter, chevaucher qqch*
schneiden	schnitt	hat … geschnitten	*couper, tailler*
schreiten	schritt	**ist** … geschritten	*marcher, faire des pas*
sich streiten	stritt … sich	hat sich … gestritten	*se disputer*
vergleichen	verglich	hat … verglichen	*comparer*
zerreißen	zerriß	hat … zerrissen	*déchirer*

230 Verbes en I - A - O / I - A - U

INFINITIF	PRÉTÉRIT	PARFAIT	ÉQUIVALENT FRANÇAIS
beginnen	begann	hat … begonnen	*commencer*
gewinnen	gewann	hat … gewonnen	*gagner (sport, jeu, lot)*
schwimmen	schwamm	**ist** … geschwommen	*nager, flotter*
Verbes en I - A - U			
sich befinden	befand … sich	hat sich … befunden	*se trouver, être situé*
binden	band	hat … gebunden	*lier, attacher*
erfinden	erfand	hat … erfunden	*inventer*
ertrinken	ertrank	**ist** … ertrunken	*se noyer*
finden	fand	hat … gefunden	*trouver*
gelingen	gelang	**ist** … gelungen	*réussir*
singen	sang	hat … gesungen	*chanter*
sinken	sank	**ist** … gesunken	*s'enfoncer, sombrer*
springen	sprang	**ist** … gesprungen	*sauter, bondir*
stattfinden	fand … statt	hat … stattgefunden	*avoir lieu, se dérouler*
trinken	trank	hat … getrunken	*boire*
verbinden	verband	hat … verbunden	*1) relier ; 2) panser*
verschwinden	verschwand	**ist** … verschwunden	*disparaître*
zwingen	zwang	hat … gezwungen	*forcer, obliger, contraindre*

231 Verbes en IE - O - O

INFINITIF	PRÉTÉRIT	PARFAIT	ÉQUIVALENT FRANÇAIS
abschließen	schloß ... ab	hat ... abgeschlossen	*fermer à clef*
anbieten	bot ... an	hat ... angeboten	*offrir, faire une offre*
anziehen	zog ... an	hat ... angezogen	*mettre (vêtement)*
ausziehen	zog ... aus	hat ... ausgezogen	*ôter (vêtement)*
beschließen	beschloß	hat ... beschlossen	*décider*
biegen	bog	hat ... gebogen	*plier, courber*
bieten	bot	hat ... geboten	*offrir*
erziehen	erzog	hat ... erzogen	*éduquer, élever (enfants)*
fliegen	flog	**ist** ... geflogen	*voler*
fliehen	floh	**ist** ... geflohen	*s'enfuir, fuir*
frieren	fror	hat ... gefroren	*1) geler ; 2) avoir froid*
genießen	genoß	hat ... genossen	*1) jouir de ; 2) consommer*
gießen	goß	hat ... gegossen	*1) verser ; 2) arroser*
kriechen	kroch	**ist** ... gekrochen	*ramper*
riechen	roch	hat ... gerochen	*sentir (odorat)*
schieben	schob	hat ... geschoben	*pousser*
schießen	schoß	hat ... geschossen	*tirer, abattre*
schließen	schloß	hat ... geschlossen	*1) fermer ; 2) conclure*
verbieten	verbot	hat ... verboten	*interdire, défendre de*
verlieren	verlor	hat ... verloren	*perdre*
wiegen	wog	hat ... gewogen	*peser*
ziehen	zog	hat ... gezogen	*tirer, entraîner*
		ist ... gezogen	*partir, passer, défiler*
et aussi :			
betrügen	betrog	hat ... betrogen	*tromper*
lügen	log	hat ... gelogen	*mentir*
schwören	schwor	hat ... geschworen	*jurer de*

232 Verbes HORS SÉRIE

INFINITIF	PRÉTÉRIT	PARFAIT	ÉQUIVALENT FRANÇAIS
abhängen	hing ... ab	hat ... abgehangen	*dépendre de*
ankommen	kam ... an	**ist** ... angekommen	*1) arriver ; 2) dépendre de*
anrufen	rief ... an	hat ... angerufen	*appeler au téléphone*
aufgehen	ging ... auf	**ist** ... aufgegangen	*se lever (astres)*
aufstehen	stand ... auf	**ist** ... aufgestanden	*se lever (personnes)*
ausgehen	ging ... aus	**ist** ... ausgegangen	*sortir, être de sortie*
bekommen	bekam	hat ... bekommen	*recevoir, obtenir*
besitzen	besaß	hat ... besessen	*posséder*
bestehen	bestand	hat ... bestanden	*se composer de, consister*
gehen	ging	**ist** ... gegangen	*1) aller ; 2) marcher*
hängen	hing	hat ... gehangen	*être suspendu, accroché*
kommen	kam	**ist** ... gekommen	*venir, arriver*
rufen	rief	hat ... gerufen	*1) appeler ; 2) s'écrier*

sein (er ist)	war	**ist** ... gewesen	*être*
sitzen	saß	hat ... gesessen	*être assis*
stehen	stand	hat ... gestanden	*être debout, sur ses pieds*
stoßen (er stößt)	stieß	**ist** ... gestoßen	*1) heurter ; 2) tomber sur*
tun	tat	hat ... getan	*1) faire ; 2) mettre*
untergehen	ging ... unter	**ist** ... untergegangen	*1) se coucher (astres) ; 2) sombrer, couler*
vergehen	verging	**ist** ... vergangen	*passer, s'écouler (temps)*
verstehen	verstand	hat ... verstanden	*comprendre*
vorkommen	kam ... vor	**ist** ... vorgekommen	*se produire, arriver*
vorbeigehen	ging ... vorbei	**ist** ... vorbeigegangen	*passer*
weggehen	ging ... weg	**ist** ... weggegangen	*s'en aller, partir (à pied)*
werden (er wird)	wurde	**ist** ... geworden	*devenir*
zurückkommen	kam ... zurück	**ist** ... zurückgekommen	*revenir, s'en retourner*

233 Les verbes faibles irréguliers (ou « verbes mixtes »)

INFINITIF	PRÉTÉRIT	PARFAIT	ÉQUIVALENT FRANÇAIS
bringen	brachte	hat ... gebracht	*apporter*
denken	dachte	hat ... gedacht	*penser*
verbringen	verbrachte	hat ... verbracht	*passer (le temps)*
brennen	brannte	hat ... gebrannt	*brûler*
erkennen	erkannte	hat ... erkannt	*reconnaître*
kennen	kannte	hat ... gekannt	*connaître*
nennen	nannte	hat ... genannt	*nommer, appeler, citer*
rennen	rannte	**ist** ... gerannt	*courir*
senden	sendete*	hat ... gesandt	*1) envoyer ; 2) émettre*
wenden	wendete*	hat ... gewandt	*tourner*
et aussi :			
wissen (er weiß)	wußte	hat ... gewußt	*savoir, avoir connaissance*

* Les formes sandte et wandte sont moins usitées en allemand moderne.

EXERCICES

**Les numéros entre parenthèses renvoient aux paragraphes.
L'astérisque indique que le corrigé est proposé en fin d'ouvrage.**

LA PHRASE ALLEMANDE

1. Commencez la phrase par le terme souligné. (§ 18)

1. Wir gehen heute in die Stadt. **2.** Er kauft jetzt eine andere Jacke. **3.** Die Kinder warten vor der Schule auf ihre Mutter. **4.** Er kauft sich mit dem Geld ein Stück Kuchen. **5.** Die Straßen sind leider sehr schmutzig. **6.** Ich will mir unbedingt das Fußballspiel ansehen. **7.** Er wird in diesem Jahr nicht nach Paris fahren.

2. Formez des phrases interrogatives à l'aide des mots interrogatifs mentionnés entre parenthèses. (§ 19)

1. Ich habe die Arbeit geschrieben. (was) **2.** Wir sind in die Stadt gegangen. (wohin) **3.** Er ist gestern mit dem Zug nach Frankfurt gefahren. (wie) **4.** Er kommt morgen früh. (wann) **5.** Er ist im Wohnzimmer. (wo) **6.** Klaus hat einen Kuchen gekauft. (wer) **7.** Inge hat Blumen mitgebracht. (was) **8.** Ich bin heute mit dem Bus gekommen. (wie)

3. Transformez en phrases impératives. (§ 20 et §§ 87 à 93)

1. In die Küche gehen. (2e pers. plur.) **2.** Den Ball sofort holen. (2e pers. sing.) **3.** Die Tür leise zumachen. (Forme de politesse) **4.** Bier aus dem Keller holen. (2e pers. sing.) **5.** Das Zimmer schön aufräumen. (2e pers. plur.) **6.** Die Kinder nicht allein über die Straße gehen lassen. (Forme de politesse)

4. Transformez ces phrases en phrases exclamatives. (§ 21)

1. Dieses Bild ist schön. **2.** Du bist schnell gefahren. **3.** Sie ist braun geworden. **4.** Du bist brav, mein Junge. **5.** Es ist interessant, Deutsch zu lernen.

5. Complétez les phrases suivantes avec la conjonction de coordination qui convient (aber, denn, und, oder, sondern). **(§ 17)**

1. Wir gehen sofort schlafen, ... wir sind müde. **2.** Mein Bruder liest einen Krimi, ... meine kleine Schwester spielt Klavier. **3.** Mein Vater arbeitet im Büro, ... meine Mutter bleibt zu Hause. **4.** Er arbeitet nicht schnell, ... langsam. **5.** Die Schüler lesen, ... sie schreiben in ihr Heft.

6. Complétez les phrases en faisant de la première une subordonnée complétive introduite par daß. **(§§ 22 et 25)**

1. Heute fängt die Schule wieder an. Im Radio wurde gemeldet, ... **2.** Morgen wird das Wetter wieder schön. Ich glaube, ... **3.** Die Ferien sind schon vorbei. Ich kann nicht verstehen, ... **4.** Du wirst wieder dein Buch vergessen. Ich möchte wetten, ... **5.** Ich erkälte mich im Schwimmbad. Meine Mutter fürchtet, ... **6.** Heute ist es noch kalt. Ich finde, ... **7.** Ich muß mich wieder an die Arbeit machen. Ich denke, ... **8.** Ich bin groß genug, um einen Wagen zu fahren. Der Junge behauptet, ...

7. Transformez la première phrase en subordonnée interrogative en apportant les modifications nécessaires. (§ 24)

1. Woher kommt der Zug ? Ich weiß es nicht. **2.** Warum hast du deinen Vetter am Bahnhof nicht abgeholt ? Sag es mir. **3.** Hat Opa dir geschrieben, daß er kommt ? Ich erinnere mich nicht mehr daran. **4.** Was für Gepäck trägt der Reisende ? Sieh mal nach. **5.** Wohin fahren denn diese Wagen ? Ich möchte es halt wissen. **6.** Wozu kommt die Mutter in die Küche ? Frag sie doch. **7.** Warum bleiben die Fußgänger stehen ? Ich sehe es nicht ein. **8.** Für wen soll ich Geschenke kaufen ? Das frage ich mich.

8. Complétez par daß **ou** ob. **(§§ 24 et 25)**

1. Ich will mal probieren, . . . der Motor jetzt läuft. 2. Ich bin doch sicher, . . . der Motor jetzt läuft. 3. Ist es möglich, . . . er nicht da ist ? 4. Schau mal, . . . das Telefonbuch auf dem Tisch liegt. 5. Ich möchte wissen, . . . du deine Freunde zu deinem Geburtstag eingeladen hast. 6. Ich glaube, . . . eine Reise nach Deutschland sich lohnt. 7. Warum behauptest du, . . . ich nicht recht habe ? 8. Ich denke, . . . ich nächsten Sommer nicht zu Hause bleiben werde.

* **9. Traduisez. (§ 25)**

1. Je voudrais bien savoir à quelle heure il reviendra (revient). 2. Demandez-lui ce qu'il a fait hier. 3. Il n'est pas possible qu'il ait oublié cela. 4. Je me demande s'il pourra venir demain. 5. Je lui ai pourtant dit de ne pas ouvrir la fenêtre. 6. Écoute un peu comme cette musique est belle !

10. Choisissez dans la liste la conjonction de subordination qui convient, puis complétez (obwohl, damit, als, wenn, weil). **(§ 25)**

A - 1. . . . wir letzten Sommer in Italien waren, regnete es jeden Tag. 2. Rufen Sie ihn bitte an, . . . er nicht denkt, Sie hätten es vergessen. 3. Vergessen Sie bitte nicht, es ihm zu sagen, . . . er zurückkommt. 4. Er ist heute nicht ins Büro gekommen, . . . er krank war. 5. . . . man jung ist, glaubt man alles zu wissen. 6. . . . es zu regnen angefangen hat, sind wir nach Hause gegangen. 7. Was wäre passiert, . . . er nicht gerufen hätte ? 8. . . . ich überall suchte, konnte ich es trotzdem nicht finden.

B - **Même exercice avec** seit, da, weil, bevor, wenn, als, obwohl, damit.

1. Mach bitte die Tür zu, . . . uns niemand hört. 2. . . . er am Bahnhof ankam, war der Zug schon weg. 3. . . . er lange geschlafen hat, ist er noch müde. 4. . . . es dir nicht recht ist, mußt du es sagen. 5. Ich nahm ein Taxi, . . . ich meinen Bus verpaßt hatte. 6. . . . wir früher in Paris gewohnt haben, kenne ich mich ganz gut aus. 7. Wir müssen zurückreisen, . . . es dunkel wird. 8. . . . du ein Moped hast, arbeitest du nicht mehr in der Schule.

11. Mettez la conjonction de subordination qui convient (daß, da, wenn, seit, bis, während, nachdem). **(§ 25)**

1. Würden Sie sich so ein Haus bauen lassen, . . . Sie das Geld hätten ? 2. . . . er die Lösung findet, vergeht viel Zeit ! 3. . . . der Unterricht interessant ist, passen die Schüler besser auf. 4. Ich hoffe, ... du dein Geld nicht zum Fenster hinauswirfst. 5. . . . sie die ganze Nacht getanzt hatten, gingen sie nach Hause zurück. 6. . . . ich meine Hausaufgaben mache, spielt meine Schwester Klavier. 7. . . . wir voneinander Abschied genommen haben, hat er nicht mehr von sich hören lassen. 8. . . . du nicht zu Hause warst, konnte ich dich nicht besuchen.

12. Reliez les deux propositions par als **ou** wenn **selon le cas. (§ 25)**

1. Klaus fing mit seinen Hausaufgaben an ; es war schon halb sieben. 2. Rufen Sie mich bitte sofort an ; Ihr Mann kommt nach Hause. 3. Ich besuche euch bestimmt ; ich bin in Berlin. 4. Die Kinder wollten das Zelt aufschlagen ; es war schon sehr dunkel. 5. Ich war mit meiner Arbeit fertig ; ich durfte mir das Fußballspiel ansehen. 6. Ich rief ihn jeden Morgen an ; er war nie da. 7. Das Wetter war schön ; wir fuhren jedesmal weg. 8. Ich sah plötzlich, was los war ; ich konnte leider nichts tun.

13. Reliez les deux propositions par wenn **ou** ob, **en apportant les modifications nécessaires. (§ 25)**

1. Machen wir Feuer ? Das hängt von dir ab. 2. Wir machen Feuer ; wir bringen Papier und Holz. 3. Ich habe Urlaub ; es regnet immer. 4. Der Lehrer ist nicht da ; die Schüler machen Unsinn. 5. Bestehe ich meine Prüfung ? Das frage ich mich. 6. Schreiben wir heute eine Klassenarbeit ? Wir müssen den Lehrer fragen. 7. Kommst du morgen oder nicht ? Ich möchte es gern wissen. 8. Die Sonne scheint ; alles sieht besser aus.

14. Transformez l'une des propositions en subordonnée conjonctive et apportez les modifications nécessaires. (§ 25)

1. Die Kinder gehen zu Bett ; sie haben gegessen. 2. Das Fernsehprogramm ist zu Ende ; es ist halt Mitternacht. 3. Die Kinder sehen gern fern ; wir wissen es. 4. Die Kinder liegen

im Bett ; die Eltern hören Radio. **5.** Die Kinder machen ihre Hausaufgaben ; dann dürfen sie fernsehen. **6.** Der Junge wollte sich an die Arbeit machen ; da kam sein Freund an. **7.** Der Junge war wirklich unglücklich ; es schien so. **8.** Fährt dein Vater morgen in die Stadt ? — Ich weiß es nicht.

*** 15. Transformez la proposition entre tirets en proposition subordonnée relative. (§ 26)**

1. Die Lederjacke — der Junge wollte sie sich kaufen — war sehr teuer. **2.** Der junge Mann — er geht über die Brücke — ist ein Freund von mir. **3.** Der Junge — ich stellte ihn meiner Schwester vor — war eben aus Hamburg gekommen. **4.** Die Freunde — wir begegneten ihnen im Kino — waren sehr freundlich. **5.** Meine Schwester — ich will ihr kein Geld leihen — ist mir böse. **6.** Die Jugendlichen — sie besuchen dieses Gymnasium — sind sehr nett. **7.** Die Fahrkarte — du brauchst sie im Zug — löst du dir dort am Schalter. **8.** Der Junge — wir haben ihn in den Ferien kennengelernt — spricht sehr gut Deutsch.

16. Faites de la deuxième phrase une proposition subordonnée relative. (§ 26)

1. Das Geschenk gefällt mir sehr. Du hast es mir geschickt. **2.** Siehst du den Mann dort ? Er spricht gerade mit deiner Schwester. **3.** Dieser Herr ist mein Sportlehrer. Du hast ihn eben gegrüßt. **4.** Ich denke oft an meinen Freund. Sein Haus liegt an einem schönen See. **5.** Sein Partner wohnt in Bonn. Er schreibt ihm jeden Monat. **6.** Kennen Sie die junge Dame ? Ihr Bruder verkauft Computer. **7.** Die Leute sind unsere Nachbarn. Wir haben lange mit ihnen geredet. **8.** Ich erinnere mich an diese Kinder. Ihre Großmutter war so nett !

17. Répondez en utilisant un infinitif ou un groupe infinitif. (§ 27)

1. Rauchen Sie nicht mehr ? — Nein, ich habe aufgehört ... **2.** Wollen Sie morgen wegfahren ? — Ja, ich habe vor, ... **3.** Spielen Sie noch Tennis ? — Nein, es ist mir jetzt verboten, ... **4.** Fahren Sie nach Paris ? — Nein, ich habe keine Lust, ... **5.** Will das Mädchen heiraten ? — Nein, es hat nicht die Absicht ... **6.** Kommst du mit ? — Nein, es gefällt mir nicht, ... **7.** Freut er sich, daß er sie wiedersieht ? — Ja, er freut sich, ... **8.** Rufen Sie ihn vorher an ? — Ja, ich versuche, ...

18. Transformez la proposition complétive en groupe infinitif. (§ 27)

1. Ich hoffe, daß ich am Freitag einen Brief bekomme. **2.** Jetzt ist er froh, daß er so lange gewartet hat. **3.** Mein Freund schlägt mir vor, daß wir uns bald wiedersehen. **4.** Meine Großmutter hofft darauf, daß sie wieder gesund wird. **5.** Es macht mir keinen Spaß, daß ich am Bahnhoft abgeholt werde. **6.** Ich werde mich freuen, daß ich diese Arbeit schnell beende.

19. Complétez la réponse avec un infinitif précédé ou non de zu. **(§ 27).**

1. Warum haben Sie nicht angerufen ? — Ich habe vergessen, Sie ... **2.** Spricht er noch ? — Ja, ich höre ihn ... **3.** Fahren Sie auch mit ? — Ich habe aber keine Lust ... **4.** Verstehen Sie Deutsch ? — Ja, ich kann ... **5.** Fahren Sie nicht in Urlaub ? — Doch, wir haben vor, in Urlaub ... **6.** Regnet es noch ? — Nein, es hat aufgehört ... **7.** Machen Sie diesen Umweg ? — Nein, es lohnt sich nicht, diesen Umweg ...

20. Transformez la proposition coordonnée par und **en groupe infinitif prépositionnel. (§ 27)**

1. Er nimmt das Geschenk und dankt mir nicht. **2.** Heute abend sieht er fern und geht nicht mit mir ins Theater. **3.** Er verläßt das Zimmer und macht das Licht nicht aus. **4.** Er hat mir eine Stunde zugehört und kein Wort gesagt. **5.** Er blieb zu Hause und ging nicht mit seinen Freunden in die Disko. **6.** Er ist weggegangen und hat seinen Schirm nicht genommen, obwohl es sehr stark regnete. **7.** Er ist fort und hat von seinen Freunden nicht Abschied genommen. **8.** Er ging ins Kino und begleitete mich nicht ins Museum.

*** 21. Reliez les deux propositions par** damit **ou** um ... zu ... **(§ 27)**

1. Ich ziehe meine Windjacke an ; ich will mich nicht erkälten. **2.** Ich rufe meine Eltern an ; ich sage ihnen, daß ich spät ankomme. **3.** Ich gehe auf den Markt ; ich will Blumen für meine Mutter kaufen. **4.** Ich mache das

Garagentor auf ; mein Vater fährt den Wagen in die Garage. **5.** Schreib mir bald ; ich möchte wissen, wann du kommst. **6.** Ich rufe meine Eltern an ; sie sollen mich abholen. **7.** Ich schaue gut nach rechts und nach links ; ich will keinen Unfall haben. **8.** Ich gehe schnell in den Keller ; ich hole meinem Vater eine Flasche Bier.

LE GROUPE VERBAL

22. Donnez le groupe verbal infinitif des phrases suivantes. (§ 29)

1. Ich hole einen Freund ab. **2.** Wir steigen um. **3.** Jetzt mache ich Schluß. **4.** Vati kehrt nach Hamburg zurück. **5.** Frühstückst du auf der Terrasse ? **6.** Das paßt zu deiner Bluse. **7.** Sie diktiert den Schülern einen Text. **8.** Ich telefoniere mit meinen Eltern.

23. Ajoutez l'information entre parenthèses, en l'insérant à la place qui lui revient dans la phrase. (§§ 30 à 33)

1. Er ist allein. (jetzt) **2.** Wir bringen Blumen mit. (dir) **3.** Ich bleibe im Wohnzimmer. (lange) **4.** « Mach doch auf ! » (das Fenster) **5.** Sie spielen Fußball. (im Garten) **6.** Diese Familie wohnt hier. (seit drei Jahren) **7.** Jetzt lebt meine Schwester in Bonn. (bei einer Freundin) **8.** Denkst du an die Ferien ? (oft)

24. Complétez les G.V. suivants en choisissant dans la liste l'infinitif qui convient : sagen, öffnen, besuchen, warten, gehen, sitzen, trinken, essen, schwimmen, reisen. (§ 29)

1. auf den Bus ... **2.** Mineralwasser ... **3.** mit dem Zug ... **4.** ein Fenster ... **5.** zur Post ... **6.** im Fluß ... **7.** gute Nacht ... **8.** Wurst ... **9.** auf dem Stuhl ... **10.** einen kranken Freund ...

LE VERBE

25. A partir des noms suivants, formez des verbes, puis traduisez-les. (§§ 34 et 35)

1. der Film **2.** der Kamm **3.** das Ende **4.** der Donner **5.** der Teil **6.** die Furcht **7.** der Glanz **8.** der Scherz.

26. Dans la liste suivante, recopiez uniquement les verbes à particule. (§§ 36 et 38)

beschreiben - anrufen - aufhören - erklären - wiederholen - wiederkommen - aussehen - zurückkehren - verschwinden - unternehmen - unterbringen - übertreiben.

27. Employez l'infinitif substantivé pour compléter les phrases, après avoir choisi dans la liste. (parken - lachen - baden - wohnen - lernen - atmen - essen - herstellen) (§ 41)

1. In diesem See ist ... verboten. **2.** Nach dem ... gehe ich schlafen. **3.** Mit dieser Methode ist das ... viel einfacher. **4.** Das ... vor diesem Gebäude ist nicht gestattet. **5.** Das ... in diesem Stadtviertel ist sehr angenehm. **6.** Für einen Menschen ist das ... unterm Wasser unmöglich. **7.** Diese Stadt ist bekannt für das ... von Maschinen. **8.** Sie ist traurig ; das ... fällt ihr schwer.

* **28. Traduisez. (§ 41)**

1. Sais-tu nager ? **2.** Mon ami apprend à conduire. **3.** J'entends jouer les enfants. **4.** Nous les voyons sauter. **5.** Restez donc couché ! **6.** Il la fait attendre. **7.** Je voudrais dormir. **8.** Allez-vous déjeuner ? (Politesse)

29. Formez l'infinitif II (infinitif passé) des verbes suivants. (§ 42)

1. bauen **2.** brennen **3.** einladen **4.** gratulieren **5.** überholen **6.** aufstehen **7.** gehen **8.** bekommen **9.** zurückkommen **10.** laufen.

* **30. Transformez la subordonnée complétive C.O.D. de** Sie behauptet **en groupe infinitif. (§§ 27 et 42)**

1. Sie behauptet, daß sie uns nicht gesehen hat. **2.** Sie behauptet, daß sie mich lange erwartet hat. **3.** Sie behauptet, daß sie allein spazierengegangen ist. **4.** Sie behauptet, daß sie sich im Kino gelangweilt hat. **5.** Sie behauptet, daß sie zu Hause geblieben ist. **6.** Sie behauptet, daß sie die Bücher nicht bestellt hat. **7.** Sie behauptet, daß sie die Uhr unter dem Schrank gefunden hat. **8.** Sie behauptet, daß sie mit ihrer Mutter telefoniert hat.

31. Complétez par le participe I du verbe entre parenthèses. (§ 43)

1. (träumen) Ein ... Mädchen saß auf der Bank. **2.** (baden) Die ... Kinder waren sehr laut. **3.** (brennen) Siehst du die ... Fabrik ? **4.** (fliegen) Haben Sie "Das ... Klassenzimmer" gelesen ? **5.** (lachen) ... Leute kamen auf uns zu. **6.** (liegen) Die auf der Wiese ... Frau liest eine Illustrierte. **7.** (rauchen) Ein ... Mann betrat das Zimmer. **8.** (fließen) Wir hören nur den ... Bach.

* **32. Traduisez. (§ 43)**

1. Des roses en train de fleurir. **2.** Mon genou qui saigne [das Knie]. **3.** Les voitures qui prennent le départ [der Rennwagen (-)]. **4.** Une brillante idée. **5.** Des gens en train de bavarder [plaudern]. **6.** Un couple qui danse [das Paar]. **7.** L'arbre qui pousse là-bas devant la maison [wachsen]. **8.** Il répondit en tremblant.

33. Quel est le participe II des verbes suivants ? (§ 44)

1. aufmachen - eintreten - bestellen - mitbringen - kennenlernen - verstehen - übersetzen - telefonieren - frühstücken - arbeiten - abfahren - herunterkommen - zurückkehren - anzünden - passieren - geschehen - bekommen - überholen - untergehen - erklären.

34. Complétez par le participe II du verbe entre parenthèses, attribut ou épithète. (§§ 44 et 161)

1. (decken) Ist der Tisch endlich ... ? **2.** (füllen) Jetzt sind alle Gläser ... . **3.** (verlieren) Nach dem ... Spiel waren wir traurig. **4.** (erhoffen) Es war nicht der ... Erfolg. **5.** (sprechen) Die dort ... Worte gefielen uns nicht. **6.** (pflücken) Willst du das ... Obst verkaufen ? **7.** (suchen) Diese Ware ist sehr ... . **8.** (schließen) Wir standen vor der ... Tür. **9.** (aufregen) Ein ... Mann kam herein. **10.** (vergessen) Heute ist alles ... .

L'INDICATIF

35. Complétez par la terminaison voulue. (§ 49)

1. Frag... du den Lehrer ? **2.** Es regn... stark ! **3.** Wir denk... ja. **4.** Wieviel kost... es ? **5.** Jetzt setz... du dich ! **6.** Was antwort... du ? **7.** Pack... Sie Ihren Koffer ? **8.** Ich spiel... gern Karten.

36. Mettez à la 3e personne du singulier. (§ 50)

1. Ich hebe den Arm. **2.** Wir nehmen den Zug. **3.** Ihr fahrt zu schnell ! **4.** Wir schlafen nicht. **5.** Wir essen viel. **6.** Sie gefallen uns. **7.** Ihr tut nichts. **8.** Ich helfe dir. **9.** Sie backen eine Torte. **10.** Ich trete ins Zimmer.

37. Mettez à la 2e personne du singulier. (§ 50)

1. Ich lese gern. **2.** Hier halten wir. **3.** Das rate ich ihnen. **4.** Ich biete ihr eine Tasse Kaffee an. **5.** Braten Sie Würste ? **6.** Warum zerreißen sie das ? **7.** Hier sitzen wir gemütlich. **8.** Wie heißen Sie ? **9.** Bitten Sie ihn um Verzeihung ? **10.** Hier finde ich nichts.

38. Complétez par le présent du verbe entre parenthèses. (§ 52)

1. (wollen) ... du mich begleiten ? **2.** (müssen) Ich ... aufpassen. **3.** (können) Es ... nicht anders sein. **4.** (sollen) Was ... ich tun ? **5.** (mögen) ... du Suppe ? **6.** (dürfen) Das ... man nicht ! **7.** (wollen, können) Wer ..., der ... .

* **39. Traduisez. (§ 52)**

1. Veux-tu que j'éteigne (= Dois-je éteindre) la lumière ? [das Licht ausmachen] **2.** Je voudrais téléphoner à mes parents. [anrufen + Acc.] **3.** Peux-tu venir avec moi ? [mitkommen] **4.** Ici, il est interdit de faire des photos. [fotografieren] **5.** Il faut que nous restions ici. **6.** Elle ne veut pas répondre.

40. Mettez à la 1re personne du singulier. (§ 53)

1. Wir setzen uns neben dich. **2.** Sie hält sich den Kopf. **3.** Sie lassen sich nicht stören. **4.** Verlassen wir uns auf ihn ? **5.** Er sieht sich das Fußballspiel an. **6.** Wir unterhalten uns mit dem Lehrer. **7.** Sie reibt sich die Augen. **8.** Sie stürzen sich auf ihn.

41. Mettez au prétérit. (§ 56)

1. Wo bist du denn ? **2.** Er hat keine Zeit. **3.** Dann werden Sie krank. **4.** Ich habe Hunger. **5.** Wird sie rot ? **6.** Er ist so müde ! **7.** Seid ihr zu Hause ? **8.** Wir haben die Adresse nicht.

42. Mettez au prétérit. (§ 57)

1. Warum sagt er nichts ? **2.** Es regnet in Strömen. **3.** Wir machen das Licht aus. **4.** Ich zünde mir eine Zigarette an. **5.** Badet ihr gern im See ? **6.** Was kaufst du dort ? **7.** Sie rechnet schnell. **8.** Ich erzähle ihm alles.

43. Mettez au prétérit. (§ 58)

1. Ich schlafe sofort ein. **2.** Wer wäscht das Auto ? **3.** Mein Vater gibt mir zehn Mark. **4.** Er wirft mit Schneebällen. **5.** Wir steigen zweimal um. **6.** Jeden Tag reitet Brigitte zwei Stunden lang. **7.** Es gelingt mir nicht. **8.** Ich stehe am Fenster.

44. Mettez au prétérit. (§ 59)

1. Uwe bringt seiner Mutter Blumen. **2.** Wir wissen nichts davon. **3.** Ich kenne ihn nicht. **4.** Wir senden ihr ein Telegramm. **5.** Er nennt sich Friedrich. **6.** Sie denken gerade daran. **7.** Ich verbringe eine Woche im Ausland. **8.** Woher weißt du das ?

45. Mettez au prétérit. (§ 60)

1. Ich darf nichts sagen. **2.** Wir wollen gern mitmachen. **3.** Kannst du es schaffen ? **4.** Sie mögen nicht ausgehen. **5.** Müßt ihr denn warten ? **6.** Der Kranke soll noch nicht aufstehen. **7.** Ich will einfach nicht. **8.** Sie kann das Gedicht auswendig.

46. Transposez le texte suivant au prétérit. (§§ 56 à 60)

Es ist ein Tag wie die anderen : um halb sieben läutet der Wecker, aber ich habe keine Lust, aufzustehen. Da bleibe ich noch fünf Minuten im Bett, bis meine Mutter mich ruft. Richtig, es wird Zeit. Also stehe ich auf und gehe ins Bad. Wie kalt ist das Wasser ! Aber ich muß mich jedoch waschen. Dann ziehe ich mich schnell an und gehe die Treppe hinunter. Unten wartet schon die ganze Familie auf mich : mein Vater sitzt an seinem Platz und sieht mich ungeduldig an, während meine Mutter ihn lächelnd anschaut. "Mach doch schnell !" sagt sie zu mir. Als sie mich sehen, setzen sich meine Schwestern rasch an den Tisch und fangen an, denn sie haben es eilig, wie an jedem Schultag ...

47. Mettez au parfait. (§§ 62, 63, 64)

1. Mein Bruder ist in München. **2.** Was machst du denn ? **3.** Wir bleiben lange dort. **4.** Das passiert nicht oft. **5.** Da tritt sie ein. **6.** Schneit es den ganzen Winter ? **7.** Sie denken nicht mehr daran. **8.** Paßt du gut auf ?

48. Mettez au parfait. (§§ 62, 63, 64)

1. Er freut sich auf die Ferien. **2.** Sie fahren zu schnell. **3.** Fragst du ihn ? **4.** Wir werden vorsichtig. **5.** Ich fahre die Kinder in die Schule. **6.** Es gelingt mir nicht, einen Sitzplatz zu finden. **7.** Wir laufen zur Apotheke. **8.** Geht ihr ins Restaurant ? **9.** Er folgt ihr. **10.** Es passiert nichts.

49. Mettez au parfait. (§§ 62, 63, 64)

1. Wo lerntest du ihn kennen ? **2.** Ich bezahle ihm ein Eis. **3.** Sie regten sich nicht auf. **4.** Wem gehört dieses Auto ? **5.** Wir versuchten es vergeblich. **6.** Wann kehrt ihr nach Hause zurück ? **7.** Sie bestellten Kaffee und Kuchen. **8.** Holen Sie die Freunde vom Bahnhof ab ?

50. Mettez au parfait. (§§ 45 et 62 à 64)

1. Er muß zu Hause bleiben. **2.** Kannst du die Brieftasche wiederfinden ? **3.** Wir lassen sie nicht warten. **4.** Seine Eltern lassen ihn in Ruhe. **5.** Hören Sie das Klavier ? **6.** Wir wollen nichts anderes. **7.** Sie will nicht mitkommen. **8.** Ich höre die Kinder lachen.

* **51. Traduisez en mettant tous les verbes au parfait. (§§ 45 et 62 à 65)**

1. Je n'ai pas pu attendre. **2.** Elle a voulu rester ici. **3.** Nous avons été obligés de rebrousser chemin. [zurückkehren]. **4.** As-tu fait opérer ton chien ? **5.** Je les ai laissé dormir. **6.** Vous avez vu brûler la maison.

52. Mettez au parfait. (§§ 62, 63, 64)

1. Er telefoniert mit seiner Frau. **2.** Langweilst du dich nicht ? **3.** Sie arbeitet fleißig. **4.** Was prophezeite er Ihnen ? **5.** Wann frühstücken Sie ? **6.** Wie reagierten Sie ? **7.** Wer interviewt den Kanzler ? **8.** Ich antwortete nichts.

53. Mettez au parfait. (§§ 62, 63, 64)

1. Die arme Frau rennt zur Polizei. **2.** Bringst du ein Geschenk mit ? **3.** Ich erkenne sie nicht. **4.** Denken Sie an mich ? **5.** Wie nennst du ihn denn ? **6.** Wir senden euch ein Telegramm. **7.** Wo verbringen Sie den Urlaub ? **8.** Sie kennt mich nicht.

* **54. Traduisez en mettant tous les verbes au parfait. (§§ 45 et 62 à 64)**

1. Je t'ai présenté mon ami. [vorstellen] **2.** Es-tu resté longtemps là-bas ? **3.** Il vient de s'éveiller. [aufwachen]. **4.** J'ai été malade. **5.** Où avez-vous rencontré Brigitte ? **6.** Je crois que tous l'ont su. **7.** Il dit qu'il n'a pas pu venir. **8.** As-tu réussi ?

55. Mettez au plus-que-parfait. (§§ 66, 67)

1. 1980 verbrachte er drei Wochen am Bodensee. **2.** Ich hörte eine Stunde früher auf. **3.** Leider verstand der arme Junge nichts. **4.** An diesem Tag schrieb sie mir einen langen Brief. **5.** Dann ließen wir ihn schlafen. **6.** Ich sah es nicht. **7.** ..., weil sie ihre Schlüssel verloren. **8.** Es tat mir furchtbar weh.

* **56. Traduisez. (§§ 66, 67)**

1. Il avait plu toute la journée. **2.** A qui avais-tu prêté ton livre ? [leihen] **3.** Ils s'étaient disputés. [sich streiten] **4.** Aviez-vous quitté la maison ? **5.** Je ne m'étais pas encore levé. **6.** Le soleil venait de se lever.

57. Mettez au futur. (§§ 69, 70)

1. Holst du deinen Freund ab ? **2.** Sie verkauft ihren alten Wagen. **3.** Das wissen wir bald. **4.** Ich frühstücke auf der Terrasse. **5.** Das gefällt uns sicherlich. **6.** Nimmt er diesen Nachtzug ? **7.** Sie trifft sich mit ihren Kollegen. **8.** Siehst du ihn bald wieder ?

LE SUBJONCTIF

58. Indiquez entre parenthèses le mode des formes verbales suivantes (lettre I = ind. ; S1 = subj. 1 ; S2 = subj. 2 ; FD = forme double appartenant à la fois à l'ind. et au subj. 1). (§§ 72 à 75)

Ex. : er mache **(S1)**

er mache ( ) ; wir gehen ( ) ; er ginge ( ) ; ich laufe ( ) ; ich würde ( ) ; er wurde ( ) ; er laufe ( ) ; sie gingen ( ) ; er kennte ( ) ; du habest ( ) ; er wäre ( ) ; wir hätten ( ) ; wir spielen ( ) ; er käme ( ) ; sie kommen ( ) ; ich dachte ( ) ; wir brächten ( ) ; er bringe ( ) ; wir gaben ( ) ; sie dächten ( ).

59. Mettez les formes verbales au subjonctif 1 (§§ 72 à 75)

es (geben) ; er (laufen) ; du (dürfen) ; er (werden) ; ihr (sagen) ; er (mögen) ; du (sein) ; er (denken) ; du (sollen) ; ich (sein) ; wir (haben) ; er (kennen) ; er (wissen) ; es (können).

60. Formez le subjonctif 2 présent à partir des prétérits suivants. (§§ 78 à 81)

er gab ; ich war ; du wurdest ; er wußte ; er schlug ; ich kam ; wir verloren ; sie brachten ; er kannte ; er rief.

61. Transformez selon le modèle : (§ 85)

Ich habe keinen Regenmantel !
Hätte ich doch einen Regenmantel !

1. Ich habe meinen Regenschirm vergessen !
2. Meine Freundin ist nicht gekommen !
3. Sie hat mir kein Rendez-vous gegeben !
4. Sie ist so spät aufgestanden !
5. Ich habe es nicht gewußt !
6. Du hast es mir nicht früher gesagt !

* **62. Formez les phrases conditionnelles à partir des situations réelles exprimées ci-dessous. (§ 85)**

1. Ich habe kein Geld, deshalb kaufe ich das Buch nicht ; aber wenn ich Geld . . .
2. Er hat keine Zeit, deshalb kommt er nicht mit uns ; aber wenn er . . .
3. Wir sind morgen nicht hier, also gehen wir nicht ins Kino ; aber wenn wir . . .
4. Sie haben kein Auto, also fahre ich nicht mit ; aber wenn sie . . .

5. Du hast keine Ferien, wir gehen also nicht ins Schwimmbad ; aber wenn . . .
6. Er hat keine Lust, deshalb arbeitet er nicht gut ; aber wenn er . . .

63. Transformez selon le modèle suivant : (§§ 83, 85)

Mein Freund fährt heute mit dem Zug.
An seiner Stelle würde ich auch mit dem Zug fahren.

1. Mein Freund steht früh auf. 2. Er frühstückt schnell. 3. Er bleibt nicht lange im Badezimmer. 4. Er ruft ein Taxi an. 5. Er läuft die Treppe hinunter. 6. Er schlendert nicht in der Bahnhofshalle. 7. Er geht sofort auf den Bahnsteig. 8. Er steigt in den ersten Wagen ein.

* **64. Traduisez (§§ 80 et 85)**

1. Pourrais-tu m'aider à porter la valise ? 2. Il voudrait aller en Allemagne cet été. 3. Ils devraient acheter une maison neuve. 4. Si seulement il voulait, il nous rendrait visite. 5. Pour gagner de l'argent, il faudrait que tu travailles. 6. Ils ne devraient plus être loin. (dürfen)

65. Complétez sur le modèle suivant : (§§ 82 et 85)

Er hat sie zwar gesehen, aber er tut, als ob er sie nicht gesehen hätte.

1. Er hat sein Geld zwar nicht verloren, aber er tut, . . .
2. Ich habe ihn zwar sofort erkannt, aber ich tue, . . .
3. Du hast es zwar gehört, aber du tust, . . .
4. Wir sind zwar dort gewesen, aber wir tun, . . .
5. Sie sind zwar in Deutschland geblieben, aber sie tun, . . .
6. Ich bin zwar nach Frankfurt gefahren, aber ich tue, . . .
7. Er hat zwar eine neue Arbeit, aber er tut, . . .
8. Wir haben uns zwar in Paris getroffen, aber wir tun, . . .

66. Transformez les phrases suivantes en supprimant wenn **et** ob. **(§ 85)**

1. Wenn das Wetter schön wäre, könnten wir spazierengehen. 2. Wenn du das Buch gelesen hättest, könntest du mitreden. 3. Wenn ich diese Stadt kennte, würde ich Ihnen helfen. 4. Er tut, als ob er nicht hörte. 5. Wir lachen, als ob wir alles verstanden hätten. 6. Du sprichst, als ob du von nichts wüßtest. 7. Wenn er manchmal nach Berlin käme, könnten wir uns sehen. 8. Er tut, als ob er nicht gesehen hätte.

67. Faites précéder de Er sagt **et mettez au temps voulu du discours indirect. (§ 86)**

1. Er ist müde. 2. Sie schläft. 3. Wir waren da. 4. Es wird schneien. 5. Sie wird im Sommer kommen. 6. Er ging spazieren. 7. Sie trug eine Jacke. 8. Sie sind in der Schweiz gewesen.

* **68. Mettez au discours indirect. (Attention aux changements de personnes, pronoms pers. et adj. possessifs.) (§ 86)**

Karl erzählt : ,,Ich bin heute früh aufgestanden. Ich will mit dem Fahrrad in die Schule gehen, denn mein Vater muß in die Stadt fahren und kann mich nicht mit dem Auto zur Schule bringen.
Aber mein Fahrrad steht immer in der Garage und die Tür ist jetzt zu. Vati hat den Schlüssel mitgenommen und ist schon weg. Ich kann mein Fahrrad einfach nicht aus der Garage holen. Ich bin dann schnell gelaufen, um den Bus zu holen, aber ich bin natürlich zu spät gekommen. Ich habe den Bus verfehlt. Deshalb bin ich heute nicht pünktlich in die Schule gekommen. Aber das soll nicht wieder vorkommen.

69. Mettez au discours indirect. (Attention aux changements de personnes, pronoms personnels et adj. possessifs.) (§ 86)

Mein Freund schrieb mir : ,,Ich verbringe meine Ferien am Meer. Das Wetter ist sehr schön. Nur einmal regnete es. Aber es dauerte nicht lange und der Himmel ist sehr schnell wieder blau geworden. Ich gehe jeden Morgen am Strand spazieren und meine Frau bleibt im Bett. Sie steht immer sehr spät auf : einmal blieb sie sogar den ganzen Vormittag liegen und ich mußte sie gegen halb zwölf wecken. Leider ist unser Aufenthalt bald zu Ende und ich werde mit meiner Frau nach Deutschland zurückfahren. Ich sende Dir meine herzlichen Grüße.''

L'IMPÉRATIF

70. Remplacez les tournures suivantes par des phrases au mode impératif. (§§ 87 à 93)

1. Du mußt vorsichtig sein. 2. Sie dürfen nicht so hart arbeiten. 3. Ihr sollt das Garagentor öffnen. 4. Sie können ruhig sein. 5. Du sollst nicht darüber lächeln. 6. Sie müssen mich entschuldigen. 7. Du sollst keine Angst haben. 8. Du darfst den Baum nicht schütteln.

71. Remplacez les tournures suivantes par des phrases au mode impératif. (§§ 87 à 93)

1. Du mußt sofort deine Sachen nehmen. 2. Ihr dürft den Rasen nicht betreten. 3. Sie sollen an Ihre Freunde denken. 4. Du sollst das Mädchen nicht erschrecken. 5. Du mußt mir jetzt helfen. 6. Du darfst nicht so viel essen. 7. Du darst dich nicht aufregen. 8. Du mußt dich beeilen. 9. Jetzt sollen Sie anfangen. 10. Diesen Film mußt du dir ansehen.

LA VOIX PASSIVE

72. Mettez à la voix passive. (§§ 94, 95)

1. Die Lehrerin fragt mich. 2. Die Lehrerin fragte uns. 3. Die Lehrerin öffnete die Tür. 4. Die Lehrerin macht das Licht an. 5. Die Lehrerin besuchte Monika. 6. Die Lehrerin fand mein Heft. 7. Die Lehrerin erkannte Hans nicht. 8. Die Lehrerin schreibt einen Satz.

73. Mettez à la voix passive. (§ 96)

1. Man hat ihn gefragt. 2. Der Lehrer hat Peter bestraft. 3. Dort hatte man einen Film gedreht. 4. Mein Onkel hat uns dorthin gefahren. 5. 1890 hatte man diese Maschine hergestellt. 6. Wer hat das zerstört ? 7. Letzte Woche hat man den Wagen repariert. 8. Mein Vater hatte das Problem gelöst.

74. Mettez à la voix passive. (§ 103)

1. Kann man diese Szene filmen ? 2. Sie soll das Kind beruhigen. 3. Er will nicht, daß man ihn auslacht. 4. Man kann das neue Flugzeug nicht herstellen. 5. Sie möchte, daß ich sie tröste. 6. Man mußte alles aufräumen. 7. Das sollte man versuchen. 8. Man muß die Kranken pflegen.

* **75. Mettez à la voix passive. (§ 100)**

1. Jetzt gehst du ins Bett. 2. Morgen arbeiten wir bis elf. 3. Im Kino raucht man nicht. 4. Den ganzen Nachmittag tanzten wir. 5. Bis Mitternacht plauderten sie. 6. Hier darf man nicht spielen. 7. Um neun Uhr wollen wir frühstücken. 8. Wann essen wir ? 9. Warum kocht man nicht draußen ?

76. Supprimez ou déplacez les éléments soulignés. (§ 100)

1. <u>Letzten Monat</u> wurde noch im See gebadet. 2. <u>Aus Berlin</u> wird berichtet, daß das Treffen stattgefunden hat. 3. <u>Die ganze Nacht</u> wurde lustig gefeiert. 4. <u>Nach dem Essen</u> wird nicht ferngesehen. 5. <u>Nun</u> wird endlich geschlafen ! 6. <u>In einer Bibliothek</u> wird gelesen. 7. <u>Gestern</u> wurde lange gewandert. 8. <u>Im Radio</u> wird gemeldet, daß das Wetter schöner wird.

* **77. Traduisez en employant exclusivement la voix passive. (§§ 94 à 105)**

1. Où sont vendus ces appareils ? [das Gerät (-e)] 2. Pourquoi ne chante-t-on pas ? 3. Le texte a été traduit en allemand. [ins Deutsche] 4. On mangeait et buvait peu. 5. Elle avait été opérée le mois dernier. 6. Il faut nourrir les animaux chaque jour. [füttern] 7. Je sais qu'il a été élu. [wählen] 8. Par qui avez-vous été examiné ? [untersuchen]

VERBES FACTITIFS ET VERBES D'ÉTAT

78. Stellen **ou** stehen **? Complétez. (§§ 106, 107)**

1. Jetzt . . . er die Vase auf die Kommode. 2. . . . Sie bitte den Koffer hinter die Tür ! 3. Gestern . . . die Gläser noch im Schrank. 4. Ich will mich ans Fenster . . . . 5. Kannst du mir sagen, was dort auf dem Platz . . . ? 6. Bis letzte Woche . . . es noch da. 7. . . . dich neben deinen Freund !

79. Legen **ou** liegen **? Complétez. (§ 106, 107)**

1. Wo . . . das Dorf ? Ich sehe es nicht. 2. Im Herbst . . . kein Schnee auf dem Weg, jetzt ist alles weiß. 3. Jens, . . . dich nicht auf das Sofa ! 4. Er drehte sich um, als ich meine Hand auf seine Schulter . . . 5. Hoffentlich . . . Sie bequem ! 6. Vorige Woche . . . viele Blätter auf der Terrasse. 7. . . . Sie Ihre Jacke nicht aufs Bett.

80. Mettez au parfait. (§§ 106, 107)

1. Ich setze mich neben dich. 2. Hängst du deinen Mantel an den Haken ? 3. Sie sitzt in der ersten Reihe. 4. Wohin setzt du dich ? 5. Sie setzt ihren Sohn auf einen Stuhl. 6. Bisher hing das Bild an der Wand. 7. Er saß lange im Gefängnis. 8. Wir sitzen stundenlang beim Friseur. 9. Über ihr Bett hängte sie eine Maske. 10. Über ihrem Bett hängt eine Maske.

81. Complétez par le verbe le plus logique. (§§ 106, 107)

1. Ich will mein Fahrrad in die Garage .... 2. Über dem Waschbecken ... ein Spiegel. 3. Sie möchte sich nicht ins Bett .... 4. Wo ... der Weihnachtsbaum ? 5. ... du lieber auf dem Stuhl oder im Sessel ? 6. ... bitte deinen Mantel in den Schrank ! 7. Wo ... ihr Auto ? 8. Die Zuhörer ... an seinen Lippen.

* **82. Traduisez. (§§ 106, 107)**

1. Où est cette ville ? 2. Mets la lampe à côté de la machine à écrire ! 3. Où as-tu mis le journal ? 4. Le miroir est au-dessus de la commode. 5. Est-ce que ta voiture est sur le parc de stationnement ? (der Parkplatz) 6. Le bébé était sur sa chaise.

LA RECTION DES VERBES

83. Ajoutez la marque du datif ou de l'accusatif. Attention au genre et au nombre. (§§ 108 et 110)

1. Das kostete dein... Eltern viel Mühe. 2. Dort gab es kein... Wein mehr. 3. Er ist d... Mode gefolgt. 4. Er wollte sein... Vater fragen. 5. Ich möchte mein... Großeltern helfen. 6. Es ist d... armen Leuten nicht gelungen. 7. Bitte dein... Freundin um Entschuldigung ! 8. Brauchen Sie ein... Teller ?

84. Ajoutez la préposition voulue. (§ 111)

1. Wir wollen nicht mehr ... ihn warten. 2. Sie träumt noch ... den Ferien. 3. Sie dankten mir ... das Geschenk. 4. Die Kleine fürchtet sich ... dem Hund. 5. Es schmeckt ... mehr. 6. Kümmere dich nicht ... mich ! 7. Bisher hatte ich oft ... ihn gedacht. 8. Es handelt sich ... einen schwierigen Fall. 9. Erinnern Sie sich ... mich ? 10. Sie hatten nicht ... unserem Besuch gerechnet.

LE GROUPE NOMINAL

85. Identifiez tous les G.N. dans le texte suivant. (§ 117)

Dieter hat ein neues Fahrrad gekauft. Er will heute eine Radtour mit seinen Freunden machen. Um 10 Uhr treffen sich die Jungen auf dem alten Marktplatz. Sie nehmen das Mittagessen in einer kleinen Tasche mit. Sie wollen abends vor dem Abendessen zurück sein. Dann schauen sie sich das Fußballspiel im Fernsehen an.

86. Indiquez le genre et le pluriel des substantifs suivants. (§§ 118, 119)

Tag ; Haus ; Freund ; Tisch ; Zimmer ; Vogel ; Bus ; Zug ; Flugzeug ; Stadt ; Straße ; Wald ; Dorf ; Land ; Auto ; Zeit ; Mann ; Frau ; Mensch ; Kind ; Rad ; Junge ; Herr ; Platz ; Buch ; Tier.

* **87. Traduisez. (§§ 121 et 127)**

1. As-tu de l'argent ? 2. Elle a des enfants. 3. J'ai bu du vin et de la bière. 4. As-tu acheté le lait ? 5. Pourquoi donc, il n'y a plus de lait ? 6. Nous avons des vacances la semaine prochaine. 7. Je n'aime pas le vin (en général). 8. Je ne bois pas de vin. 9. Il faut acheter du pain. 10. Le pain de ce boulanger est vraiment bon.

* **88. Traduisez. (§ 148)**

1. J'ai invité quelques amis. 2. Ils m'ont offert plusieurs livres. 3. Mais j'ai peu de temps. 4. As-tu beaucoup d'argent ? 5. J'ai attendu toute la journée. 6. Il a lu tous les journaux. 7. J'ai deux disques, veux-tu celui-ci ou celui-là ? 8. Donne-moi les deux. 9. Est-ce que tu te rases tous les matins (chaque matin) ? 10. Nous prenons le même bus.

89. Introduisez dans chaque phrase le G.N. entre parenthèses. Attention au cas ! (§§ 125, 127)

1. (der Ball) Suchst du ... ? 2. (ein Freund) Der Vater ... besucht uns. 3. (die Katze) Bring ... Milch ! 4. (das Fahrrad) Wem gehört ... dort ? 5. (die Mädchen) So ein Kleid gefällt ... sehr. 6. (eine Freundin) Schreibst du ... ? 7. (die Kinder) Sie sagt ... nichts. 8. (ein Mann) Da kommt ... . 9. (der Direktor) Die Tochter ... ist sehr nett. 10. (die Tante) Dort steht das Haus ... .

90. Même exercice que ci-dessus. (§§ 125, 127 et 143 à 149)

1. (dieser Bus) Wohin fährt ... ? **2.** (dein Vater) Sag es bitte ... ! **3.** (Welches Kind) ... soll ich das geben ? **4.** (unsere Kusine) Das ist der BMW ... . **5.** (einige Bücher) Wir wollen ... kaufen. **6.** (Was für ein Wagen) ... fahren Sie ? **7.** (alle Leute) Das will ich ... zeigen. **8.** (mein Chef) Kennst du die Frau ... ? **9.** (ein paar Mark) Das kostet nur ... . **10.** (mehrere Arbeiten) Die Noten ... sind sehr gut.

91. Introduisez dans chaque phrase le « masculin faible » entre parenthèses. (§§ 125, 127, 128)

1. (ein Journalist) Dort kenne ich ... . **2.** (dieser Architekt) Zeigen Sie es ... ! **3.** (jeder Soldat) Das gefällt ... . **4.** (ein Hase) Gestern haben wir ... gegessen. **5.** (der Junge) Der Computer gehört ... dort. **6.** (der Herr) Sie wartet auf ... Doktor. **7.** (Welcher Polizist) ... haben Sie gefragt ? **8.** (der Kunde) Die Adresse ... finde ich nicht. **9.** (ein Elefant) Im Zoo habe ich ... gesehen. **10.** (Ihr Neffe) Was schenken Sie ... ?

92. Complétez les noms composés ou dérivés en choisissant dans la liste l'élément (nom ou suffixe) qui convient : (§ 129)

-schein, -ampel, -chen, -heit, -ende, -ung, -igkeit, -sehen, -holz, -er, -gerät, -eltern, -schaft, -ei, -keit, -apparat.

1. das Streich... **2.** die Konditor... **3.** das Tonband... **4.** die Vorstell... **5.** das Tisch... **6.** der Fahr... **7.** die Kind... **8.** die Geschwind... **9.** die Verkehrs... **10.** das Wochen... **11.** die Höflich... **12.** der Foto... **13.** der Führer... **14.** die Freund... **15.** die Groß... **16.** das Fern...

LE GROUPE NOMINAL PRÉPOSITIONNEL

93. Complétez. (§§ 133, 134)

1. Er lebt in d... Stadt. **2.** Wir gehen an... Meer. **3.** Er liegt unter d... Bett. **4.** Stell die Flasche auf d... Tisch ! **5.** Gehen wir über d... Straße ! **6.** Er tritt in d... Zimmer. **7.** Er setzt sich neben d... Lehrer. **8.** Wir spielen vor d... Garage.

94. Complétez par la préposition qui convient. (§§ 133, 134)

1. Ich wohne ... Frankreich, ... Paris. **2.** Morgen fahre ich ... Deutschland, ... meinem Freund Klaus. **3.** Ist er schon ... Hause ? **4.** Ich glaube, er ist noch ... seinem Onkel.

* **95. Traduisez au moyen des prépositions suivantes :** durch, über, aus. **(§§ 133, 134)**

1. La voiture passe sur le pont. **2.** Il faut traverser la forêt. **3.** Sortons de cette maison ! **4.** Le facteur traverse la place. **5.** Je veux boire dans un verre et non à la bouteille. **6.** Rentres-tu de l'école ?

* **96. Traduisez. (§ 135)**

1. Il pleut depuis trois jours. **2.** Lavez-vous les mains avant le repas ! **3.** Il a joué du piano toute la nuit. **4.** Je l'ai vu il y a deux mois. **5.** Son train part dans une heure. **6.** A cette époque, il vivait à Berlin. **7.** L'été prochain, nous allons en Espagne. **8.** Nous allons chez Jürgen après l'école. **9.** Quel âge as-tu ? J'ai quatorze ans. **10.** Chaque matin, il oublie son livre à la maison.

* **97. Remplacez la proposition subordonnée par un G.N. prépositionnel (sans oublier de supprimer la virgule). (§§ 136 à 141)**

1. Obwohl es regnet, will er Tennis spielen. **2.** Während er spielte, hat er seinen Schuh verloren. **3.** Da es zu kalt war, sind wir nicht ausgegangen. **4.** Nachdem er gefrühstückt hatte, ging er eine Zeitung kaufen. **5.** Bevor wir abfahren, müssen wir noch die Koffer packen. **6.** Obwohl es gefährlich war, hat er es versucht. **7.** Weil er krank war, mußten wir zu Hause bleiben.

LES DÉTERMINATIFS

98. Remplacez les génitifs saxons suivants par l'adjectif possessif qui convient. (§ 143)

1. Pauls Schuhe sind schwarz. **2.** Ingrids Mantel ist nicht mehr neu. **3.** Klaus' Jacke ist verschwunden. **4.** Ich habe Brigittes Fahrrad genommen. **5.** Das Buch liegt in Annettes Zimmer. **6.** Er hat Peters Hut verloren. **7.** Wir möchten gern in Rolfs Heimat leben.

99. Transformez selon le modèle suivant : (§ 143)

Dieser Wagen gehört mir. Es ist mein Wagen.

1. Dieses Haus gehört uns. **2.** Diese Schuhe gehören dir. **3.** Dieser Pullover gehört ihr. **4.** Gehört ihm dieses Buch ? **5.** Diese Hefte gehören uns. **6.** Dieser Schirm gehört Ihnen. **7.** Gehört euch dieses Gepäck ? **8.** Dieses Geld gehört ihnen.

* **100. Traduisez. (§ 148)**

1. Il a beaucoup d'amis. **2.** Dans quelque temps. **3.** Dans les deux cas (der Fall, ¨e). **4.** Tous les hommes sont mortels (sterblich). **5.** Chaque matin, il va au village. **6.** Il y a quelques jours. **7.** Toute la nuit, il a travaillé. **8.** Il rentre à la maison tous les soirs (chaque soir).

L'ADJECTIF

101. Identifiez les adjectifs qualificatifs, et placez entre parenthèses en fin de phrase un (a) s'il s'agit d'un adjectif attribut, un (é) s'il s'agit d'un adjectif épithète. (§§ 150 à 152)

1. Ich finde ihn nett. ( ) **2.** Kühles Bier kann ich nicht trinken. ( ) **3.** Sie war nicht guter Laune. ( ) **4.** Sieht Werner nicht krank aus ? ( ) **5.** Schön ist die Welt ! ( ) **6.** Er hat sie glücklich gemacht. ( ) **7.** Mein Onkel ist ein vorsichtiger Fahrer. ( ) **8.** Ich halte ihn für dumm. ( ).

102. Niez les phrases suivantes. (§ 151)

1. Gestern war sie krank. **2.** Sie sehen glücklich aus ! **3.** Deine Freundinnen sind hübsch. **4.** Bleib allein ! **5.** Warum ist die Musik laut ? **6.** Sei doch frech ! **7.** Helene ist brav geworden. **8.** Hat er sich höflich gezeigt ?

103. Établissez des séries de groupes nominaux d'après le modèle suivant :

rot / Ball (¨e) :
ein roter Ball - rote Bälle
der rote Ball - die roten Bälle

Attention au genre, qui n'est pas indiqué ! (§§ 153 à 155)

1. jung / Katze (-n)
2. schnell / Auto (-s)
3. groß / Junge (-n)
4. frei / Platz (¨e)
5. müde / Mädchen (-)
6. faul / Schüler (-)
7. lustig / Film (-e)
8. herrlich / Aussicht (-en)

104. Complétez les adjectifs épithètes. (§§ 153 à 155)

1. Es war eine herrlich... Reise. **2.** Wir haben Wimpfen besucht, ein hübsch... alt... Städtchen am Neckar. **3.** Nächst... Jahr kann ich leider nicht kommen. **4.** Wer ist diese jung... Dame mit blau... Augen ? **5.** Sie gefällt unserem alt... Freund nicht. **6.** Gestern haben Becks ein groß... Fest gegeben. **7.** Unser neu... Nachbar ist plötzlich krank geworden. **8.** In Leipzig gibt es bekannt... Messen.

105. Même exercice. (§§ 153 à 155)

1. Ich wohne in einem groß... Haus. **2.** Gestern lag ich noch mit hoh... Fieber im Bett. **3.** Schwer... Herzens machte er sich auf den Weg. **4.** Sind japanisch... Motorräder wirklich so gut ? **5.** Mußt du denn die ganz... Nacht aufbleiben ? **6.** Welche nett... Leute ! **7.** Ander... Länder möchte ich besichtigen. **8.** Ich habe ein paar nett... Freunde in Berlin.

106. Écrivez les adjectifs formés à l'aide du suffixe -bar **en partant du verbe indiqué en tête, puis donnez la traduction de ces adjectifs entre parenthèses. (§ 163)**

1. (lesen) : Für mich ist dieses Buch nicht . . . . (. . .) **2.** (hören) : Diese Musik ist kaum . . . . (. . .) **3.** (operieren) : Der arme Teufel ist nicht . . . . (. . .) **4.** (sehen) : Ist das Schiff noch . . . ? (. . .) **5.** (lösen) : Leider ist das Problem nicht . . . . (. . .) **6.** (brauchen) : Das Gerät scheint noch . . . zu sein. (. . .) **7.** (tragen) : Ein Kofferradio ist . . . . (. . .) **8.** (erkennen) : Trotz ihrer Maske war sie . . . . (. . .)

107. Remplacez les compléments prépositionnels soulignés par des adjectifs épithètes. (§ 160)

1. Die Mauer in Berlin wurde 1961 gebaut. **2.** Alle bewundern die Mode aus Paris. **3.** Hast du schon Wein aus Bingen getrunken ? **4.** Spielzeuge aus Nürnberg sind weltbekannt. **5.** Die Universität von Heidelberg ist die älteste in Deutschland. **6.** Würstchen aus Frankfurt schmecken gut. **7.** Bier aus München kann man nicht überall trinken. **8.** Wie hoch ist der Dom in Köln ?

108. Complétez avec des adjectifs formés en utilisant soit le préfixe un-, **soit le suffixe** -los. **(§ 163)**

1. Dieses Buch ist nicht interessant : es ist . . . . **2.** Sie haben keine Kinder : sie sind . . . . **3.** „Waren Sie glücklich ? — Oh nein, ich war sehr . . . ." **4.** Am Himmel standen keine Wolken : der Himmel war . . . . 5. In ihrer Aufgabe war kein Fehler ; ja, eine . . . Aufgabe ! **6.** „Ist deine Frau pünktlich ? — Meine ist immer . . . ." **7.** Ein Kind ohne Eltern ist ein . . . Kind. **8.** Er hat wirklich keinen Humor ; er ist total . . . .

109. Complétez par le participe présent ou le participe passé du verbe entre parenthèses employé comme adjectif épithète. (§ 161)

1. (pfeifen) : Ein . . . Vogel saß auf einem Ast. **2.** (schlagen) : Die . . . Kinder weinten laut. **3.** (verletzen) : Der . . . Fahrer wurde in die Klinik gebracht. **4.** (singen) : Im Schulzimmer hört man . . . Kinder. **5.** (gewinnen) : Nach dem . . . Spiel haben sich alle gefreut. **6.** (untergehen) : Er sieht sich die . . . Sonne gern an. **7.** (schließen) : Sie sind lange vor der . . . Tür geblieben. **8.** (bestrafen) : Wie heißen denn die . . . Schüler ?

* **110. Même exercice que ci-dessus, mais en prenant pour base les G.V. (groupes verbaux) entre parenthèses. (§ 165)**

1. (auf dem Hof spielen) : Kennst du die . . . . Kinder ? **2.** (gut aussehen) : Es war ein . . . . . . Mädchen. **3.** (gestern ankommen) : Der . . . . . . Nachbar fand kein Taxi. **4.** (viel zu laut schreien) : Diese . . . . Frau kann ich nicht leiden. **5.** (aus der Firma entlassen) : . . . . Arbeiter suchen eine neue Stelle. **6.** (mit der Post senden) : Ein . . . . Paket kommt schnell ans Ziel. **7.** (vor Kälte zittern) : Auf der Straße sieht man nur . . . . Leute. **8.** (um Mitternacht in der U-Bahn angreifen) : Die . . . . Frau ist im Krankenhaus.

* **111. Traduisez. (§ 162)**

1. Le pauvre n'a plus de maison. (kein Haus mehr haben) **2.** Ce chômeur va à l'agence pour l'emploi. (zum Arbeitsamt gehen) **3.** Les étrangers demandent souvent des renseignements. (um Auskunft bitten) **4.** Un Allemand ne boit pas forcément de la bière. (nicht unbedingt Bier trinken) **5.** Les malades sont bien soignés, ici. (hier gut gepflegt werden) **6.** Tous les jeunes veulent avoir une moto. (ein Motorrad haben wollen) **7.** Des « Verts » siègent maintenant au parlement. (nun im Parlament sitzen) **8.** Un sot ne peut pas comprendre cela. (das nicht verstehen können)

112. Complétez les phrases en utilisant le comparatif de supériorité des adjectifs entre parenthèses. (§§ 166, 167)

1. (elegant) Meine Mutter ist . . . . . . deine. **2.** (nett) Brigitte ist doch . . . . . . Petra ! **3.** (leicht) Ist Deutsch . . . . . . Englisch ? **4.** (tief) Hier ist das Wasser . . . . . . dort. **5.** (einfach) Das war viel . . . . . . gestern. **6.** (fleißig) Kurt ist . . . . . . sein Bruder. **7.** (hübsch) Ist Antje nicht . . . . . . ihre Freundin ? **8.** (sauber) Dein Auto ist . . . . . . meines.

113. Même exercice que ci-dessus. Attention aux adjectifs utilisés. (§§ 166, 167, 169)

1. (hoch) Der Mont Blanc ist . . . . das Matterhorn. **2.** (gut) In der Schweiz ist die Schokolade . . . . hier. **3.** (dunkel) Ich dachte, dein Pullover ist . . . . meiner. **4.** (jung) Ist er . . . . du ? **5.** (teuer) Natürlich ist ein Porsche . . . . als ein Volkswagen. **6.** (arm) Diese Leute sind . . . . ich dachte. **7.** (groß) Ist er jetzt nicht . . . . sein Vater ? **8.** (hart) Eine Nuß ist . . . . man glaubt !

* **114. Traduisez. (§§ 166, 167)**

1. Est-ce qu'un vélo est aussi cher qu'un cyclomoteur ? (le cyclomoteur = das Mofa) **2.** Hans est aussi fort que moi. **3.** Elle est moins riche qu'on ne croit. **4.** Je ne suis pas aussi grand que toi. **5.** Une auto est moins lourde qu'un camion. (le camion = der LKW) **6.** J'ai le même âge que mon voisin.

115. Complétez. (§ 168)

1. Sie ist die schön... von allen. **2.** Wer ist der klein... in der Klasse ? **3.** Ich möchte den billig... kaufen. **4.** Es ist das interessant... Buch, das ich je gelesen habe. **5.** Es war im gemütlich... Lokal der Stadt. **6.** Die gefährlich... Straßen findet man dort. **7.** Er ist der lieb... Mensch, den ich kenne. **8.** Auch dem vorsichtig... Fahrer kann es passieren.

116. Complétez par le superlatif de l'adjectif entre parenthèses. (§ 169)

1. (nah) Wo ist ... ... Bushaltestelle ? **2.** (groß) ... ... Spieler heißt Hansi. **3.** (gut) Er besucht ... ... Gymnasium der Stadt. **4.** (kurz) Ist das wirklich ... ... Weg ? **5.** (hoch) In diesem Viertel stehen ... ... Häuser. **6.** (teuer) Warum hast du ... ... Füller gekauft ? **7.** (kalt) Wie heißt ... ... Jahreszeit ? **8.** (neu) Zieh doch ... ... Hose an, die du hast !

117.

a) Ajoutez wie **ou** als. **(§§ 166, 167)**

1. Sie ist so alt ... ich. **2.** Sie ist nicht so elegant ... ihre Schwester. **3.** Unser Nachbar ist weniger krank ... vorigen Monat. **4.** Du trägst ein schöneres Hemd ... dein Bruder. **5.** Diese Gruppe ist besser ... die andere. **6.** Er ist nicht so stark ... er aussieht. **7.** Er ist ein fleißigerer Schüler ... sein Freund. **8.** Sie ist so leicht ... eine Feder.

b) Reprenez les phrases complétées et intégrez-les comme subordonnées complétives dans les énoncés dont le début est indiqué ci-dessous. (§ 170)

1. Ich sage Ihnen, daß ... . **2.** Ich finde, daß ... . **3.** Er meint, daß ... . **4.** Meine Schwester denkt, daß ... . **5.** Findest du nicht, daß ... ? **6.** Ich denke, daß ... . **7.** Man erzählt, daß ... . **8.** Wer hat denn gesagt, daß ... ?

* **118. Traduisez. (§§ 166 à 172)**

1. Hans est le plus jeune élève de la classe. **2.** C'est l'arbre le plus haut de la place. **3.** Nous sommes dans la meilleure pâtisserie. **4.** Je me demande si tu es aussi fort que moi. **5.** Février est le mois le plus court et le plus froid. **6.** C'est à Munich que la bière est la meilleure. (In München ...)

* **119. Transformez les énoncés suivants et former des phrases en utilisant** je ..., desto (um so) ... **(§ 171)**

1. Die Nächte werden länger ; die Tage werden kürzer. **2.** Er wird älter und ernster. **3.** Das Benzin wird teurer ; die Autofahrer sind unzufriedener. **4.** Der Film ist lustig ; die Zuschauer sind froh. **5.** Ihr Vater war wütend ; sie war zufrieden. **6.** Die Musik wurde laut ; die Stimmung war gut. **7.** Sie wird größer und schöner. **8.** Man ist frei ; das Leben ist angenehm.

120. Écrivez en toutes lettres. (§ 173)

41 - 54 - 66 - 71 - 82 - 91 - 112 - 201 - 555 - 921 - 1200 - 1987 - 3577 - 6,5 - 38,7

121. Écrivez en toutes lettres. (§ 176)

3+3=6 9—3=6 4×5=20 30:3=10 11+11=22 22—1=21

122. Recopiez les expressions suivantes en écrivant les adjectifs numéraux en toutes lettres. (§§ 178, 179)

1. Wilhelm II. war König von Preußen. **2.** In einem Wagen 1. Klasse sitzt man bequemer. **3.** Wir saßen in der 6. Reihe. **4.** Mittwoch, 30. September. **5.** Sie ist am 11. November geboren. **6.** Es ist die 3. Straße links. **7.** Kurz nach dem 2. Weltkrieg habe ich ihn wiedergesehen.

LE PRONOM PERSONNEL

123. Remplacez le groupe nominal souligné par le pronom personnel correspondant. (§ 182)

1. Ich weiß nicht, ob ich meinen kranken Großvater heute besuchen kann.
2. Der Ober soll den Gästen ein Glas Bier bringen.
3. Der Schüler fragt den Lehrer nach der Uhrzeit.
4. Danke, es geht meiner Mutter gut.
5. Der Briefträger bringt ein Telegramm.
6. Diese sensationnelle Nachricht kommt aus Frankfurt.
7. Der Sohn hilft dem Vater im Garten.
8. Die Verkäuferin packt das Hemd und die Anzüge ein.

124. Complétez par le pronom personnel qui convient. (§ 182)

1. ,,Gehört dieses Flugzeug deinem Freund Kurt ?'' - ,,Ja, ... gehört ... .''
2. Wir spielen Gitarre. ,,Hörst du ..., Mutti ?'' - ,,Ja, ich höre ... .''
3. ,,Du sollst deiner Mutter in der Küche helfen'' - ,,Ja, ich helfe ... gleich.''
4. ,,Sie haben es eilig, Frau Meyer ! Soll ich ... ein Taxi rufen ?''
5. Ich habe heute keinen Wagen. Kannst du ... abholen ?
6. Unsere Freundin hat uns seit langem nicht geschrieben. Hast du etwas von ... gehört ?
7. Dein Onkel hat ... ein schönes Geschenk gegeben. Vergiß nicht, ... dafür zu danken !
8. Vati hört uns nicht. Peter, frag ... bitte, ob ... das Bier schon geholt hat !

* **125. Placez en tête l'élément souligné. (§ 182)**

1. Es fährt heute kein Bus mehr. **2.** Es hat mir in Deutschland sehr gut gefallen. **3.** Es kommt auf ein paar Minuten nicht mehr an. **4.** Es sind für nächsten Sonntag zwei Tische reserviert. **5.** Es schlug gerade zwölf, als wir ankamen. **6.** Es wurde bis gestern abend getanzt. **7.** Es geht mir gut. Und dir ? **8.** Es wird nun aufgepaßt !

LE PRONOM RÉFLÉCHI ET LE PRONOM RÉCIPROQUE

126. Complétez par le pronom qui convient. (§§ 183, 184)

1. Wenn es schneit, freuen ... die Kinder sehr. **2.** Seit vielen Jahren verbringen wir die Ferien mit... . **3.** Kümmert ... nicht darum, es geht euch nichts an ! **4.** Sie erinnern ... sehr deutlich an Ihre Jugend, Frau Müller ! **5.** Wir fühlen ... nicht wohl, wenn wir schlechter Laune sind. **6.** Vor der Abreise verabschiedeten wir ... von unseren Freunden. **7.** Die beiden Fußballmannschaften spielen zum erstenmal gegen... .

LE PRONOM POSSESSIF

127. Mettez le pronom qui convient. (§ 185)

1. Dieses Buch ? Es ist m... . **2.** ,,Hol bitte den Füller !'' - ,,Welchen ? M... oder d... ?'' **3.** ,,Quatsch ! Das ist ein Bleistift ! Ist das d... ?'' **4.** ,,Das ist doch meine Sonnenbrille !'' - ,,Nein, d... habe ich nicht, ich habe nur m... .'' **5.** Das ist doch nicht mein Wagen ! M... ist blau ! **6.** In meiner Zeitung steht ein Artikel über Umweltverschmutzung. Steht in I... auch so einer ?

LE PRONOM DÉMONSTRATIF

128. Complétez par le pronom qui convient. (§ 186)

1. Kennst du den Mann dort ? - Ja, ... kenne ich, er ist unser Sportlehrer. **2.** Ob ich Herrn Bauer kenne ? Ja, bei ... bin ich fünf Jahre in die Lehre gegangen. **3.** Haben Sie Klaus, seinen Vater und ... Frau gesehen ? **4.** Wir haben schöne Ferien verbracht. ... kann ich nicht vergessen. **5.** ..., der nicht aufpaßt, wird bestraft. **6.** Mein Haus ist kleiner als ... meines Freundes. **7.** Hier hast du zwei Krawatten. ... ist rot, ... ist blau.

* 129. Traduisez. (§§ 184 à 187)

1. Avez-vous besoin d'un stylobille ? — Non, merci, j'ai le mien. **2.** Il n'avait pas d'argent sur lui. **3.** Puisque tu as laissé tes clés à la maison, voici les miennes. **4.** Est-ce que je prends ma voiture ou est-ce que je monte dans la vôtre (Politesse) ? **5.** Je trouve ta robe plus belle que celle de ton amie. **6.** De quel manteau parles-tu ? De celui-ci ou de celui-là ? Celui-ci est plus clair et celui-là plus foncé.

130. Complétez par un pronom personnel précédé d'une préposition ou un démonstratif composé. (§ 186)

1. Er verbringt die nächsten Ferien mit seinen Großeltern. Er freut sich ... . **2.** Am frühen Nachmittag fängt er mit seinen Aufgaben an. Er fängt ... an. **3.** Die Schüler antworten auf die Frage des Lehrers. Sie antworten ... . **4.** Er erzählt uns von seiner langen Reise. Er erzählt ... . **5.** Ich spiele mit meinen Freunden Fußball. Ich spiele ... Fußball. **6.** Zum Muttertag kaufe ich etwas Schönes für meine Mutter. Ich kaufe etwas Schönes ... . **7.** So solltest du nicht von deinem Vater sprechen ! So solltest du nicht ... sprechen ! **8.** Ich denke mit Sehnsucht an meine Heimatstadt. Ich denke mit Sehnsucht ... .

131. Complétez par le démonstratif composé (annonce de la subordonnée). (§ 186)

1. Der Vater regte sich ... auf (sich aufregen über), daß sein Sohn nicht in der Schule arbeitet. **2.** Die Mutter bedankte sich ... (sich bedanken für), daß man ihr in der Küche hilft. **3.** Ich habe das ganze Jahr ... geträumt (träumen von), in den Ferien nach Deutschland zu fahren. **4.** Am Sonntag habe ich nicht mehr ... gedacht (denken an), Blumen zu kaufen. **5.** Das Mädchen kümmerte sich nicht ... (sich kümmern um), daß sie ohne Mantel ausging. **6.** Meine Großeltern freuen sich ... (sich freuen auf), daß sie uns zu Weihnachten besuchen. **7.** Der Angestellte entschuldigte sich ... (sich entschuldigen für), daß er sich verspätet hatte. **8.** Die Eltern haben den Jungen ... gebeten (bitten um), nicht so lange in der Stadt zu bleiben.

LE PRONOM INTERROGATIF

132. Posez la question se rapportant à l'élément de phrase souligné. (§ 187)

1. Der Junge zeigt <u>seinem Freund</u> das Auto seines Vaters.
2. <u>Der Vater</u> macht das Fenster zu.
3. Diese Lehrerin diktiert den Schülern <u>einen Satz</u>.
4. <u>Die Jungen</u> wollen Geld verdienen.
5. Du sollst <u>deinen Vetter</u> am Bahnhof abholen.
6. Das Mädchen erblickte <u>das Haus</u> in der Ferne.
7. Zu Weihnachten schenkst du <u>deiner Großmutter</u> eine schöne Uhr.
8. Ich lese jetzt <u>Petras Brief</u>.

133. Complétez par un pronom interrogatif. (§ 187)

1. (Beim Skifahren habe ich mir ein Bein gebrochen) W... hast du dir gebrochen ? **2.** (um neun Uhr ging sie zu den Nachbarn) Zu w... ist sie um neun gegangen ? **3.** (Die Lieder dieses Sängers haben großen Erfolg) W... Lieder haben großen Erfolg ? **4.** (Der Junge denkt an seine Freunde) An w... denkt der Junge ? **5.** (Die Fußgänger müssen aufpassen) W... muß aufpassen ? **6.** (Für unsere Party brauchen wir eine Stereoanlage) W... brauchen wir ? **7.** (Zum Telefonieren geht Ingrid in ein Café) W... geht Ingrid in ein Café ? **8.** (Wagners Opern sind sehr bekannt) W... Opern sind sehr bekannt ?

134. Complétez par was für ein... ou welch... . (§ 187)

1. Mein Vater hat einen Sportwagen. W.......... hat deiner ? **2.** Da kommen zwei Straßenbahnen ; w.......... nimmst du ? **3.** Gestern haben wir ein Popkonzert gehört ; w.......... bringt heute das Radio ? **4.** Sie ist mit dem Auto weg. — Mit w.......... ? — Mit dem Audi. **5.** Er kommt mit dem Zug. — Mit w.......... ? — Mit dem Intercity. **6.** Ich hätte gern ein Fahrrad. — W.......... ? Ein Rennrad oder ein Tourenrad ? **7.** Diese Bluse gefällt mir gut ! — W.......... ? Die grüne oder die blaue ? **8.** Ein Junge hat nach dir gefragt. — W.......... ? — Ein kleiner mit schwarzen Haaren.

135. Complétez les questions par un interrogatif composé. (§ 187)

1. ... beschäftigst du dich am Sonntag ? **2.** ... fürchten sich oft kleine Kinder ? **3.** ... denkst du, wenn du ein schönes Bild betrachtest ? **4.** ... spielst du Tennis ? **5.** ... dient ein Meßinstrument ? **6.** ... interessierst du dich eigentlich ?

LE PRONOM RELATIF

136. Complétez par un pronom relatif. (§ 188)

1. Wie heißt der Freund, ... du zum Essen eingeladen hast ? **2.** Der Kellner bringt dem Gast die Suppe, ... er bestellt hat. **3.** Siehst du den Mann, ... wir auf der Straße begegnet sind ? **4.** Da kommt die Dame, ... das Restaurant gehört. **5.** Die Stadt, in ... ich geboren bin, heißt Regensburg. 6. Der Sänger, ... Namen ich vergessen habe, gefällt den Jugendlichen sehr. **7.** Da sind die Kollegen, ... ich helfen muß. **8.** Die Nachbarn, in ... Haus wir wohnen, sind sehr sympathisch.

LE PRONOM INDÉFINI

137. Complétez par einige, man, jemand, d... ein... / d... ander..., niemand, kein..., wenige. **(§ 189)**

1. Es gibt zweierlei Schüler. ... sind fleißig, ... faul.

2. ... spricht viel von dem Fußballer, der ein Tor geschossen hat.

3. Heute wurde in der Klasse viel diskutiert. Fast alle Schüler waren dafür, nur ... dagegen.

4. Es fehlten viele ; nicht ... waren gekommen.

5. Möchtest du diese Bücher behalten ? — Nein, ... von ihnen hat mir gefallen.

6. Hast du ... im Garten gesehen ?

7. Es klingelt. Ich mache die Tür auf, aber es ist ... da.

8. Viele Leute suchen einen Arbeitsplatz, aber ... bekommen einen.

L'ADVERBE

138. Complétez par un adverbe interrogatif. (§ 191)

1. ... kommen Sie denn ? — Aus Frankreich. **2.** ... heißt der bekannteste deutsche Fluß ? **3.** ... liegt eigentlich Hannover ? — In Niedersachsen. **4.** ... dauern die Sommerferien ? — Sechs Wochen. **5.** ... warst du gestern nicht da ? — Weil ich krank war. **6.** ... fahren Sie in Urlaub ? — Ins Ausland. **7.** ... fährst du fort ? — Morgen früh. **8.** ... braucht er das ? — Zum Basteln.

139. Complétez par la conjonction de subordination wenn **(§ 25) ou l'adverbe interrogatif** wann **introduisant une subordonnée interrogative (§ 191).**

1. Schreib mir bitte, ob du kommst und ... du kommst ! **2.** Ich weiß genau, ... es angefangen hat. **3.** ... ich diese Gruppe höre, muß ich unbedingt tanzen. **4.** Sie fühlt sich besser, ... sie den Arzt sieht. **5.** Wüßte ich doch, ... der Regen aufhört ! **6.** ... Sie zu uns kamen, freuten wir uns immer sehr. **7.** Frag doch deine Eltern, ... sie Urlaub haben ! **8.** Ich kann dir noch nicht sagen, ... wir fertig sind.

140. Viel **ou** sehr **? Complétez. (§ 193)**

1. Wir haben ..., ja zu ... gegessen. **2.** Hier ist es ... schöner. **3.** ... angenehm ist es nicht. **4.** In der Schule wird ... gearbeitet. **5.** Wir haben uns ... gefreut. **6.** Ich danke Ihnen ... für das schöne Geschenk. **7.** Habt ihr im Zirkus ... gelacht ? **8.** Als er das wußte, weinte er ... .

141. Répondez en employant le superlatif de l'adverbe proposé. (§ 194)

1. Vati fährt vorsichtig, Anna fährt vorsichtiger. Und Franz ? **2.** Beate antwortete schlecht, Karl antwortete schlechter. Und Wolfgang ? **3.** Paul fischt gern, sein Bruder fischt lieber. Und Rainer ? **4.** Kurt singt leise, Uwe singt noch leiser. Und Peter ? **5.** Inge springt hoch, aber ihr Freund springt höher. Und Udo ? **6.** Ich arbeite viel, du arbeitest mehr. Und unser Nachbar ? **7.** Manfred spielt ja gut, aber Jürgen spielt noch besser. Und ein Profi ? **8.** Uta spricht deutlich, Monika spricht deutlicher. Und der Lehrer ?

* **142. Traduisez. (§§ 193, 194)**

1. Il fait très froid. **2.** Je t'aime beaucoup. **3.** C'est beaucoup plus intéressant. **4.** Il est assez petit. **5.** Elle n'est pas assez grande. **6.** Je travaille plus que mon frère. **7.** Ma sœur aime mieux le thé. **8.** Qui a le plus parlé ? **9.** Ce que je préfère, ce sont les films policiers [der Krimi -s] **10.** Qui a le mieux répondu ?

143. Faites un choix dans la liste ci-dessous et complétez. (§ 195)

(heute - eben - vorgestern - sonntags - später - vorher - schon - nicht mehr)

1. ... sind alle Warenhäuser geschlossen. **2.** Du darfst ja fernsehen, aber ... mußt du aufräumen. **3.** Vor fünf Minuten wußte ich es noch nicht, ich habe es ... in der Zeitung gelesen. **4.** Das kann ich nicht sofort machen, ich mache es ... . **5.** Jetzt können wir hinaus, es regnet ... . **6.** ... hatte es geschneit, heute ist alles wieder trocken. **7.** ... acht Uhr ! Wie schnell vergeht die Zeit ! **8.** Gestern war alles in Ordnung, aber ... fühle ich mich nicht wohl.

* **144. Traduisez. (§ 195)**

1. Ce soir, ils vont au cinéma. **2.** Nous venons de l'apprendre. [erfahren] **3.** Je vais être prêt. **4.** Tantôt il pleut, tantôt il y a du brouillard. [nebelig sein] **5.** Elle n'a que six ans. **6.** Il y a longtemps que j'habite ici. **7.** Quand est-ce que tu arrives ? Seulement demain ? **8.** La plupart du temps, je me lève tôt.

145. Complétez par hin **ou** her. **(§ 197)**

1. Geh doch in den Keller ...unter und hol uns drei Flaschen Bier ...auf ! **2.** Komm bitte ...aus und mach die Tür zu ! **3.** Ich gehe die Treppe ...auf. **4.** Bleib nicht drinnen, lauf jetzt in den Garten ...aus ! **5.** Steigen Sie bitte auf den Stuhl und holen Sie mir den Koffer ...unter ! **6.** Es klopft. „...ein !" ruft der Lehrer. **7.** Wir bleiben nicht mehr draußen, wir wollen jetzt ...ein. **8.** Was ist denn draußen los ? Schau doch zum Fenster ...aus !

146. Complétez par ja, nein **ou** doch. **(§ 198)**

1. Ist dein Vater schon da ? — ..., noch nicht. **2.** Freust du dich nicht ? — ..., natürlich freue ich mich. **3.** Hast du den Film schon gesehen ? — Ich denke ..., aber es ist schon lange her. **4.** Darf ich rauchen ? — ..., aber zuerst machst du ein Fenster auf. **5.** Hast du denn keine Zeit ? — ..., aber es soll nicht bis morgen dauern. **6.** Darf man hier Feuer machen ? — ..., es ist verboten.

* **147. Traduisez. (§ 199)**

1. Ce n'est pas toi qui l'as dit. **2.** Ils ne sont pas tous là. **3.** Je n'entre pas. **4.** Elle n'écoute pas le disque. **5.** Elle n'écoutait pas le disque, mais la cassette. **6.** Vous n'êtes pas gentil. **7.** Tu ne chantes pas très fort. **8.** Il n'a pas entendu le téléphone ?

* **148. Substituez un adverbe aux membres de phrase soulignés. (§ 201)**

1. Da er sich langweilte, schlief er ein. **2.** Wenn meine Mutter mich abholte, freute ich mich. **3.** Obwohl es teuer ist, will ich es kaufen. **4.** Als sie auf dem Land wohnten, besuchten wir sie öfter. **5.** In der Stadt ist immer viel los. **6.** Um nach Amerika zu fliegen, braucht man viel Geld. **7.** Soll ich dich bis zum Theater begleiten ? **8.** Ich pflückte Blumen, während meine Schwester auf der Wiese spielte.

LA NÉGATION

149. Complétez par nicht **ou** kein... **(§ 202)**

1. Die Kinder gehen ... oft ins Theater. **2.** Das ist doch ... Mercedes, das ist ein Opel ! **3.** Ich habe ... Geld mehr. **4.** Heute bin ich krank, also gehe ich ... ins Schwimmbad. **5.** Gestern habe ich ... Benzin gekauft. **6.** Ich höre gern Geige, kann aber ... Geige spielen. **7.** Heute ist Sonntag ; wir haben ... Schule. **8.** Kinder trinken ... Wein.

150. Transformez en phrases négatives. (§§ 202 et 204)

1. Am Sonntag fährt meine Familie ins Gebirge. **2.** Wir nehmen unsere Skier mit. **3.** Ich laufe mit den Eltern Ski. **4.** Der Berg gefällt mir. **5.** Ich fahre allein bis ins Tal hinunter. **6.** Ich trage eine Mütze und Handschuhe. **7.** Mein Bruder begleitet uns. **8.** Er hat Zeit.

* **151. Rétablissez la négation** nicht **dans les phrases pour exprimer ce qui est écrit en français dans la parenthèse, et soulignez la syllabe accentuée. (§ 203)**

1. Jeden Morgen sehe ich ihn. (Je ne le vois pas tous les matins.) **2.** Ich will diesen Film sehen. (Ce n'est pas ce film que je veux voir.) **3.** Er ist heute gekommen. (Ce n'est pas aujourd'hui qu'il est venu.) **4.** Den blauen kaufe ich. (Ce n'est pas le bleu que j'achète.) **5.** Er fährt mit dir nach Deutschland. (Ce n'est pas avec toi qu'il va en Allemagne.) **6.** Alle sind einverstanden. (Tout le monde n'est pas d'accord.) **7.** Sie ist gestern gekommen. (Hier, elle n'est pas venue.) **8.** Ich will diesen Film sehen. (Je ne veux pas voir ce film.)

* **152. Traduisez. (§§ 202 à 204)**

1. Ce matin, il n'y avait pas de journal. [Heute morgen] **2.** Je n'ai pas le droit de boire de l'alcool. [der Alkohol] **3.** A seize ans, tu ne peux pas encore conduire une voiture. **4.** Elle n'a pas de chance. **5.** Aujourd'hui, je n'ai pas vu mes amis. **6.** Ce n'est pas mon frère qui l'a dit. **7.** Je ne sais pas jouer de la guitare. **8.** Ce n'est pas une B.M.W.

« NE TOMBONS PAS DANS LE PIÈGE »

* **153. Traduisez. (§ 208)**

1. Je vais le voir demain. **2.** Elle vient juste de sortir. **3.** Il est en train de lire le journal. **4.** Je viens de lui téléphoner. **5.** Va me chercher une bière à la cave, s'il te plaît ! **6.** Attendez un peu, je vais vous le dire ! (Politesse) **7.** J'allais partir. **8.** Nous allons les chercher à la gare.

* **154. Traduisez et placez l'accent d'insistance (•). (§ 209)**

1. C'est moi qui vous ai répondu au téléphone. **2.** C'est aujourd'hui que nous partons en vacances. **3.** C'est en jouant au football qu'il s'est cassé la jambe. **4.** C'est lui qui me l'a dit.

* **155. Traduisez. (§ 210)**

1. Je vais chez mon ami. **2.** Elle n'était pas chez elle. **3.** Rentre chez toi, maintenant ! **4.** Chez le boulanger, on peut aussi acheter des croissants. [das Hörnchen] **5.** Ici, je me sens chez moi. [sich fühlen (wie)] **6.** Cours vite chez le boucher ! [der Metzger]

* **156. Traduisez. (§ 211)**

1. C'est là que nous avons habité. **2.** Alors, il est parti. **3.** Comme je ne peux pas venir, ton frère me représentera. [vertreten] **4.** Te revoilà ! **5.** C'est alors que je la vis. **6.** Puisque ce n'est pas possible, j'attendrai.

* **157. Traduisez. (§ 212)**

1. Pourquoi n'as-tu pas demandé au professeur ? **2.** Personne ne m'a demandé de l'argent. **3.** Puis-je vous demander conseil ? (Politesse) **4.** Je me demande s'il l'a compris. **5.** Demande le chemin à la dame ! **6.** Je leur ai demandé de l'aide. [die Hilfe]

* **158. Traduisez. (§ 213)**

1. Voici l'argent dont tu as besoin. **2.** Connais-tu la jeune femme dont les parents habitent à Berlin ? **3.** Nous allons chez un ami dont les enfants ne vont pas encore à l'école. **4.** Ce sont les gens dont je t'ai parlé. **5.** As-tu vu les Meier, dont le fils est à l'hôpital ? **6.** Le chien dont j'avais peur n'est pas là. [sich fürchten vor]

*** 159. Traduisez.** (§ 214)

1. Est-ce que ta montre est en or ? **2.** Nous en avons ri. **3.** Qui en est responsable ? **4.** Mon cahier de mathématiques ? Je n'en ai pas besoin aujourd'hui. **5.** Ce gâteau est bon, j'en voudrais encore un morceau. **6.** Vas-tu à l'hôtel maintenant ? — Non, j'en viens à l'instant. **7.** Je vais à la bibliothèque. Veux-tu m'y accompagner ? **8.** Je préfère le pain blanc, j'y suis habitué. **9.** Il montait l'escalier en sifflant. **10.** J'y étais hier.

*** 160. Traduisez.** (§ 215)

1. Il y a un an, je suis tombé malade. **2.** Il y a des arbres dans la cour. **3.** Il y a des gens qui ne veulent pas le comprendre. **4.** Qu'est-ce qu'il y a sur le lit ? **5.** Qu'est-ce qu'il y a à manger aujourd'hui ? **6.** Il y a cinq ans que je suis à Vienne.

*** 161. Traduisez.** (§ 217)

1. Je voulais lui rendre visite, mais il n'était pas chez lui. **2.** Hambourg n'est pas seulement un grand port, mais aussi une ville magnifique. **3.** Ce n'est pas lui que j'ai appelé, mais toi. **4.** J'ai une secrétaire, mais elle ne sait pas taper à la machine ! [tippen]

*** 162. Traduisez.** (§ 218)

1. On a frappé. **2.** On ne sait jamais. **3.** Hier, on a étudié les verbes forts. **4.** On déjeunera tard, ce matin. **5.** On dit qu'il est le meilleur. **6.** Où va-t-on maintenant ?

*** 163. Traduisez.** (§ 219)

1. Ces fleurs sont pour ma mère. **2.** Pour acheter sa Mercedes, il a fait beaucoup d'économies ! [viel sparen] **3.** Voici de l'argent pour que tu puisses prendre le train. **4.** Ce tableau passe pour le plus beau du musée.

*** 164. Traduisez.** (§ 220)

1. Quand l'as-tu vu ? **2.** Qu'as-tu fait quand tu l'as vu ? **3.** Quand nous serons à la maison, je t'appellerai. **4.** Quand elle est fatiguée, elle va se coucher tôt. **5.** Quand nous habitions à Berlin, nous allions souvent au concert. **6.** Tu le comprendras quand tu seras ici. **7.** Quand j'entrai, personne ne se leva. **8.** Je ne sais pas quand c'est arrivé.

*** 165. Traduisez.** (§ 221)

1. Je crois que j'ai compris. **2.** Que savez-vous de lui ? **3.** Il est plus grand que moi. **4.** Que nous étions bêtes ! **5.** Est-ce l'imperméable que je t'ai montré ? **6.** Je ne pense pas qu'il revienne.

*** 166. Traduisez.** (§ 222)

1. Ici, je n'ai que des amis. **2.** Elle n'avait que deux ans. **3.** Nous ne sommes restés que trois jours. **4.** Il n'y a que lui qui peut le dire. **5.** Je ne peux que me taire. **6.** Je ne peux venir que dans trois mois.

*** 167. Traduisez.** (§ 223)

1. Qui sait si nous nous reverrons ? **2.** Si tu n'es pas encore prêt, je m'en vais. **3.** Si cette robe n'était pas si chère, mon amie l'achèterait. **4.** Je ne sais pas si je pourrai.

CORRIGÉS DES EXERCICES

9.

1. Ich möchte gern wissen, um wieviel Uhr er zurückkommt. **2.** Fragen Sie ihn doch danach, was er gestern gemacht hat. **3.** Es ist nicht möglich, daß er das vergessen hat. **4.** Ich frage mich, ob er morgen kommen kann. **5.** Ich habe ihm doch gesagt, er soll das Fenster nicht öffnen. **6.** Hör mal, wie schön diese Musik ist !

15.

1. Die Lederjacke, die der Junge sich kaufen wollte, war sehr teuer. **2.** Der junge Mann, der über die Brücke geht, ist ein Freund von mir. **3.** Der Junge, den ich meiner Schwester vorstellte, war eben aus Hamburg gekommen. **4.** Die Freunde, denen wir im Kino begegneten, waren sehr freundlich. **5.** Meine Schwester, der ich kein Geld leihen will, ist mir böse. **6.** Die Jugendlichen, die dieses Gymnasium besuchen, sind sehr nett. **7.** Die Fahrkarte, die du im Zug brauchst, löst du dir dort am Schalter. **8.** Der Junge, den wir in den Ferien kennengelernt haben, spricht sehr gut Deutsch.

21.

1. Ich ziehe meine Windjacke an, um mich nicht zu erkälten. **2.** Ich rufe meine Eltern an, um ihnen zu sagen, daß ich spät ankomme. **3.** Ich gehe auf den Markt, um Blumen für meine Mutter zu kaufen. **4.** Ich mache das Garagentor auf, damit mein Vater den Wagen in die Garage fährt. **5.** Schreib mir bald, damit ich weiß, wann du kommst ! **6.** Ich rufe meine Eltern an, damit sie mich abholen. **7.** Ich schaue gut nach rechts und nach links, um keinen Unfall zu haben. **8.** Ich gehe schnell in den Keller, um meinem Vater eine Flasche Bier zu holen.

28.

1. Kannst du schwimmen ? **2.** Mein Freund lernt fahren. **3.** Ich höre die Kinder spielen. **4.** Wir sehen sie springen. **5.** Bleiben Sie doch liegen ! **6.** Er läßt sie warten. **7.** Ich möchte schlafen. **8.** Gehen Sie frühstücken ?

30.

1. Sie behauptet, uns nicht gesehen zu haben. **2.** ..., mich lange erwartet zu haben. **3.** ..., allein spazierengegangen zu sein. **6.** ..., die Bücher nicht bestellt zu haben. **7.** ..., die Uhr unter dem Schrank gefunden zu haben. **8.** ..., mit ihrer Mutter telefoniert zu haben.

32.

1. Blühende Rosen ... . **2.** Mein blutendes Knie ... . **3.** Die startenden Rennwagen ... . **4.** Eine glänzende Idee ... . **5.** Plaudernde Leute ... . **6.** Ein tanzendes Paar ... . **7.** Der dort vor dem Haus wachsende Baum ... . **8.** Er antwortete zitternd ... .

39.

1. Soll ich das Licht ausmachen ? **2.** Ich möchte meine Eltern anrufen. **3.** Kannst du mitkommen ? **4.** Hier darf man nicht fotografieren. **5.** Wir müssen hier bleiben. **6.** Sie will nicht antworten.

51.

1. Ich habe nicht warten können. **2.** Sie hat hier bleiben wollen. **3.** Wir haben zurückkehren müssen. **4.** Hast du deinen Hund operieren lassen ? **5.** Ich habe sie schlafen lassen. **6.** Sie haben (Ihr habt) das Haus brennen sehen.

54.

1. Ich habe dir meinen Freund vorgestellt. **2.** Bist du lange dort geblieben ? **3.** Er ist eben aufgewacht. **4.** Ich bin krank gewesen. **5.** Wo sind Sie Brigitte begegnet ? **6.** Ich glaube, daß alle es gewußt haben (..., alle haben es gewußt.). **7.** Er sagt, daß er nicht hat kommen können (..., er hat nicht kommen können). **8.** Ist es dir gelungen ?

56.

1. Es hatte den ganzen Tag geregnet. **2.** Wem hattest du dein Buch geliehen ? **3.** Sie hatten sich gestritten. **4.** Hatten Sie (Hattet ihr) das Haus verlassen ? **5.** Ich war noch nicht aufgestanden. **6.** Die Sonne war eben aufgegangen.

62.

1. Aber wenn ich Geld hätte, würde ich das Buch kaufen. **2.** Aber wenn er Zeit hätte, würde er mit uns kommen. **3.** Aber wenn wir morgen hier wären, würden wir ins Kino gehen. **4.** Aber wenn sie ein Auto hätten, würde ich mitfahren. **5.** Aber wenn du Ferien hättest, würden wir ins Schwimmbad gehen. **6.** Aber wenn er Lust hätte, würde er gut arbeiten.

64.

1. Könntest du mir helfen, den Koffer zu tragen ? **2.** Er möchte nächsten Sommer nach Deutschland fahren. **3.** Sie sollten ein neues Haus kaufen. **4.** Wenn er nur wollte, würde er uns besuchen. **5.** Um Geld zu verdienen, müßtest du arbeiten. **6.** Sie dürften (wohl) nicht mehr weit sein.

68.

Karl erzählt, er sei heute früh aufgestanden. Er wolle mit dem Fahrrad in die Schule fahren, denn sein Vater müsse in die Stadt fahren und könne ihn nicht mit dem Auto zur Schule bringen. Aber sein Fahrrad stehe immer in der Garage und die Tür sei jetzt zu. Vati habe den Schlüssel mitgenommen und sei schon weg. Er könne sein Fahrrad nicht aus der Garage holen. Er sei dann schnell gelaufen, um den Bus zu holen, aber er sei natürlich zu spät gekommen, er habe den Bus verfehlt. Deshalb sei er heute nicht pünktlich in die Schule gekommen. Aber das solle nicht mehr vorkommen.

75.

1. Jetzt wird ins Bett gegangen. **2.** Morgen wird bis elf gearbeitet. **3.** Im Kino wird nicht geraucht. **4.** Den ganzen Nachmittag wurde getanzt. **5.** Bis Mitternacht wurde geplaudert. **6.** Hier wird nicht gespielt. **7.** Um neun Uhr wird gefrühstückt. **8.** Wann wird gegessen ? **9.** Warum wird nicht draußen gekocht ?

77.

1. Wo werden die(se) Geräte verkauft ? **2.** Warum wird nicht gesungen ? **3.** Der Text ist ins Deutsche übersetzt worden. **4.** Es wurde wenig gegessen und getrunken. **5.** Sie war letzten Monat (vorigen Monat) operiert worden. **6.** Die Tiere müssen jeden Tag gefüttert werden. **7.** Ich weiß, daß er gewählt worden ist. **8.** Von wem sind Sie untersucht worden ?

82.

1. Wo liegt diese Stadt ? **2.** Stell die Lampe neben die Schreibmaschine ! **3.** Wohin hast du die Zeitung gelegt ? **4.** Der Spiegel hängt über der Kommode. **5.** Steht dein Wagen auf dem Parkplatz ? **6.** Das Baby saß auf seinem Stuhl.

87.

1. Hast du Geld ? **2.** Sie hat Kinder. **3.** Ich habe Wein und Bier getrunken. **4.** Hast du die Milch gekauft ? **5.** Warum denn, gibt es denn keine Milch mehr ? **6.** Wir haben nächste Woche Ferien. **7.** Ich mag keinen Wein. (Wein mag ich nicht.) **8.** Ich trinke keinen Wein. **9.** Brot müssen wir kaufen. **10.** Das Brot dieses Bäckers schmeckt wirklich gut.

88.

1. Ich habe einige Freunde eingeladen. **2.** Sie haben mir mehrere Bücher geschenkt. **3.** Aber ich habe wenig Zeit. **4.** Hast du viel Geld ? **5.** Ich habe den ganzen Tag gewartet. **6.** Er hat alle Zeitungen gelesen. **7.** Ich habe zwei Schallplatten ; willst du diese oder jene ? **8.** Gib mir beide. **9.** Rasierst du dich jeden Morgen ? **10.** Wir nehmen denselben Bus.

95.

1. Der Wagen fährt über die Brücke. **2.** Wir müssen durch den Wald (gehen). **3.** Gehen wir aus diesem Haus ! **4.** Der Briefträger geht über den Platz. **5.** Ich möchte aus einem Glas und nicht aus der Flasche trinken. **6.** Kommst du aus der Schule ?

96.

1. Es regnet seit drei Tagen. **2.** Wascht euch die Hände vor dem Essen ! **3.** Er hat die ganze Nacht Klavier gespielt. **4.** Ich habe ihn vor zwei Monaten gesehen. **5.** Sein (Ihr) Zug fährt in einer Stunde. **6.** Zu dieser Zeit lebte er in Berlin. **7** Nächsten Sommer fahren (wollen) wir nach Spanien. **8.** Nach der Schule gehen wir zu Jürgen. **9.** Wie alt bist du ? Ich bin vierzehn. **10.** Jeden Morgen vergißt er sein Buch zu Hause.

97.

1. Trotz des Regens ... **2.** Während des Spiels ... **3.** Wegen der Kälte ... **4.** Nach dem Frühstück ... **5.** Vor der Abfahrt ... **6.** Trotz der Gefahr ... **7.** Wegen der Krankheit ...

100.

1. Er hat viele Freunde. **2.** In einiger Zeit. **3.** In beiden Fällen. **4.** Alle Menschen sind sterblich. **5.** Jeden Morgen geht er zum Dorf. **6.** Vor einigen Tagen. **7.** Er hat die ganze Nacht gearbeitet. **8.** Jeden Abend geht er nach Hause zurück.

110.

1. Die auf dem Hof spielenden Kinder **2.** Ein gut aussehendes Mädchen **3.** Der gestern angekommene Nachbar **4.** Diese viel zu laut schreiende Frau **5.** Aus der Firma entlassene Arbeiter **6.** Ein mit der Post gesandtes (gesendetes) Paket **7.** Vor Kälte zitternde Leute **8.** Die um Mitternacht in der U-Bahn angegriffene Frau.

111.

1. Der Arme hat kein Haus mehr. **2.** Dieser Arbeitslose geht zum Arbeitsamt. **3.** Fremde (Die Fremden) bitten oft um Auskunft. **4.** Ein Deutscher trinkt nicht unbedingt Bier. **5.** Hier werden die Kranken (Die Kranken werden hier) gut gepflegt. **6.** Alle Jugendlichen wollen ein Motorrad haben. **7.** Nun sitzen Grüne (Grüne sitzen nun) im Parlament. **8.** Ein Dummer kann das (Das kann ein Dummer) nicht verstehen.

114.

1. Ist ein Fahrrad so teuer wie ein Mofa ? **2.** Hans ist so stark wie ich. **3.** Sie ist weniger reich als man denkt. **4.** Ich bin nicht so groß wie du. **5.** Ein Auto ist weniger schwer als ein LKW. **6.** Ich bin so alt wie mein Nachbar.

118.

1. Hans ist der jüngste Schüler der Klasse (in der ..., von der ...). **2.** Das (Es) ist der höchste Baum auf dem Platz. **3.** Wir sind in der besten Konditorei. **4.** Ich frage mich, ob du so stark bist wie ich. **5.** (Der) Februar ist der kürzeste und (der) kälteste Monat. **6.** In München ist das Bier am besten.

119.

1. Je länger die Nächte werden, desto kürzer werden die Tage. **2.** Je älter er wird, um so ernster wird er. **3.** Je teurer das Benzin wird, desto unzufriedener sind die Autofahrer. **4.** Je lustiger der Film ist, desto froher sind die Zuschauer. **5.** Je wütender ihr Vater war, desto zufriedener war sie. **6.** Je lauter die Musik wurde, um so besser war die Stimmung. **7.** Je größer sie wird, um so schöner wird sie. **8.** Je freier man ist, desto angenehmer ist das Leben.

125.

1. Heute fährt kein ... . **2.** Mir hat es ... . **3.** Auf ein paar Minuten kommt es ... . **4.** Für nächsten Sonntag sind zwei ... . **5.** Als wir ankamen, schlug es ... . **6.** Bis gestern abend wurde getanzt. **7.** Mir geht es gut. **8.** Nun wird aufgepaßt !

129.

1. Brauchen Sie einen Kugelschreiber ? — Nein, danke, ich habe meinen. **2.** Er hatte kein Geld bei sich. **3.** Da du deine Schlüssel zu Hause gelassen hast, gebe ich dir meine. **4.** Nehme ich meinen Wagen (mein Auto) oder steige ich in Ihren (Ihres) ? **5.** Dein Kleid finde ich schöner als das deiner Freundin. **6.** Von welchem Mantel sprichst du ? Von diesem oder von jenem ? Dieser ist heller und jener ist dunkler.

142.

1. Es ist sehr kalt. **2.** Ich liebe (mag) dich sehr. **3.** Das ist viel interessanter. **4.** Er ist ziemlich klein. **5.** Sie ist nicht groß genug. **6.** Ich arbeite mehr als mein Bruder. **7.** Meine Schwester trinkt lieber Tee. **8.** Wer hat am meisten gesprochen (geredet) ? **9.** Am liebsten sehe ich mir Krimis an. **10.** Wer hat am besten geantwortet ?

144.

1. Heute abend gehen sie ins Kino. **2.** Wir haben es eben (gerade) erfahren. **3.** Ich bin gleich fertig. **4.** Bald regnet es, bald ist es nebelig. **5.** Sie ist erst sechs (Jahre alt). **6.** Ich wohne schon lange hier. **7.** Wann kommst du (denn) (an) ? Erst morgen ? **8.** Meistens stehe ich früh auf.

147.

1. Nicht du hast es gesagt. **2.** Nicht alle sind da (Sie sind nicht alle da). **3.** Ich trete nicht ein. **4.** Sie hört die Schallplatte nicht. **5.** Sie hörte nicht die Schallplatte, sondern die Kassette. **6.** Sie sind nicht nett. **7.** Du singst nicht sehr laut. **8.** Hat er das Telefon nicht gehört ?

148.

1. Deswegen (deshalb, darum, drum) schlief er ein. **2.** Jedesmal freute ich mich. **3.** Trotzdem will ich es kaufen. **4.** Damals besuchten wir sie öfter. **5.** Dort ist immer viel los. **6.** Dazu braucht man viel Geld. **7.** Soll ich dich bis dorthin begleiten ? **8.** Ich pflückte inzwischen (währenddessen) Blumen.

151.

1. Nicht jeden Morgen ... . **2.** ... nicht diesen Film ... . **5.** ... nicht heute ... . **4.** Nicht den blauen ... . **5.** ... nicht mit dir ... . **6.** Nicht alle ... . **7.** ... nicht gekommen. **8.** ... nicht sehen.

152.

1. Heute morgen gab es keine Zeitung. (... war keine Zeitung da.) **2.** Ich darf keinen Alkohol trinken. **3.** Mit sechzehn darfst du noch nicht Auto fahren. **4.** Sie hat kein Glück. **5.** Heute habe ich meine Freunde nicht gesehen. **6.** Nicht mein Bruder hat es gesagt. **7.** Ich kann nicht Gitarre spielen. **8.** Das ist kein B.M.W.

153.

1. Ich besuche ihn morgen. **2.** Sie ist eben ausgegangen. **3.** Er liest gerade die Zeitung. **4.** Ich habe ihn (sie) eben angerufen. **5.** Hol mir bitte ein Bier aus dem Keller ! **6.** Warten Sie mal, ich will es Ihnen sagen ! **7.** Ich wollte (gerade) gehen. **8.** Wir holen sie vom Bahnhof ab.

154.

1. °Ich habe Ihnen am Telefon geantwortet. **2.** °Heute fahren wir in die Ferien. **3.** Beim °Fußballspielen hat er sich das Bein gebrochen. **4.** °Er hat es mir gesagt. (°Er ist es, der es mir gesagt hat).

155.

1. Ich gehe zu meinem Freund. **2.** Sie war nicht zu Hause. **3.** Geh jetzt nach Hause ! **4.** Beim Bäcker kann man auch Hörnchen kaufen. **5.** Hier fühle ich mich (wie) zu Hause. **6.** Lauf schnell zum Metzger !

156.

1. Da haben wir gewohnt. **2.** Da ist er weg(gegangen). **3.** Da ich nicht kommen kann, wird mich dein Bruder vertreten. **4.** Da bist du (ja) wieder ! **5.** Da sah ich sie. **6.** Da es nicht möglich ist, werde ich warten.

157.

1. Warum hast du den Lehrer nicht gefragt ? **2.** Niemand hat mich um Geld gebeten. **3.** Darf ich Sie um Rat bitten ? **4.** Ich frage mich, ob er es verstanden hat. **5.** Frag doch die Dame nach dem Weg ! **6.** Ich habe sie um Hilfe gebeten.

158.

1. Hier hast du das Geld, das du brauchst. **2.** Kennst du die junge Frau, deren Eltern in Berlin wohnen ? **3.** Wir gehen zu einem Freund, dessen Kinder noch nicht zur Schule gehen. **4.** Das sind die Leute, von denen ich dir erzählt habe. **5.** Hast du Meiers gesehen, deren Sohn im Krankenhaus liegt ? **6.** Der Hund, vor dem ich mich fürchtete, ist nicht da.

159

1. Ist deine Uhr aus Gold ? **2.** Wir haben darüber gelacht. **3.** Wer ist dafür verantwortlich ? **4.** Mein Mathematikheft ? Das brauche ich heute nicht. **5.** Dieser Kuchen schmeckt gut, ich möchte noch ein Stück davon. **6.** Gehst du jetzt ins Hotel ? — Nein, ich komme gerade von dort. **7.** Ich gehe zur Bibliothek ; willst du mich dorthin begleiten ? **8.** Ich esse lieber Weißbrot, ich bin daran gewöhnt. **9.** Pfeifend ging er die Treppe hinauf. **10.** Gestern war ich dort.

160.

1. Vor einem Jahr wurde ich krank. **2.** Im Hof stehen Bäume. **3.** Es gibt Leute, die es nicht verstehen wollen. **4.** Was liegt denn auf dem Bett ? **5.** Was gibt es heute zum Essen ? **6.** Seit fünf Jahren bin ich in Wien.

161.

1. Ich wollte ihn besuchen, aber er war nicht zu Hause. **2.** Hamburg ist nicht nur ein großer Hafen, sondern auch eine herrliche Stadt. **3.** Nicht ihn habe ich gerufen, sondern dich. **4.** Eine Sekretärin habe ich, aber sie kann nicht tippen !

162.

1. Es hat geklopft. **2.** Man kann nie wissen. **3.** Gestern haben wir die starken Verben gelernt. **4.** Heute morgen wird spät gefrühstückt. **5.** Er soll der beste sein. **6.** Wo gehen wir jetzt hin ?

163.

1. Diese Blumen sind für meine Mutter. **2.** Um seinen Mercedes zu kaufen, hat er viel gespart. **3.** Hier hast du Geld, damit du den Zug nehmen kannst. **4.** Dieses Bild gilt als das schönste im Museum.

164.

1. Wann hast du ihn gesehen ? **2.** Was hast du gemacht, als du ihn gesehen hast ? **3.** Wenn wir zu Hause sind, werde ich dich anrufen. **4.** Wenn sie müde ist, geht sie früh ins Bett. **5.** Als wir in Berlin wohnten, gingen wir oft ins Konzert. **6.** Du wirst es verstehen, wenn du hier bist. **7.** Als ich eintrat, stand niemand auf. **8.** Ich weiß nicht, wann es passiert (geschehen) ist.

165.

1. Ich glaube, ich habe (es) verstanden. **2.** Was wissen Sie über ihn ? **3.** Er ist größer als ich. **4.** Wie dumm waren wir ! **5.** Ist das der Regenmantel, den ich dir gezeigt habe ? **6.** Ich glaube nicht, daß er wiederkommt.

166.

1. Hier habe ich nur Freunde. **2.** Sie war erst zwei Jahre alt. **3.** Wir sind nur drei Tage geblieben. **4.** Nur er kann das sagen. **5.** Ich kann nur schweigen. **6.** Ich kann erst in drei Monaten kommen.

167.

1. Ob wir uns wiedersehen ? **2.** Wenn du noch nicht fertig bist, gehe ich (weg). **3.** Wäre dieses Kleid nicht so teuer, (dann) würde meine Freundin es kaufen. **4.** Ich weiß nicht, ob ich das kann.

INDEX

INDEX GRAMMAIRE

(Les numéros renvoient aux paragraphes.)

A

A, à **27.4, 27.5, 125, 133, 135, 196, 216**
ab (particule) **38**
ab (préposition) **135**
aber (conjonction de coord.) **17, 217**
ACCENT, ACCENTUATION **7-15, 206**
— place **9**
— réalisation **8**
— d'énoncé **13**
— d'insistance **14**
— de groupe nominal **11**
— de groupe verbal **12**
— de mot **10**
Accusatif (déclinaison) **125-127, 128, 182**
ADJECTIF **143-148, 150-180, 189**
— attribut **151**
— après etwas, nichts, viel, was **189**
— de comparaison **146**
— de détermination **160**
— démonstratif **145**
— épithète **152-158**
— interrogatif-exclamatif **144**
— de quantité ou indéfini **147, 148**
— numéraux **173-180**
— numéraux cardinaux **173-177**
— numéraux ordinaux **178-180**
— possessif **143**
Adjectif-pronom indéfini **189**
Adjectif substantivé **162**
Adjectif (compléments de l') **164**
Adjectif (déclinaison de l'adjectif épithète) **153-158**
Adjectif (degrés de l') **166-172**
Adjectifs (particularités de certains) **159-169**
Adresse **128**
ADVERBE **190-201**
— composés de hin et her **197**
— d'affirmation et de négation **198, 199**
— d'intensité et de quantité **193**
— de lieu **196**
— de manière **192**
— de remplacement **201**
— de temps **195**
— interrogatif **191**
— servant à nuancer l'expression **200**
Adverbe (degrés de l') **194**
Afin de (conjonction de subordination de but) **25.C, 27.4, 219**
Afin que **25.C, 219**
Age (expression de l') **135, 164**
all-, alle, aller (adj. pronom indéfini) **148, 149, 158, 189**
Aller **208**
allerlei (adj. de quantité) **148**
ALPHABET **1**
als
— après comparatif **167, 170**
— conjonction de subordination de comparaison **25.2.G, 167, 170**
— conjonction de subordination de temps **25.2.A, 220**
als ob, als wenn **25.2.G**
an (particule) **38**
an (préposition) **111, 133, 135**
ander **162, 189**
Annonce **25.1, 186.3**
anstatt (préposition+G) **138**
anstatt... zu (groupe infinitif prépositionnel) **27.4**
Antécédent **26.1, 188**
Antériorité (expression de l') **25.2.A**
Apposition **126**
ARTICLE **118, 121-128**
— (absence d') **121**
— (emploi de l') **121**
— défini **118, 119, 121, 122, 125, 127-128**
— indéfini **121, 124, 127**
— indéfini négatif **121, 202**
— partitif **121**
Attribut (adjectif) **151**
auf (particule) **38**
auf (préposition mixte) **133**
aus (particule) **38**
aus (préposition+D) **132, 140**
außer (préposition+D) **139**
Auxiliaires de temps (sein, haben, werden) **40.1, 48, 56, 62-63, 66, 69, 73, 78, 82-83, 87, 94-104**

B

-bar (suffixe d'adjectif) **163**
be- (préfixe) **37**
bei (préposition+D) **132, 133, 136**
beide, beides, die beiden **148, 158, 174.3, 189**
bevor (conjonction de subordination de temps) **25.2.A**

bis (conjonction de subordination de temps) **25.2.A**
bis (préposition) **135**
bitten **111, 212**
But (expression du)
— conjonctions **25.2.C**
— prépositions+inf. **27.4, 219**

C

Cardinaux (adjectifs numéraux, nombres) **173-177**
CAS (déclinaison) **125, 127., 128**
Cause (expression de la)
— conjonctions **25.2.B**
— prépositions **140**
C'est... qui, c'est... que (gallicisme) **209**
Chaque fois que (conj. de subordination de temps) **25.2.A, 220**
-chen (diminutif) **129.2**
Chez (préposition) **133, 210**
Comme
— conjonction de subordination **25.G.H**
— exclamatif **21, 221**
— comme+nom **167** ou **170**
— puisque (conjonction de subordination de cause) **25.2.B, 211**
Comme si (conj. de subordination de comparaison) **25.2.G, 85.3**
Comparaison (expression de la) **25.2.G, 166, 171**
COMPARATIF
— adjectif **166, 167, 170, 171**
— adverbe **194**
COMPLÉMENTS
— d'agent ou de moyen (du passif) **105, 142**
— de l'adjectif **164**
— de lieu **133**
— de quantité **120**
— de temps **135**
— « du comparatif » **170**
— du substantif **130**
— « du superlatif » **172**
— du verbe **108-111**
— prépositionnel **109-111, 131-142**
— ordre et place des compléments **33, 182.2, 206**
Complétive (proposition subordonnée) **25-1**
Composition
— adjectif **163**
— nom **129-1**
— verbe **36**
Concession (expression de la)
— adverbes **201**
— conjonctions **25.2.F.**
— prépositions **141**
Condition (expression de la) **25.2.D, 223**
CONDITIONNEL **85**
CONJONCTIONS DE COORDINATION **17.1, 17.2** remarque
CONJONCTIONS DE SUBORDINATION **17.2, 25**
CONJUGAISON **41-107**
Conséquence (expression de la)
— conjonctions **25.2.E**
Consonnes **4**
Construction de la phrase **16-22, 26.2, 206**
COORDINATION **17.1**

D

da
— adverbe de lieu **196, 211**
— adverbe de temps **195, 211**
— conj. de subordination de cause **25.2.B**
damit (conj. de subordination de but) **25.2.C, 219**
Démonstratif composé **186.3**
DAS
— article défini **118, 121, 127-128**
— démonstratif (pronom) **186.1**
— relatif (pronom) **26, 188**
DAß
— conjonction de subordination de but **25.2.C, 221**
— conjonction de subordination complétive **25.1, 221**
Date (expression de la) **135, 179**
DATIF (déclinaison) **125-128**
Déclaration (phrase déclarative) **18**
DÉCLINAISON
— principe **125**
— de l'adjectif épithète **153-158**
— du nom **127-128**
dein (adjectif possessif) **143**
deiner, deines, deine (pronom possessif) **185**
Demander *(bitten, fragen)* **111, 212**
DÉMONSTRATIFS
— adjectifs **145**
— composés **186.3**
— pronoms **186**
denen, deren, dessen (pronom relatif) **188**
denn (conjonction de coordination) **17.1, 17.2.** remarque
Dépendante cf. proposition subordonnée
DER, DAS, DIE, DIE
— article défini **118, 119, 121, 125, 127-128**
— pronom démonstratif **186.1**
— pronom relatif **26.1, 26.4, 188**
der eine, der andere (pronom indéfini) **189**

DÉRIVATION
— adjectifs **163**
— noms **129.2**
— verbes **35**
derjenige (pronom démonstratif) **186.2**
der meine, der meinige (pronom possessif) **185**
derselbe (adj. pronom démonstratif) **186.2**
dessen **26.4, 188**
desto (je... desto) **25.2.G, 171**
Determinant **206**
Déterminé **206**
Déterminatif (du groupe nominal) **143-149**
DEVOIR cf. modalité (verbes de)
DIE cf. *DER*
dieser, dieses, diese (adj. pronom démonstratif) **145, 186**
Diminutifs (formation des) **129.2**
DIPHTONGUES **3**
Directif **106-107, 133, 216**
DISCOURS INDIRECT ou RAPPORTÉ **86**
doch (adverbe) **198, 200**
DONT (pronom relatif) **26.4, 188, 213**
DOUBLE INFINITIF (participe 2 à forme d'infinitif) **45**
Du, de la, des (article partitif) **121**
durch
— préposition+A **105, 132, 134, 142**
— préverbe **39**
Durée (expression de la) **135, 195, 222**
DÜRFEN cf. modalité (verbes de)

E

-e (suffixe de nom féminin) **129.2**
eben, soeben (adverbe de temps) **195, 208**
ehe (conj. de subordination de temps) **25.2.A**
-ei (suffixe de nom féminin) **129.2**
-eien (suffixe verbal) **35**
EIN, EIN, EINE
— article indéfini **117, 121, 127**
— particule **38**
EINER, EINES, EINE (pronom indéfini) **189**
ein bißchen (adj. de quantité) **148**
ein wenig (adj. de quantité) **148**
einander (pronom réciproque) **184**
einige (adj., pronom indéfini) **148, 189**
eins (adj. numéral cardinal) **173**
-eln (verbes en) **35**
emp- (préfixe) **37**
-en (suffixe d'adj. de matière) **163**
En (traduction de) **214**
ent- (préfixe) **37**
entgegen (particule) **38**
entlang (préposition) **134**
En train de **208**
entweder... oder **17.1**
ÉPITHÈTE (adjectif) **152-161**
ER (pronom personnel) **182**
er- (préfixe) **37**
-er (suffixe d'adjectif de nom de ville) **163**
-er (suffixe d'adjectif numéral) **175**
-erlei (suffixe d'adverbe numéral) **175**
-ern (suffixe d'adjectif de matière) **163**
-ern (verbes en) **49**
erst (adverbe de temps) **195, 222**
der erste (adj. numéral ordinal) **178**
erstens (adverbe numéral) **180**
ES (pronom personnel) **47, 182.1, 182.2**
ES GIBT (germanisme = il y a) **215**
Es sei denn, daß... **84.3**
État (verbes d') **107**
Être et mettre (verbes) **106-107**
ET (conj. de coordination) **17.1**
etwa (adverbe) **200**
etwas (pronom indéfini) **27.4, 189**
etwas (adj. de quantité) **148**
euer, eure (adj. possessif) **143**
eurer, eures, eure (pron. possessif) **185**
EXCLAMATIF
— adjectif **144**
— pronom **187**
EXCLAMATION (proposition exclamative) **21**
Expression (adverbes exprimant les nuances de l') **200**

F

-fach (suffixe d'adj. numéral) **175**
Factitifs (verbes) **106**
Faillir (traduction de) **85.4**
FÉMININ **118**
Forme de politesse
— pronom personnel **182**
— adj. possessif **143**
— pronom possessif **185**
FORMES VERBALES **41-104**
— formes verbales non conjuguées **41-45**
— formes verbales conjuguées **46-104**
fort (particule) **38**
fragen (demander) **108, 212**
für (préposition) **132, 137, 138, 219**
— verbes à complément prépositionnel **111**
FUTUR
— indicatif **69-71**
— subjonctif **77, 83, 85-86**

G

ganz (adj. de quantité) **148**
ganz (adverbe) **193**
ge- (préfixe de verbe) **37**
ge- (augment) **44**
Ge- (préfixe de nom) **129.2**
gegen (préposition+A) **132, 134, 141**
gelingen (forme) **27.3**
GÉNITIF (déclinaison) **125, 127-128**
Génitif du pronom relatif **26.4, 188**
Génitif saxon **26.4, 122, 186.1, 187**
Genre des noms **118**
genug
— adj. de quantité **148**
— adv. de quantité **193**
gerade (adverbe de temps) **195, 208**
gern (degré de l'adverbe) **194**
GROUPES
— groupe infinitif **27.2, 27.3, 27.4**
— groupe nominal **117-180**
— groupe nominal complexe **149**
— groupe nominal prépositionnel **131-142**
— groupe qualificatif (ou participial) **165**
— groupe infinitif prépositionnel **27.4**
— groupe verbal **28-33**

H

HABEN cf. auxiliaire de temps
-haft (suffixe d'adj.) **163**
halb (invariable) **177, 180**
-heit (suffixe de nom) **129.2**
helfen (=aider) **27.5, 110**
her (particule) **38** ; (composés de) **197**
Herr (déclinaison de) **128**
Heure (expression de l') **177**
hin (particule) **38** ; (composés de) **197**
hinten (adverbe de lieu) **196, 216**
hinter (préposition mixte) **133.1**
hoch (élision du c) **159**

I

ich (pronom personnel) **182**
-ieren (verbes en) **35**
-ig (suffixe d'adj.) **163**
-igen (verbes en) **35, 88**
-igkeit (suffixe de nom) **129.2**
ihr
— adj. possessif **143**
— pronom personnel **182**
ihrer, ihres, ihre (pronom possessif) **185**
Il y a (traduction de) **215**
immer (adverbe de temps) **167, 195**
IMPARFAIT (temps) cf. prétérit
IMPÉRATIF (mode) **87-93**
— formes **87-92**
— emploi **93**
Impersonnels (verbes) **47, 54**
(N')importe qui (pronom adj. indéfini) **147, 189**
-in (suffixe de nom) **129.2**
IN (préposition mixte) **132, 133, 135**
Indéfinis
— adjectifs **147-148**
— pronoms **189**
indem (conj. de subordination de temps) **25.2.H, 214**
INDICATIF (mode) **48-71**
— emploi **55, 61, 65, 68, 71**
INFINITIF (mode) **41-42**
— double infinitif **45**
— groupe infinitif **27**
— groupe infinitif COD **27.2**
— groupe infinitif prépositionnel **27.4**
— groupe infinitif sujet **27.3**
— infinitif complément **27.1**
— infinitif passé **42**
— infinitif présent **41**
— infinitif sans zu **27.5**
— infinitif substantivé **41.2**
Inflexion (Umlaut) **1, 2, 3, 50, 80, 119, 169**
INTERROGATIFS
— adjectifs **144**
— pronoms **187**
Interrogatif composé **187**
INTERROGATION
— directe **19, 144, 187, 191**
— indirecte **24**
— dans le discours indirect **86.5**
INTONATION **15**
Intransitifs (verbes) **109-110**
inzwischen, adverbe de remplacement **201**
irgend (et composés) **147, 189, 191, 196**
-isch (suffixe d'adjectif) **163**
-isieren (verbes en) **35**

J

ja (adverbe d'affirmation) **198, 200**
Jamais (jemals, niemals) **195**
jawohl (adverbe d'affirmation) **198**
je, jemals **195**
je... desto **25.2.G, 171**
JEDER, JEDES, JEDE
— adjectif de quantité **148**
— pronom **189**

jedesmal, wenn (conj. de subordination) **25.2.A, 220**
jemand (pronom indéfini) **189**
JENER, JENES, JENE
— adjectif démonstratif **145**
— pronom démonstratif **186**
Juxtaposition **17.3**

K

KEIN
— article indéfini négatif **121, 202**
— adj. de quantité **148**
keiner, keines, keine (pronom indéfini négatif) **189**
-keit (suffixe de nom) **129.2**
KÖNNEN cf. modalité (verbes de)

L

Là, là-bas (adv. de lieu) **196**
lassen (participe 2 de) **45**
-lein (suffixe de diminutif) **129.2**
-lich (suffixe d'adjectif) **163**
LIEU (expression du) **133, 134, 196, 216**
— adverbes de lieu **196, 216**
— lieu où l'on est (locatif) **125, 133, 216**
— lieu où l'on va (directif) **125, 133, 216**
— lieu d'où l'on vient **134, 196, 216**
-ling (suffixe de nom) **129**
Lorsque (conj. de subordination) **25.2.A, 220**
-los (suffixe privatif) **163**
los- (particule) **38**

M

MAIS (conj. de coordination)
— *aber* **17, 217**
— *sondern* **17.1, 204, 217**
-mal (suffixe d'adj. numéral) **175**
MAN (pronom indéfini) **189, 218**
mancher, manches, manche
— adj. de quantité **148, 158**
— pronom indéfini **189**
MAJUSCULE (emploi de la) **41, 117, 143, 160, 162**
MANIÈRE (adverbe de) **192 ;** subordonnée de **25.H**
MARQUE (de cas) **124, 127, 153-158**
MASCULIN (genre) **118**
mehr (adverbe de quantité) **194**
mehrere (plusieurs)
— adjectif de quantité **148**
— pronom indéfini **189**
mein, mein, meine (adj. possessif) **143**
mein, meiner, der meine, der meinige (pronom possessif) **185**
(die) meisten
— adj. de quantité **148**
— pronom indéfini **189**
(am) meisten (adverbe) **194**
meistens (adv. de temps) **195**
MESURE (expression de la) **120, 164.1**
miß- (préfixe de verbe) **37**
Miß- (préfixe de nom) **129.2**
MIT
— particule **38**
— préposition+D **132, 139**
MODALITÉ (verbes de) **40.5**
— formes **45, 52, 60, 75, 80**
— sens et emploi **52**
MODES
— infinitif **41-42**
— indicatif présent **48-55**
prétérit **56-61**
parfait **62-65**
plus-que-parfait **66-68**
futur **69-71**
— subjonctif **72-86**
— impératif **87-93**
MÖGEN cf. modalité (verbes de)
(Au) moment où **25.2.A, 220**
Mon, ma, mes (adj. possessif) **143**
Mots composés
— noms **129.1**
— verbes **36**
— adjectifs **163**
Mots dérivés
— noms **129.2**
— verbes **35**
— adjectifs **163, 180**
MÜSSEN cf. modalité (verbes de)

N

-n (suffixe d'adjectif) **163**
nach
— préposition+D **133, 135, 216, 224**
— particule **38**
nachdem (conj. de sub. temporelle) **25.2.A, 224**
nachher (adverbe de temps) **195, 224**
nah, näher, der nächste **169**
(am) nächsten **169**
neben (préposition mixte) **133**

Négateurs **199, 203-205**
NÉGATION (expression de la) **202-205**
— négation partielle et globale **203**
— place de la négation **204**
— négation de l'adj. attribut **151**
NEIN adverbe de négation **198**
Ne... que (seulement) **222**
NEUTRE (genre) **118**
Ni... ni **205**
NICHT (adv. nég.) **199, 202-205**
NICHTS (pronom indéfini) **189**
nie, niemals (adv. nég.) **195**
nieder (particule) **38**
niemand (pronom indéfini) **189, 205**
nirgends, nirgendwo (adv. de lieu) **196, 205**
noch (adv. de temps) **195**
NOM (substantif) **117-130**
— marquage du groupe nominal **124**
— déclinaison du groupe nominal **127-128**
— déclinaison des masculins faibles **128**
— genre et nombre **118-119**
— noms propres **122**
— noms géographiques **123**
— apposition **126**
— composition et dérivation **129**
— rection **130**
NOMINATIF (déclinaison) **125**
Nombres cardinaux **173**
Nombres ordinaux **178**
NOYAU VERBAL **18-22, 28-33**
-*ns* (suffixe d'adv. numéral ordinal) **180**
Nuances de l'expression **200**
NUR (adverbe de quantité) **222**

O

ob (conj. de sub. interrogative indir.) **24, 223**
oben (adv. de lieu) **196, 216**
obwohl, obschon, obgleich (conj. de sub.) **25.2.F**
oder (conj. de coordination) **17.1**
ohne (préposition+A) **132, 139**
ohne... zu **27.4**
ON (pronom indéfini) **189, 218**
Opérations **176**
Opposition (expression de l') **25.2.F**
— préposition (marquant l'opposition) **141**
Ordinaux (adj. num.) **178**
ORDRE (expression de) **20, 84.1, 86.4, 87-93**
ORTHOGRAPHE **6**
Ou (conj. de coord.) **17.1**
Où (adv.) **191, 196, 216**
Où (pr. relatif) **188**
Ou... ou, ou bien... ou bien **17.1**

P

(ein) paar **148, 149**
PARCE QUE (conj. de sub. de cause) **25.2.G**
PARFAIT (temps) **62-65**
PARTICIPE (mode) **43-45**
— participe 1 (présent) **43**
— participe 2 (passé) **44-45, 64-65**
— participe 1 et 2 employés comme adj. **161**
— participe 2 à forme d'infinitif **45**
— groupe participial **165**
PARTICULES **38**
Partitif (article) **121**
Passé composé cf. parfait
PASSIF **94-105, 218**
PHRASE **16-21**
— complexe **16, 17.2, 22-25**
— déclarative **18**
— interrogative **15, 16, 19**
— impérative **16, 20**
— exclamative **16, 21**
PLURIEL des noms **119**
Plus-que-parfait (temps) **66-68**
Positif (degrés de l'adj.) **166**
POSSESSIFS
— adj. **143**
— pronoms **185**
Postériorité (expression de la) **25.2.A**
POUR (but) **25.2.C, 219**
Pour que **25.2.C, 219**
POUVOIR cf. modalité (verbes de)
PRÉFIXES
— du nom **129**
— du verbe **37**
— de l'adj. **163**
PRÉPOSITIONS **132-142**
— accompagnement, appartenance, absence et exclusion **139**
— agent **105, 142**
— cause et matière **140**
— circonstance **136**
— destination et finalité **137**
— échange et substitution **138**
— espace **133**
— opposition ou concession **141**
— temps **134**
— groupe infinitif prépositionnel **27.4**
— verbes à complément prépositionnel **111**
— complément de l'adj. **164**
— rection du nom **130**
PRÉSENT (temps)
— infinitif **41**
— participe **43**
— indicatif **48-55**
— subjonctif **73-75, 78-81**
PRÉTÉRIT (temps)
— indicatif **56-61**

INDEX GRAMMAIRE

Préverbes **39**
PRIÈRE (expression de la) **20,86.4, 212**
PRONOM **181-189**
— personnel **182**
— réfléchi **183**
— réciproque **184**
— possessif **185**
— démonstratif **186**
— interrogatif et exclamatif **187**
— relatif **26, 188**
— indéfini **189**
PRONONCIATION **2-6**
PROPOSITION **16-27**
— indépendante **16**
— incise **17**
— principale **16**
— subordonnée **22-27**
- complétive **25.1**
- conjonctive **25**
- infinitive cf. groupe infinitif
- interrogative indirecte **24**
- relative **26**
- structure **22**
Puisque (conj. de sub. de cause) **25.2.B, 211**

Q

Quand (conj. de sub. de temps) **25.2.A, 220**
Quand (adv.) **191**
QUANTITÉ (expression de la) **120, 148, 193**
QUE **25.1, 187, 188, 221**

R

Radicaux verbaux **34**
Rection des verbes **108-111**
REGRET (expression du) **85.1**
RELATIF (pronom) **26, 188**
Relatif composé **188**
RELATIVE (proposition sub.) **26**

S

-sam (suffixe d'adj.) **135**
-schaft (suffixe de nom) **129.2**
schon (adv. de temps) **195**
sehr (adv. d'intensité) **193**
SEIN cf. auxiliaire de temps
sein, sein, seine (adj. possessif) **143**
seiner, seines, seine (pronom possessif) **185**
seit (préposition+D) **135, 224**
seitdem (conj. de sub.) **25.2.A, 224**
selber, selbst (adverbe) **182, 200**
Seulement (ne... que) **195, 222**
Si
— adv. d'affirmation **198, 200**
— conditionnel **25.2.D, 223**
— interrogatif **24, 223**
Si... que **25.2.E**
SICH (pronom réfléchi) **183**
SIMULTANÉITÉ (expression de la) **25.2.A**
SO
— adv. de manière **192**
— adv. de comparaison **166-167**
— adv. de quantité **193**
— après conditionnelle sans wenn **85, 223**
sobald (conj. de sub.) **25.2.A**
so... daß (conj. de sub.) **25.2.E**
solange (conj. de sub.) **25.2.A**
solch
— adj. de comparaison **146**
— pronom démonstratif **189**
solch ein, ein solcher cf. solch
SOLLEN cf. modalité (verbes de)
sondern (conj. de sub.) **17, 204, 217**
so... sehr (expression de l'intensité) **193**
soviel (adv. de quantité) **193**
so... wie (compar.) **167**
sooft (conj. de sub.) **25.2.A**
SOUHAIT (expression du) **84.2, 85.1**
statt (préposition+G) cf. anstatt
-ste (suffixe de superlatif) **168**
STRUCTURE RÉGRESSIVE **206**
Style indirect cf. discours indirect
SUBJONCTIF
— formes **72-83**
— emplois **84-86**
SUBORDINATION **17.2**
SUBORDONNÉE cf. proposition
SUBSTANTIF cf. nom
SUFFIXES
— du nom **129**
— de l'adjectif **163**
SUPERLATIF
— de l'adjectif **166, 168, 172**
— de l'adverbe **194**

T

-te, -ste (suffixe d'adj. ordinal) **178**
TEMPS
— confusions à éviter **224**
— emploi des **207**
— expression du **25.2.A, 135, 195, 224**
— primitifs **225-233**

Toutes les fois que... **25.2.A, 220**
Train (être en train de) **208**
TRANSITIFS (verbes) **108**
trotz (préposition+G) **132, 141**
trotzdem (conj. de sub.) **25.2.F**
-tum (suffixe de nom) **129.2**
tun (présent du verbe) cf. verbes factitifs **106**

U

über
— préposition mixte **133**
— préverbe **39**
um
— préposition+A **132, 134, 135**
— préverbe **39**
Umlaut (inflexion) **1, 2, 3, 50, 80, 119, 169**
um... zu + INF. **27.4, 219**
Un- (préfixe de nom) **129**
un- (préfixe d'adj.) **163**
und (conj. de coordination) **17.1**
-ung (suffixe de nom) **129**
unser (adj. possessif) **143**
unserer, -es, -e (pronom possessif) **185**
unten (adv. de lieu) **196, 216**
unter
— préposition mixte **132, 133, 134**
— préverbe **39**
Ur- (préfixe de nom) **129**
ur- (préfixe d'adj.) **163**

V

Valence des verbes **112-116**
Venir de (traduction) **65, 195, 208**
ver- (préfixe) **37**
VERBES
— classification **40**
— faibles **40.2, 44, 49, 51, 57, 59, 74, 79, 81, 88, 90**
— formation des **34-39**
— forts **40.3, 44, 50, 58, 74, 79, 89**
— faibles irréguliers **40.4, 44, 51, 59, 81, 90**
VERBES DE MODALITÉ **40.5**
— indicatif présent **52**
— indicatif prétérit **60**
— participe 2 **44-45**
— subjonctif 1 **75**
— subjonctif 2 **80**
— sens et emploi **52**
Verbes factitifs **106**
Verbes impersonnels **40.7, 47, 54, 63**
Verbes intransitifs **109**
Verbes réfléchis **40.6, 53, 63**
Verbes transitifs **108**
VIEL
— adj. de quantité **148**
— adv. de quantité **193**
viele, vieles (pronom indéfini) **189**
VIRGULE (emploi de la) **19, 20, 22, 26.2, 27.2, 126**
Voix passive cf. passif
von (préposition+D) **132, 134, 135, 142**
vor (préposition mixte) **132, 133, 135, 140**
— particule **38**
vor, bevor, vorher **224**
vorbei (particule) **196**
vorn (adv. de lieu) **196, 216**
VOULOIR cf. modalité (verbes de)
Vous, à vous (remplace « on ») **189, 218**
VOYELLES **1, 2, 5**

W

während
— conj. de sub. **25.2.A, 224**
— préposition+G **132, 135**
wann (adv. interrogatif) **191, 220**
warum (adv. interrogatif) **191**
was (pronom interrogatif) **187**
was (pronom relatif) **188**
was für ein (adj. interrogatif-exclamatif) **144**
weder... noch (négateur) **205**
weg (particule) **38**
wegen (préposition+G) **132, 140**
WEIL (conj. de sub.) **25.2.B**
-weise (suffixe d'adv.) **192**
WELCHER, WELCHES, WELCHE
— adj. exclamatif et interrogatif **144**
— pronom interrogatif **187**
— pronom relatif **188**
welches ist, welches sind... ? **187**
wenig (adj. de quantité) **148**
wenige (pronom indéfini) **189**
weniger... als **167**
wenigstens (adv.) **194**
wenn (conj. de sub. de temps) **25, 25.2.A, 220**
wenn (conj. de sub. de condition) **25.2.D, 85.2, 223**
wer (pronom interrogatif) **187**
wer (pronom relatif) **188**
WERDEN cf. auxiliaire de temps
wessen **187**
WIE
— après comparatif **167-170**
— conj. de sub. **25.G.H**
— exclamatif **21**

— interrogatif **191**
wie lange ? (adv. interrogatif de temps) **191**
wie oft ? (adv. interrogatif de temps) **191**
wie sehr ? (adv. interrogatif d'intensité) **191**
wieviel ?
— adj. interrogatif **144**
— adv. interrogatif de quantité **191**
WISSEN **40.4, 44, 51, 59, 66, 69, 75, 81**
wo, wohin, woher ? (adv. interrogatif de lieu) **191, 196, 216**
WOLLEN cf. modalité (verbes de)
wozu ? (adv. interrogatif) **27.4, 191**

Y

Y (traduction de) **214.2**

Z

zer- (préfixe) **37**
ziemlich (adv. de quantité) **193**
ZU
— adv. de quantité **193**
— devant l'infinitif **27**
— particule **38**
— préposition+D **132, 133, 135, 136, 137**
zu, zu viel, zu sehr **193**
zu(m) + Infinitif **41.2, 219**
zurück (particule) **38**
zwar, und zwar **200**
zwei (adj. numéral) **173**
zwischen (préposition mixte) **132, 133**

Imprimé en France par MAME Imprimeurs à Tours
Dépôt légal n° 7892-01-1988 – Collection n° 90 – Édition n° 01

12/4781/6